The Optimization Research Of
The Regional Innovation And Entrepreneurship Environment
—A Case of Henan Province

区域创新创业环境优化研究

——以河南省为例

杨雪梅◎主 编

郭军峰 张志娟 于善甫 于广超◎副主编

经济管理出版社
ECONOMY & MANAGEMENT PUBLISHING HOUSE

图书在版编目（CIP）数据

区域创新创业环境优化研究——以河南省为例/杨雪梅主编 . —北京：经济管理出版社，2020. 5

ISBN 978 - 7 - 5096 - 7134 - 4

Ⅰ. ①区…　Ⅱ. ①杨…　Ⅲ. ①创业—研究—河南　Ⅳ. ①F249. 276. 1

中国版本图书馆 CIP 数据核字(2020)第 088289 号

组稿编辑：李玉敏
责任编辑：张巧梅
责任印制：黄章平
责任校对：张晓燕

出版发行：经济管理出版社
（北京市海淀区北蜂窝 8 号中雅大厦 A 座 11 层　100038）
网　　址：www. E - mp. com. cn
电　　话：(010) 51915602
印　　刷：三河市延风印装有限公司
经　　销：新华书店
开　　本：720mm × 1000mm/16
印　　张：14. 75
字　　数：256 千字
版　　次：2020 年 6 月第 1 版　　2020 年 6 月第 1 次印刷
书　　号：ISBN 978 - 7 - 5096 - 7134 - 4
定　　价：78. 00 元

目　录

第一章　绪论

一、研究背景和研究意义

（一）研究背景

党的十九大和中央经济工作会议的召开，标志着中国经济进入了高质量发展的新时代。相应地，创新型国家建设和“大众创业、万众创新”也需要迈上新台阶，特别是在当前经济规模大而不强、产业高端化和引领性不足、关键核心技术受制于人、自主创新能力弱的情况下，亟须包括理论创新、制度创新、技术创新、经营创新和区域协同创新在内的原始创新和集成创新体系建设，为高质量发展提供新动能、新支撑。对于这一点，有关高层领导极其重视。2017 年国务院下发的《关于强化实施创新驱动发展战略　进一步推进大众创业万众创新深入发展的意见》和 2018 年河南省出台的《关于强化实施创新驱动发展战略　进一步推进大众创业万众创新深入发展的实施意见》，二者均明确提出，要进一步系统性优化创新创业生态环境，强化政策供给，突破发展瓶颈，充分释放全社会创新创业潜能，在更大范围、更高层次、更深程度上推进“大众创业、万众创新”。2018 年全国“两会”期间，习近平总书记在不同场合多次论述“高质量”发展和创新问题，特别是在参加广东代表团审议时强调指出：“发展是第一要务，人才是第一资源，创新是第一动力。”李克强总理在政府工作报告中提出：主动把握世界新一轮科技革命和产业变革大势，深入实施创新驱动发展战略，打造“双创”升级版。可见，作为撬动中国经济社会高质量发展杠杆的创新创业必然成为各个地方竞相发力的新经济“增长极”、新动能“储存器”。

目前河南经济发展正站在“高质量发展”新的历史起点上，河南双创工作也面临着新的形势和任务。同时，河南在全国重要经济增长板块地位更加突出，经济总量和发展水平已经迈向了全国经济发展第一方阵，进入新时代的特征十分明显；特别是在降低创业准入的制度性成本、优化良好营商环境方面，紧紧围绕国家关于深入推进双创工作的总体部署，制定出台了扶持、鼓励双创发展的一系列政策措施，取得了显著成效。例如，河南自贸试验区的“二十二证合一”“三十五证合一”等登记改革走在全国前列；企业登记全程电子化全面实施，覆盖省、市、县、乡四级的网上政务服务平台基本建成；投融资审批流程创新，审批事项由 113 项压缩到 59 项，企业投资项目承诺制试点在自贸区全面展开等。但不可否认的是，河南在推动高质量发展和构建现代经济体系的过程中更需要破解创新发展的许多难题和发展短板。

在全国深化改革开放之际，如何以更大的政治勇气和智慧深化改革创新方法机制和路径，以技术创新、制度创新、实践创新推动实体经济发展，以新起点开启河南双创新征程，进一步把双创工作推向深入、推出实效、推出经验，这不但需要政府职能部门、企业、高校和科研院所、社会组织与个人等创新创业主体的创新精神和创新实践，也需要一批像中国（河南）创新发展研究院等高端智库的理论指导和实践总结。特别是当前河南以“三区一群”建设为重点的全面深化改革和创新转型攻坚的关键期，如何建立完善金融、财税、贸易、人才、知识产权保护等制度环境，如何优化投资、土地、科技成果转化等市场环境，如何总结评价和提升全省首批 57 个双创基地的经验模式，如何打造内陆开放型创新高地新模式等，都需要理论工作者进行研究和探讨。

（二）研究意义

“以构建自主创新体系为主导推进创新驱动发展”是习近平总书记调研河南时提出的“打好四张牌”的重要举措之一。营造良好双创生态环境是新时代河南推动科技创新实现高质量发展的必要前提，也是贯彻落实习近平总书记“创新是第一动力”“坚定创新自信”和河南调研重要讲话精神的现实体现，对于河南构建“高端化、智能化和绿色化”高质量现代经济体系，推动实体经济特别是高端制造业和新型服务业的发展具有重要的理论指导意义。

1. 营造良好双创生态环境是推动结构转型的内在要求

目前，河南和全国一样，进入了发展转型的关键期。要探索以生态优先、绿色发展为导向的高质量转型的路子，无论是产业结构、能源结构、交通结构的调整，还是用地结构的优化，其中最为重要的一条就是离不开现代科学技术的支撑，也离不开企业和社会组织、公民个人的积极参与。从河南经济运行整体情况来看，科技对经济增长的贡献率稳步提升，2018 年科技进步贡献率达到 60% 以上，2018 年全省国民生产总值约为 4.8 万亿元，人均生产总值突破 5 万元。其中，第一产业增加值 4289.38 亿元，增长 3.3%；第二产业增加值 22034.83 亿元，增长 7.2%；第三产业增加值 21731.65 亿元，增长 9.2%。产业结构进一步优化，第一产业继续下降，第三产业稳步上升，三次产业结构比为 8.9∶45.9∶45.2，第二、第三产业比重达到 91.1%。就业创业保持平稳态势，2018 年城镇新增就业人员 139.24 万人，失业人员再就业 33.86 万人，就业困难人员实现就业 12.01 万人，新增农村劳动力转移就业 56.18 万人，年末农村劳动力转移就业总量 2995.14 万人。整体而言，河南在中西部的经济社会地位和全国经济社会发展中的分量进一步增强。但是，我们也应清醒看到，河南驱动经济持续高质量发展的创新资源相对武汉、成都和西安等相对不足，其传统人口红利、区位交通和制造业优势在逐渐减少。特别是随着国家“八横八纵”高铁网布局实施和长江经济带的航运发展，郑州在同武汉争夺区域龙头老大的过程中，劣势越来越明显。更需要进一步改革开放、以时不我待的紧迫感和刮骨疗毒的勇气营造良好的创新创业发展环境，优化各种创新要素资源，加快技术创新、体制创新，汇聚高质量发展的强大动能。

2. 营造良好双创生态环境是加快建设现代经济体系的现实需要

现代化经济体系，是党的十九大提出的重要任务和经济发展的方向目标。其实质就是以“大众创业、万众创新”为基础，充分发挥政府的宏观指导作用，通过产业融合实现产业升级和经济可持续高速发展的理论体系和经济形态。这种“智慧型”经济模式需要建立围绕需求侧进行基础理论创新、经济制度创新、生产技术创新、经营管理创新，才能逐渐形成绿色智能共享的“智慧型”现代化经济体系，也关涉到我国经济发展方式的转变、经济结构的调整和发展范式的转轨，是紧扣新时代中国社会主要矛盾转化、落实中国特色社会主义经济建设布局、开启全面建设社会主义现代化国家新征程的基本途径。经过改革开放 40 年的物质积累，中国形成了 220 个左右门类齐全的工业制造体系，涌现出一批如华为、腾讯、百度、大疆等为代表的领先全球的技术创新主导企业，在 AI、人脸识别、5G 等方面占据世界领先位置，新能源、生物制药等领域也逐步实现技术突破。但是，市场化改革不到位，创新体制机制不灵活，双创政策落实“最后一公里”的问题依然突出，制约了基础创新、自主创新的积极性。河南处于内陆地区，不沿边不沿海，主动改革开放和创新创业意识与东南沿海地区相比，存在着许多短板，尤其是高端教育资源和高端技术人才短缺，在建设现代经济体中任务更为紧迫和艰巨。为此，更需要调动党委政府和企业、高校等社会各方面的力量，推动“产教融合”“产学官研”的相互协同，构建人才链、创新链和产业链、价值链的无缝衔接，以创新创业引领产业发展、价值增值和产业转型升级，通过优化政务环境、简政放权、进一步加大减税降费举措，优化人力、资本、技术等要素配置，扶持实体经济和战略性新兴产业发展，激发企业、科研机构、社会组织和公众等微观主体双创活力，助推现代“智慧”经济体系的范式转换。

3. 营造良好双创生态环境是汇聚发展新动能的必然选择

当前，全球经济复苏乏力，贸易保护的单边主义和民粹利己主义倾向增强，联合国、世界贸易组织、国际货币基金组织协调全球发展和经济政策的能力减弱，“颜色革命”“黑天鹅”和“灰犀牛”事件出现的概率增大，世界政治经济发展的外部不稳定性因素增多，世界经济形势不容乐观。自中美贸易摩擦升级以来，美方对华加征关税的商品规模不断扩大，并从贸易摩擦快速升级为科技战、金融战、地缘战，乃至升级为投资限制、技术封锁、人才交流中断、孤立中国等方面，对全球贸易、FDI、产业链、经济、地缘政治、中美关系等影响大而深远，对我国实现经济平稳增长造成很大的压力。从河南情况来看，2018 年，整个工业增长乏力，“三驾马车”（投资、消费、出口）都出现了不同程度的下滑。一部分农业加工龙头企业出现资金链断裂情况，企业不敢投和观望现象突出，社会消费需求萎靡，进出口贸易下滑，这除了受国际国内大环境的影响之外，也受河南自身开放不足、对中小企业税费融资支持不够的小环境影响。因此，这些问题的解决依然离不开创新创业环境的优化，健全各项支持中小民营企业发展的优惠政策，倡导全社会尊重爱护企业家，提倡企业家精神，主动为实体经济服务、为企业和企业家排忧解难，培育高质量发展新优势、汇聚高质量发展新动能。

4. 营造良好双创环境是深化改革开放和推动国家叠加战略实施的需要

如何在当前环境下，突破观念、制度上难啃的“硬骨头”，以体制机制创新推动创新创业发展，形成改革开放新局面，成为内陆省份集聚发展新动能的不二选择。从河南深化改革的行动和效果来看，事实也印证了这一点。2018 年郑州、洛阳和新乡高新区先后进行刀刃向内的管理体制、人事薪酬制度改革，“全员聘任、薪酬激励、绩效考核”，激发了企业和社会组织创新创业的积极性。新乡高新区在率先启动改革的基础上，进一步完善全员选聘、KPI 指标管理、薪酬激励等一系列新机制，极大地激发了高新区发展活力，国家高新区排名提升了 8 位；郑州高新区和洛阳高新区也以不同的形式推进双创升级，实行专业化分类管理，对于引进的专业人才和机构，通过薪酬激励导向专注于科技创新，建立了 23 个省直单位的 184 项管理事项与核心区的直通机制。2018 年，郑、洛、新三市高新技术产业增加值占全省规模以上工业增加值比重超过 50%，高于全省平均 13.4 个百分点；自创区内高新技术企业数量占全省的 58.5%，其中新增数量占全省新增数量的 62.9%。这些改革措施释放了创新创业的发展潜力和活力，激发了双创的热情和动力，引领示范和拉动经济增长效果明显，也再一次证明了解放思想、深化改革、营造良好环境对于促进创新创业和经济社会的发展具有不可替代和估量的重要作用。

二、研究目的、研究思路和研究方法

（一）研究目的

一方面，紧紧围绕“营造良好双创生态环境”这一主题，全面、客观、真实反映河南近几年来双创工作和双创基地建设的全貌，查找客观存在的突出问题和“短板”，为推动高质量发展和经济强省建设创造良好的营商环境提出切中肯綮的意见建议。

另一方面，在提升服务能力、优化激励机制、拓展融资渠道、培育新兴业态、激发人才活力、创新管理方式、改善营商环境、推进试点示范和加强文化建设方面持续深化研究，探讨构建政府、企业、社会良性互动的创新创业的生态环境优化体系，为政府决策提供参考。

（二）研究思路

本书将以当今国家深化供给侧结构性改革、推进高质量发展为时代背景，以构建打造河南双创升级版为研究视角和理论基础，按照“强基础、聚资源，建机制、促合作，补短板、优环境”的总体思路，凭借调研和现有资料数据深入实证剖析河南优化生态环境、推进“双创”建设情况，并借助标杆地区的先进做法评析河南“双创”基地建设现存的问题和困境；然后利用现有政产学合作建设“双创”基地的模式，结合河南“双创”基地建设中政产学合作面临的难题，深入剖析双创基地“政产学研金介”合作建设运作模式，着力增强人才、技术、资金等关键要素对“双创”的支撑，建立“官产学研金介”联动发展机制，全面优化创新创业生态环境，推动“大众创业、万众创新”向纵深发展。

（三）研究方法

本书在理论研究和实证研究的基础上探寻区域创新创业环境优化的内部作用机制，采用定性研究（包括访谈研究和案例分析）与定量研究两种研究方法，提高研究的信度与效度。在定性的访谈研究中，通过对双创基地创业者或创业团队主要成员的半结构式访谈和理论分析，界定生态系统要素整合的维度并构建出系统结构的理论模型，并提出研究假设；在定量研究中，将创新创业作为中介变量，探讨了创新资源要素的调节作用，使用统计分析的方法检验区域创新创业环境优化的效果，最后使用案例分析的方式进行验证并提出实践指导。具体研究方法如下：

（1）文献研究法：在系统阅读国内外大量相关文献的基础上，梳理出区域创新创业环境优化的主要研究成果，并对现有的理论观点进行总结与述评，基于对关键概念的理解及质性研究的结果分析构建本书的总体概念模型。结合已有的理论观点与研究成果进行理论推演，进而提出研究假设。

（2）访谈研究法：本书根据研究目的与研究内容设计访谈提纲，对有代表性的创业者或者创业团队主要成员进行半结构式访谈，使用软件对访谈内容进行分析，并根据访谈分析的结果在专家的意见下形成初始问卷进行小规模访谈，主要目的在于获取初始调查问卷的反馈意见，并对问卷进行调整与修改。

（3）问卷调查法：通过分析关键概念与国内外相关成熟量表的设置，结合本书的研究背景及主要研究内容，选取适当的测量题项设计区域创新能力指标问卷。通过半结构式访谈、小样本预测试对初始问卷中的题项进行信度、效度检验与修正，从而拟定具有较高科学性与准确性的指标体系。

（4）统计分析法：在问卷调查的基础上，利用 SPSS 20.0 和 Amos 7.0 软件对所获得的研究数据进行统计分析，具体的分析方法包括：描述性统计分析、信度和效度分析、探索性因子分析、验证性因子分析、多元回归分析等。

（5）案例研究法：案例研究适合解释演化过程（Huggins，2000），探究“为什么”和“如何”的问题（Yin，2003）。本书在实证研究得到结论和评价体系完善的基础上，选取其中的双创基地进行案例分析，更加系统和细致地展示出区域创新创业环境优化对新创企业创新影响的作用机制。

三、预计突破的难点及创新点

（一）预计突破的难点

（1）全面分析河南省双创基地建设取得的成就及呈现的新态势，系统提出河南省双创“升级版”的内涵、特征，为打造河南双创“升级版”促进经济高质量发展提供理论及政策依据。

（2）构建区域创新评价指标和评价体系，分析双创建设与生态环境优化之间的内在联系。

（3）系统分析并提出各双创要素在双创基地建设中的作用及科学配置方法建议，建立“官产学研金介”联动发展机制，为河南省双创高质量发展提供对策建议。

（二）创新点

1. 研究视角创新

从打造双创“升级版”视角深刻揭示生态环境与双创发展内在逻辑，实现二者的有机结合，并提出相应实施方案，是研究的一个新视角。

2. 研究内容创新

研究内容的创新是双创要素科学配置方案和生态环境优化，建立“官产学研金介”联动发展机制。

3. 研究方法创新

拟在河南省十八地市区域创新能力进行聚类分析的基础上，通过对不同层次的地市相互比较，从区域创新能力结构上分别进行实证分析，以更为清晰、直观地了解河南省区域自主创新能力的情况，从而更好地剖析区域创新能力各个层面与生态环境优化间的相互关系，为各地市加强区域创新能力建设提供理论参考。

第二章　区域创新创业环境的理论基础与文献综述

创新是社会进步的灵魂，创业是推进经济社会发展、改善民生的重要途径，创新和创业相连一体、共生共存。无论是创新还是创业都依赖于一个有利于其发展的环境，良好的创新创业环境能够鼓励更多的货币资本和人力资本投入到新领域的开拓和新产品的研发中去，资源的大量投入必然会获得相应的产出，进而转化为巨大的经济效益。

一、相关概念界定

目前，随着国内外学者从不同视角或不同学科领域对创新创业研究的不断深入，创新创业环境越来越受到政府和学者们的重视。在对区域创新创业环境进行研究之前，需要对创新、创业、创新环境、创业环境和创新创业环境等概念进行界定。

（一）创新和创业的概念

1. 创新的概念

“创新”一词在中国古代很早就出现了，早在《魏书》（二十四史）中就有“革弊创新”；《周书》中有“创新改旧”。“创新”在《现代汉语词典》中的解释是“抛开旧的，创造新的”，在《辞海》中的解释是“创”是首创；“新”是初次出现或改旧、更新。英语中 Innovation（创新）一词源于拉丁语，其有三层含义：第一，更新，就是对原有的东西进行替换；第二，创造新的东西，就是创造出原来没有的东西；第三，改变，就是对原有的东西进行发展和改造。

1912 年美籍奥地利经济学家熊彼特（Schumpeter）在其出版的《经济发展理论》中首次提出了“创新”（Innovation）的概念，并将创新引入经济学，形成以“创新”为基础的独特理论体系。熊彼特认为创新包括五种形式：①产品创新，是指创造一种新产品或提供一种新的产品特征；②工业创新，是指采用一种新的生产方法，这种新的方法是以一种新的商业方式来处理商品，并不需要建立在新的科学技术基础上；③市场创新，是指开辟一个新市场，这个市场可以是全新的，也可以是以前存在但没有被开发的；④资源开发利用创新，是指获得一种原料或半成品的新的供给来源；⑤体制和管理创新，是指实现新的产业组织方式或企业重组。曼斯菲尔德（Mansfield，1968）认为创新是首次引入一个新产品或新过程所包含的技术、设计、生产、管理、财务和市场等多个流程的结合，是一种全过程的系统创新。德鲁克（Drucker）认为创新有两种：一是技术创新，它在自然界为某种自然物找到新的利用，并赋予新的经济价值；二是社会创新，它在经济与社会中创造一种新的管理机构、管理方式和管理手段，从而在资源配置中取得更大的经济价值与社会价值。西蒙·库兹涅茨（Simon Kuznets）研究提出，创新是为了实现一个具有实用性目的而采取的一种新方法。1992 年联合国经济合作与发展组织（OECD）对创新进行了一定的界定，认为技术、组织和金融等方面的改革都是不同形式的创新。2000 年 OECD 在《学习型经济中的城市与区域发展报告》中强调创新是比发明创造含义更为深刻的活动，创新必须考虑其在经济上的运用，实现资源潜在经济价值，只有将发明创造应用到经济生活中，才称之为创新。2000 年英国政府在《卓越与机遇——21 世纪的科学和创新政策》白皮书中指出创新是现代经济发展的发动机，也是将人才、创意、设计、管理和资本结合起来创造新的满足消费者需求的产品和服务、创造经济价值的过程。

我国学者傅家骥（1998）认为创新是企业家以获取商业利益为目的，通过抓住市场潜在的盈利机会，对生产要素和生产条件进行重新组织，以求建立更高效、更节省成本的生产运营体系，继而达到能够产出新产品，形成新的工业，获得新的市场机会，或者是建立新企业的目的。创新是包括科技、组织、商业和金融等各个方面多个环节活动的综合过程。

综上所述，可以发现关于创新有各种不同的理解，可谓见仁见智，但其中有几个方面是大家都认同的：一是创新的主体是人或组织，其归根结底是人的行为；二是需要对资源进行新的整合和利用，资源既可以是人、财、物、信息，也可以是思维思想或其他元素；三是创新的结果要有其社会属性，创造出满足社会需要的新价值，有别于以往甚至超越以往的价值。

因此，创新较为普遍的定义是指人类为了满足自身需要以现有的思维模式提出有别于常规或常人思路的见解为导向，利用现有的知识和物质，遵循事物发展的规律，在特定的环境中，本着理想化需要或为满足社会需求，而改进或创造新的事物、方法、元素、路径、环境，并能获得一定有益效果的行为。

2. 创业的概念

“创业”这一词语是由“创”字和“业”字组成的。所谓“创”字就是创造、创建、创立、创新等含义。《辞海》中对其解释为“创立基业”。古代《孟子·梁惠王》有：“君子创业垂直，可继也。”诸葛亮《出师表》曰：“先帝创业未半，而中道崩殂。”古代的“创业”大多都是广义上的创业，是指“封建王朝统治的基础、根基”，是古代的“帝王之业”。但演化到现在其含义也有狭义之分，可以理解为是普通百姓开创个体或者家庭小业。《现代汉语成语辞典》对“业”字有多种解释，例如：学业、业务、工作；专业、就业、转业、事业；财产、家业、企业等。因此，可以看出对“业”字的理解极为丰富。同样地，对创业我们也要从多方面理解。

创业一词最早是由奈特（Knight）于 1921 年提出，他指出创办一家新企业或者把一家新企业从创办到成长并带入一个正确的轨道，需要一种本能的决策。罗伯特·荣斯戴特（Robert C. Ronstadt，1984）认为创业是一个创造财富的动态过程。Low 和 MacMillan（1988）把创业定义为新企业的创建。Amar（2000）认为创业就是创造具有新价值产品的过程。Shane（2000）对创业的理解与 Low 和 MacMillan 的观点相同，他认为创业即是创建一个新企业的过程。20 世纪 80 年代之后，创业研究又进入新的发展阶段，研究者从新的角度来阐释创业的内涵。被誉为“创业教育之父”的美国创业学领域专家杰弗里·蒂蒙斯（Jeffrey Timmons）提出创业是在利益和动机的双驱动下产生的，要求创业者在思考与推理的逻辑下，提出完整的办法，并且创业者需具备高水平的领导艺术。著名的经济学家霍华德·斯蒂文森（Howard Stevenson，1989）则认为创业是一种管理方式，是个人对机会的追踪和捕获的过程，这一过程与其当时控制的资源无关，并指出创业可从发现机会、战略导向、致力于机会、资源配置过程、资源控制的概念、管理的概念和回报政策六大方面的企业经营活动来认知和理解。

创业的概念也是国内学者研究的重要课题，不少学者在其研究中结合已有的研究和我国国情提出了自己对于创业的理解。张维迎（1995）认为创业需集思考、推理和行动于一体，创业者除了需要有发觉机会的能力，还需具有高效的实施方法和高超的领导艺术。张东生、刘健钧（2000）揭示了创业活动的本质内涵，将创业区分为狭义的创业和广义的创业，广义的创业包括从一个有问题的企业开始创建出一个重焕生机的企业。来自清华大学创业研究中心的姜彦福、张健和林强（2003）等专家提出创业的定义涵括四大内容：创建新组织、开创新业务、利用创新驱动实现各资源的新整合和组合、挖掘潜在机会并化解风险点从而创造价值。张玉利（2006）构建出创业概念模型，指出创业过程的核心是追求与抓住创业机会，通过对现有资源进行整合，从而创造出新的产品和创建优质服务实现新的价值。张建英（2008）在梳理前人研究成果的基础上进行归纳总结，认为创业是一个五步骤的过程，包括创造新业务、创建新组织、抓住机会、整合资源和创造价值。王玉帅（2009）将创业定义为具有创业动机的主体凭借人力资本优势，对资本进行整合，通过敏锐的商业嗅觉，建立组织（主要为企业）的过程。

到目前为止，不管是国内学者还是国外学者，对创业定义的分析研究虽没有一个统一的解释，但是存在以下几点共识：创业需要人也就是创业主体的主导；创业行为开始的前提是洞察、发现、识别及抓住创业机会；创业是协调、整合和重组资源，从而创造价值的一系列过程。

因此，创业可被定义为：创业是一个从现有的组织环境出发，打破固有限制，识别与把握机会，整合与再造资源，创造新的生产要素，构建新的企业理念，从而实现新价值的动态过程。

3. 创新与创业的关系

从现有的经济理论以及学术界关于其二者的概念研究来看，创新与创业的概念之间既紧密联系又相互区别。创新更加强调其与经济增长的关系，而创业的内涵更加丰富，不仅包括创新的内容，还包括公民就业、产业结构优化、社会和谐发展以及社会公平正义等。二者之间的具体关系表现在以下几个方面：

一是创新是创业的动力和源泉。创业通过创新拓宽商业视野、获取市场机遇、整合独特资源、推进企业成长。创新能力是最重要的创业资本，创业者在创业过程中需要具有持续旺盛的创新精神、创新意识，也需要独特、活跃、科学的思维方式，这样才可能产生富有创意的想法，才可能不断寻求新的思路、方法、模式和出路，最终获得创业成功。

二是创新的价值常常体现于创业。创新的价值就在于将潜在的知识、技术和市场机会转化为现实生产力，实现社会财富增长，造福人类社会。通过创业可实现创新成果的商业化和产业化，将创新的价值转化为具体的和现实的社会财富。

三是创业的本质是创新。创业应该是具有创业精神的个体与有价值的商业机会的结合，其本质在于把握机会、创造性地整合资源、创新和超前行动。创新包括技术创新、制度创新和管理创新。对于创业者及其所创建的企业来说，创新就是将新的理念和设想通过新产品、新流程、新市场需求以及新的服务方式有效地融入市场，进而创造新的价值或财富的过程。

四是创业推动并深化创新。创业可以推动新发明、新产品或新服务的不断涌现，创造出新的市场需求，从而进一步推动和深化科技创新，提高企业和整个国家的创新能力，推动经济增长。创业的关键在于创新，创新是创业的源泉，持续创新必然推动和成就创业。创新和创业相辅相成，二者的融合是一个动态整合、集成与优化的过程，在这一过程中，创新精神、创业能力和市场意识是创业成功和企业持续成长的内在动力。

（二）创新环境和创业环境的概念

1. 创新环境的概念

创新日益成为新时期激烈竞争中的核心要素之一，且创新环境的状况决定着创新的基础条件、各种资源的配置。在全球化和区域化的经济发展中，优化创新环境已成为增强竞争力的重要举措。20 世纪末，创新环境以迅雷不及掩耳之势在国际学术界站稳脚跟。对创新环境的概念，学者们在研究中各抒己见，并未形成具体统一的定义。本书将从三个视角来解析创新环境的概念。

首先是系统论的视角。系统论强调的是整体观，并作为核心思想认为每个系统都是多个有机整体的组合，任何部分都有其重要的地位，无法替代。从系统论的角度，将创新环境看作是一个运作的有机整体，自然环境、基础设施、政策环境、金融环境、人才环境、服务环境和文化环境为子系，衔接着各个环节。也可将创新环境的子系统划分为硬件环境和软件环境两大类，而子系统和子系统中要素的质量对整体的发展具有至关重要的作用。因此，创新环境是一个动态发展的整体。

其次是网络论的视角。大多数学者认为，创新多出自于网络关系的复杂组合，通过创新主体将其自身的文化氛围（如知识、思维方式、综合技能等）与政治环境、自然环境、法律环境等各项社会环境互相融合、渗透而组成的繁杂的关系网，运用网络进行构建和连接，并进行每个创新合作对象主体的互动。目前，有许多学者认为创新环境在某一程度上与创新网络相似，也有许多学者认为创新网络和创新环境有许多相似之处，因此并未对二者的定义进行深入的探究与分析其差异。

最后是产业集群论的视角。该论点的中心思想是集群并且相互之间有关联的公司和专门化的规则，组成一个高效率的地区竞争力量。将产业集群所处的创新环境定义为设施、制度、市场、文化、社会等环境相互结合而成的，并能够出现协同效应。同时，该集群也有着知识溢出和创新溢出效应等，促使创新不断地向前发展。

通过以上对创新环境的分析，创新环境可定义为：创新环境是指区域创新系统内的参与要素与创新行为主体间进行互动并实现各自功能所需的必要条件，是静态与动态相结合的社会环境。

2. 创业环境的概念

创业环境在创业活动的开展过程中发挥着至关重要的作用。创业环境早在20世纪30年代就已被提出，国内外学者对创业环境进行了深入的研究和探讨，但迄今为止对创业环境的定义仍未达成统一的共识。目前，较多的是从“因素论”“平台论”和“机会论”这三种角度来探究的。通过综合学者们的观点，本书认为可从三个层次来划分创业环境。

首先是从宏观层次来划分。创业环境是一个复杂的大系统。宏观环境囊括了全球经济环境、国内市场、政治、经济、文化、自然地理环境等要素，宏观环境虽不能对创业企业产生最直接的影响，但每个因素对创业环境的发展都发挥着重要作用。

其次是从中观层次来划分。创业环境的中观环境包含了区域环境和创业企业的产业环境。区域环境是指在一定的地区范围内拥有功能多样性和复杂性的环境，不仅包含了自然地域环境因素，也包括了社会区域环境的工业区域环境因素。产业环境是指给企业提供了发展平台的各要素，其中包括产业的发展状况、产业政策、产业竞争、产业壁垒、产业的优势与问题、产业发展趋势等。

最后是从微观层次来划分。微观环境是指可直接影响创业企业发展的各种因素，即企业文化、内在素质、管理制度、营销渠道等。

综上所述，本书认为，创业环境是指与创业企业发展过程中相关的所有可利用因素、平台、机会的组合，是一个既包含各种外部因素，又包含一系列内在因素的有机整体。

（三）创新创业环境的概念及特征

2014 年夏季达沃斯论坛开幕式上，李克强总理提出“只要大力破除对个体和企业创新的种种束缚，形成‘人人创新’‘万众创新’的新局面，中国发展就能再上新水平”。随后出台了一系列与创新创业相关的优惠政策，国务院多次发布关于推进“大众创业、万众创新”的指导性文件，在这样的政策环境下，我国近几年催生出数项世界瞩目的新产能和新业态，“电子支付”“共享经济”已成为中国走在世界前沿领域最具代表性的两项发明，我国已经渐渐走出对外输出大量低端仿制品的模式，而这些成就都与良好的创新创业环境有着密不可分的关系。可见，良好的创新创业环境对产能升级、产业结构的优化都有强烈的促进作用。

1. 创新创业环境的概念

本书将创新环境和创业环境放在一起研究，主要有以下三方面的考虑：一是创业是创新过程中“最惊险的跳远”阶段；二是创业是创新的真正起点，没有一个企业通过一次技术突破就能获得持续的竞争优势，而更为重要的是始终保持创业精神，从这一点来看，创业比创新更重要；三是企业重大的科技创新必然需要创业和开拓精神作为支撑。基于此，我们认为创新和创业是密不可分和相辅相成的。

基于现有的关于创新环境和创业环境的概念研究，综合分析国内外学者的观点，本书认为，创新创业环境是指创新创业主体在进行创业活动和实现其创业理想的过程中，必须要面对的和能够利用的所有因素及其关系的总和，是一个复杂的社会大系统，既包括企业的文化氛围、团队精神等企业内部的微观环境，又包括企业所在的地区、城市及国家等外部的中观、宏观环境，是一个多层面的有机系统，它是创新创业活动的重要支撑条件。可见创新创业环境是由各行为主体相互联系、相互作用形成的有机整体，同时是由基础设施、创新资源与服务、创新文化氛围等多方面因素组成的，各个因素既有区分，又相互联系，彼此影响。

2. 创新创业环境的特征

只有遵循规律，方能事半功倍。打造区域创新创业环境，应该首先把握其特征。创新创业环境作为一般环境的外延部分，具有一般环境所具有的客观性、复杂性和变化性的本质特征。同时，作为一种特殊的环境，还具有不同于其他环境的个性特征，这些个性特征是创新创业活动的具体表现和生动反映。近些年，随着创新创业的浪潮席卷全球，参与的人群也越来越多，创新创业环境呈现出强烈的文化根植性、社会参与性和区域可塑性三大特征。

一是文化根植性。在区域创新创业环境的形成过程中，尽管政府政策的推动作用功不可没，但始终无法摆脱国家或大区域文化的深刻影响。有学者指出，硅谷代表一种文化，"鼓励创新，宽容失败"是其精髓。文化就在人的思维和行为方式里，人到哪里，文化就到哪里。创新文化已经成为当今成功企业的核心竞争力，国家和企业相似，有了创新文化的内核，国家经济社会就有了发展进步的强大动力。"自主创新"已成为美国社会的核心文化，中国也提出了加强创新文化建设，从中央到地方各级行政单位及区域通过政策、平台、活动等各种形式营造创新创业氛围，培育创新创业文化，希望通过创新创业文化的培育来唤起社会大众创新创业的能量、热情、主动性和责任感，由此来达到建设创新型国家的战略目标。

二是社会参与性。创新创业环境的营造离不开社会各创新要素的积极参与。正是社会资源直接或间接的参与，让社会创新创业氛围越来越浓。目前我国大力倡导的"大众创业、万众创新"也正是鼓励各类创新主体更积极地参与创新创业活动，营造更好的创新创业氛围。从创新创业平台看，在我国，除了各级政府主导的开发区、高新区外，由民间机构组织的各类科技园、孵化器、众创空间等已经成为重要的创新创业平台；从创新创业主体看，也是由单一构成走向多元格局，即由最初的科研机构扩散至产学研各界，出现大企业高管连续创业、留学生归国创业、科技人员创业、大学生创业的"新四军"；从创新创业活动看，从内部组织逐渐发展到开放协同，近年来，低成本、便利化、全要素、开放式的"we work"模式不断发展壮大，创新创业要素在全球范围内加速流动。

三是区域可塑性。区域自然环境的可塑性往往是很小的，但区域创新创业环境具有很强的可塑性。完全市场经济体制下，企业集群化发展就能自发形成有利于创新创业的发展氛围。而在非完全市场经济中，政府的作用更加关键。环境必然依托于区域空间，大到我国的经济特区，小到高新区、经济开发区、科技园，甚至是孵化器，在特殊政策上做足文章本质上都是在营造局部的创新创业政策环境优势。

二、区域创新创业环境的要素分析

对创新创业环境构成要素的界定和划分，是解析创新创业环境的重要环节。构成创新创业环境的要素，应当包括来自创新创业主体的主观要素和创新创业主体之外的客观要素两个范畴。主观要素主要是指主体的能力和竞争力；客观要素则指主体之外的外部支撑条件。创新创业环境的要素主要包括：政策环境、产业环境、金融环境、人才环境、研发环境、中介市场环境等。

（一）政策环境

政府是创新创业环境的主要营造者，良好的政策环境不仅要看政策的制定，还要看政策的实施与成效等方面。国务院办公厅印发的《关于建设大众创业万众创新示范基地的实施意见》中强调，要营造良好的创业创新生态和政策环境。随着各地各部门认真贯彻落实与大力支持，业界、学界纷纷响应，全国大部分城市的政策环境不断优化，创新创业环境也得到了相应的改善，有效激发了社会活力，释放出巨大能量。

（二）产业环境

产业是创新创业环境的直接参与者，是区域中创新创业主体整体发展状况和聚集程度的总体反映，也是营造创新创业环境的着眼点和大方向。营造创新创业环境首先要围绕所选定区域内的产业发展定位来进行，产业环境是一个地区思想解放程度、市场发育程度和政府执政水平的具体体现。产业环境的好坏不仅直接影响一个城市的创新创业环境的水平与质量，还决定着一个城市产业发展的前景和后劲。近年来，产业环境的营造与培育得到了城市政府的高度重视。

（三）金融环境

金融是现代经济的核心，是社会资源配置的枢纽，是创新创业的重要支撑因素。因此，金融环境对创新创业的影响尤为重要，科技创新和产业化离不开金融的支持。科技创新由研发、中间试用、商品化、产业化等多个阶段组成，是一个高投入、高风险和高收益的复杂动态过程，不仅需要功能完善、高效稳定的金融体系为其提供清算支付、风险管理等功能，更需要通过强化金融创新的功能，更好地为科技成果转化提供重要支撑。金融的功能不仅在于解决科技成果产业化过程中所面临的资金难题，还可以形成促进高新技术产业化的一套较为完备的制度功能体系。可以看出，金融对创新创业的支持是区域创新创业环境的重要组成部分。

（四）人才环境

创新创业人才是增强自主创新能力、推动经济从投资驱动向创新驱动发展的重要支撑，是引领和推动新兴产业发展、创造社会财富的重要力量，也是转方式、调结构的重要人群。大学是培育创新创业人才的摇篮，它不仅是基础知识生产、加工和传播的动力源，也是某些产业技术获取的直接源泉，在创新型经济中担当着十分重要的角色。在国家创新体系和区域创新体系中，大学的作用越来越重要。具体来看，在其他因素都难以凸显时，人才环境已成为创新创业环境的决定性因素。

（五）研发环境

在创新全球化及互联网时代中，以技术研发为代表的创新要素可在全球范围内自由流动并整合，其将深刻影响创新创业环境的形成。研发机构或组织内部的研发部门是区域科技人员最为集中的地方。研发机构是创新尤其是自主创新的骨干力量，除了自身创造成果与价值外，研发机构的创新活动还可以促进研发产业的发展，带动全社会增强自主创新意识，提升自主创新能力，从而全面提升区域的创新创业环境。科技人员整体规模、研发投入规模以及创新成果直接反映了区域的创新投入和产出，是区域创新创业环境好坏最直接的表现。

（六）中介市场环境

中介市场环境是创新创业环境的重要组成部分，作为中介市场的主体，中介机构是连接产业与技术的桥梁，在促进科技成果产业化、社会化过程中发挥着至关重要的作用。中介机构的专业化、多样化、系统化程度直接决定了中介市场环境的优良程度。在良好的创新创业环境中，中介机构能充分利用双方面资源，发挥自身独特优势。中介服务业发展状况是区域创新创业环境的重要表现之一，其中会计评估类、工商税务代理类、专利商标代理类、商贸信息资讯类、金融保险和证券服务类、企业管理和工程管理服务类、科技中介类等中介组织，是区域创新创业环境的有机组成部分，任何一方面的“短板”都会影响到区域创新创业的效率提升。

三、区域创新创业环境的相关理论基础

区域创新体系是国家创新体系和建设创新型国家的重要基础和保障。作为区域创新体系的重要内容，营造良好的创新创业环境是实施创新驱动发展战略的重要任务之一。区域创新创业环境的研究与国家创新系统理论、区域创新系统理论、技术创新理论和制度创新理论等理论息息相关。

（一）国家创新系统理论

国家创新系统是由英国学者弗里曼（Freeman）在 1987 年发表的《技术和经济运行：来自日本的经验》中首次提出的。他认为“国家创新系统”是“由公共部门和私营部门中的各种机构组成的，这些机构的活动和相互作用促进了新技术的开发、引进、改进和扩散”。他指出，在一国的经济跨越中，仅靠自由竞争的市场经济是不够的，并根据日本的经验强调了在国家干预下加快建立国家创新系统的重要性。纳尔逊（Nelson）1993 年在《国家创新系统：比较分析》中对 15 个国家和地区的国家创新系统进行了比较分析，他认为由于各个国家的具体情况千差万别，国家创新系统具有复杂性和多样性，没有统一的模式可言。伦德瓦尔（Lundavall）1992 年从微观角度分析了国家创新系统的构成，探讨了国家创新系统内在的原因。他认为，生产者—用户的相互作用是一国经济发展的核心问题，创新是一种生产者和用户相互作用的学习过程，因而，国家创新系统的核心就是学习活动。从研究方向和方法上看，国家创新系统研究总体可以分为两大类：一类是以弗里曼和纳尔逊为代表的国家创新系统的制度研究，强调了制度在国家创新系统中的重要作用；另一类是以伦德瓦尔为代表的国家创新系统的互动

研究，该方法强调了系统中各行为主体的制度安排和相互作用。

（二）区域创新系统理论

英国学者库克（Cooke）在1992年首先提出了区域创新系统的概念，并在其后对区域创新系统进行了较早和较全面的理论与实践研究，从而开创了区域创新系统研究的先河。此后，众多的国内外学者专家在此基础上对区域创新系统理论进行了更深一步的研究。从整体上看，区域创新系统是国家创新系统的基础和分支。而从产生的时间上看，区域创新系统理论产生于国家创新系统理论之后，是在国家创新系统理论的分析研究深化之后产生的。因此，可以说区域创新系统理论是国家创新系统理论的延伸，它是国家创新系统理论的区域化和本地化。

区域创新系统作为一个新兴概念，是20世纪90年代末引入我国的。在区域创新系统的定义和构成上，目前国内学者没有统一的定论。其中最具代表性的是胡志坚、苏靖在《关于区域创新系统研究》一书中指出的，区域创新系统是某个区域内由参加新技术发展和扩散的企业、大学和研究机构以及政府组成的，为创造、储备和转让知识、技能和新产品的相互作用的网络系统。该书将区域创新系统分为主体要素、功能要素和环境要素三个部分，其中主体要素是创新活动的行为主体，包括区域内的企业、大学、研究机构、中介服务组织和地方政府；功能要素是行为主体之间的联系与运行机制，包括制度创新、技术创新、管理创新的机制和能力；环境要素即创新环境，包括体制机制、政府或法制调控、基础设施建设、社会文化心理和保障条件等。

（三）技术创新理论

虽然熊彼特的创新概念中包含了技术创新，但是并没有明确地划分出来。后来，著名的经济学家技术创新学派的追随者索洛（Solow）深入而全面地研究了技术创新理论，他认为技术创新与其他商品一样存在市场失败的风险，技术具有公共商品的某种特性，通过创新可以获取收益，但同样由于非独占性的特点可能出现“搭便车”现象，可以通过适当的政府外部干预，如完善知识产权保护政策，促进创新发展。他于1957年建立了著名的技术进步索洛模型，研究技术进步对美国经济增长的贡献率，探讨生产函数与资本、劳动、知识要素之间的关系。随后，1962年伊诺斯（Enos）在其《石油加工业中的发明与创新》一书中首次明确提出了技术创新的定义，即技术创新是发明选择、资本投入保障、组织建立、计划制定、工人招募和市场开辟等多种行为综合的结果。自此学术界掀起了对创新定义的研究热潮。1986 年罗默（Romer）提出了内生经济增长模型，他指出知识和技术研发是社会经济发展的源泉。在该模型中，除劳动与资本以外，增加了人力资本和技术水平两个要素。知识和技术的进步既作用于人力资本要素，体现为劳动者的熟练程度方面，同时也作用于技术水平要素，体现为新产品、新设备的先进性方面。

美国国家科学基金会在其 1969 年的研究报告《成功的工业创新》中认为技术创新是一个复杂的活动过程，从新思想、新概念开始，通过不断地解决各种问题，最终使一个有经济价值和社会价值的新项目得到实际的成功应用。到 20 世纪 70 年代后期，他们大大拓宽了对技术创新的界定，在美国全国卫生基金会《1976 年：科学指示器》的报告中认为“技术创新是将新的或改进的产品、过程或服务引入市场”，明确地将模仿和不需要引入新技术知识的改进作为最终层次上的两类创新而划入技术创新定义范围中。缪尔赛（Mouersai）在 20 世纪 80 年代中期对技术创新概念作了系统的整理分析后认为“技术创新是以其构思新颖性和成功实现为特征的有意义的非连续性事件”。弗里曼（Freeman）在 1973 年发表的《工业创新中的成功与失败研究》中认为，“技术创新是一技术的、工艺的和商业化的全过程，其导致新产品的市场实现和新技术工艺与装备的商业化应用”。其后他在 1982 年的《工业创新经济学》修订本中明确指出，技术创新就是指新产品、新过程、新系统和新服务的首次商业性转化。经济合作与发展组织（OECD）的定义：技术创新的范围不仅包括新产品的开发和新工艺的发明，还包括产品和工艺的显著技术变化。创新的完成可以体现在市场上实现创新，抑或是生产工艺中实现了创新。创新包括科学技术、组织、金融、商业的一系列活动。

中国从 20 世纪 80 年代以来开始了技术创新方面的研究，傅家骥先生对技术创新的定义是“企业家抓住市场的潜在盈利机会，以获取商业利益为目标，重新组织生产条件和要素，建立起效能更强、效率更高和费用更低的生产经营方法，从而推出新的产品、新的生产（工艺）方法、开辟新的市场，获得新的原材料或半成品供给来源或建立企业新的组织，它包括科技、组织、商业和金融等一系列活动的综合过程。”此定义是从企业的角度给出的。彭玉冰和白国红也从企业的角度为技术创新下了定义：“企业技术创新是企业家对生产要素、生产条件、生产组织进行重新组合，以建立效能更好、效率更高的新生产体系，获得更大利润的过程。”

（四）制度创新理论

制度创新理论是由美国经济学家戴维斯（Davis）和诺思（North）于1971年提出的。他们认为制度创新对经济有重要影响，这种制度创新包括所有制、立法、管理机制等层面的变革。当旧的制度不能适应经济发展，无法提高社会生产力水平时，则应将其摒弃并寻求新的制度。制度创新可以视作组织形式或管理方式从内至外的根本性革新，寻找对整体范围有效的资源支配制度，这种体制能刺激个体经济努力，力图使个人受益与社会受益的程度接近。制度创新理论如果能够规定保护个人的产权所有范围，使创新成果的发明者产生最大的个人收益，则会刺激研发呈井喷式发展，使整个社会受益。他们认为，制度创新同技术创新不同的地方在于，创新的时间同物质资本之间关系的不同。制度创新的时间不取决于物质资本寿命的长短，而技术创新的时间则依赖于此。

四、区域创新创业环境相关文献回顾与述评

一个国家或地区的创新创业环境对其创业活动的活跃度及成败具有很大的影响力。学者在研究创新创业环境构成要素的基础上构建评价指标体系，从而利用模型选取相应的评价方法对区域创新创业环境进行优劣评估。本书以CNKI中国期刊全文数据库为检索源，分别以“创新环境”“创业环境”和“创新创业环境”作为关键词对2000~2017年在中国知网数据库发表的文章进行检索，分别有620篇、950篇和28篇文章，对其进行筛选后得到与研究主题相关的82篇文章。从创新创业环境指标评价方面对这82篇文章进行分析，试图了解国内外学者在创新创业环境方面的研究现状。

（一）创新环境内涵的研究

20世纪80年代中期，“创新环境”这一词汇一出现便犹如龙卷风般席卷了整个学术界，学者们争相开始探讨研究该领域。这股浪潮的兴起得益于欧洲区域

创新环境研究小组（GREMI）。1989 年欧洲区域创新环境研究小组（GREMI）在巴塞罗那会议上首次系统地提出了创新环境概念，认为创新环境是指在限定的区域范围内行为主体与社会感知相结合，通过内部运营机制进行人力资源自我整合、中心区域资源扩散、各组织结合协调的方式，在协同作用、提供学习环境和创新网络关系形成的条件下，营造有利于创新的有形和无形的氛围。

GREMI 组员阿迪罗特（Adylot，1985）认为中小企业集聚现象的发生是创新环境对其产生的影响，欧洲和北美具有产业集群的竞争优势，都归功于优良的区域创新环境。例如法国的格勒诺布尔、德国的慕尼黑、英国的剑桥等。在此之后，又有多位国外学者对创新环境的概念予以研究：卡玛尼（Camagni，1991）基于 GREMI 研究基础，将创新环境定义为特定区域内各行为主体通过一系列非正式的社交关系而形成的复杂的社会网络。斯科特（Scott）和斯托珀（Storper）于 1997 年将创新环境定义成一类并不简单的网络关系，是某一地区或区域性的规则、惯例和制度等相结合的整体，该整体可促进创新，它强调的是企业、学者、科研者、政府等为促进创新活动的进行而形成的协同合作。国际经济合作与发展组织（OECD，1997）认为创新环境是财政、政策、金融的结合体，为区域创新活动制定规则并为创客提供机会的物质或非物质的要素组合。梅拉特（Maillat，1998）提出创新环境既包括企业外部环境的创新，如技术、文化、劳动力市场等因素；同时也包括内部环境创新，如领导者的冒险精神、企业感知市场机会的能力等。Martina Fromhold – Eisebith（2004）认为创新环境包括一切非正式社会契约所组成的网络，指的是行为主体在空间上邻近的地域，它既包括外部的可见形象又包括内部隐形的归属感。

目前，国内研究创新环境的学者也对其概念做出了不同的概述。国内学者王缉慈（1999）最早对创新环境作了定义，他认为创新环境是一种社会文化环境，对于高新技术产业的发展是不可或缺的，其将创新环境定义为大学、科研院所、企业、地方政府等机构及个人等地方行为主体之间，在长期正式或非正式的合作与交流的基础上所形成的相对稳定的系统。贾亚男（2001）认为创新环境是一个地区保持持续竞争力、发展力所必须具备的物质、文化、社会环境。刘曙光等（2002）认为创新环境是影响区域创新系统存在和发展的条件及事实的总和，是指那些不直接参与区域创新活动而与创新密切关联的组织机构。盖文启（2002）认为创新环境具有两方面的含义，即静态环境和动态环境：静态环境指的是促进区域内行为主体不断创新的区域环境，动态环境是为促进区域内创新活动的发生和创新绩效，区域环境随时进行的自我创新和改善的过程。黄桥庆等（2004）将创新环境理解为特定区域内的制度及其政策的总和，这种制度和政策可以协调各种与创新相联系的主体要素和非主体要素以及各要素之间的关系。蔡秀玲（2004）沿袭了盖文启的部分观点，认为创新环境是为创新提供机会和行为规范的结构和体制因素，是国家政策与法规、市场、管理机制、服务的总称。苗园园等（2014）认为创新环境是一个有机统一体，也是一个复合系统工程，具体由创新基础设施、创新组织机构、创新行为主体、创新技术环境、创新文化环境、创新制度环境等构成。

综合分析各学者的观点，可以看出学者们对创新环境概念的理解有着一定的差异，但也有着一定的共识。即创新环境是为创新活动所提供的条件（可划分为硬环境和软环境），将各种条件相互交错、融合，形成完整的链接。

（二）创业环境内涵的研究

创业环境早在20世纪30年代就已被提出，国外学者对于创业环境进行了一系列研究总结。国外有关创业环境的研究，最早是从组织和环境的关系中发展而来的。在关于创业环境概念的界定中，高德纳咨询公司（Gartner，1985）认为创业环境由资源的可获得性、周边的大学及科研机构、政府的干预及人们创业态度等因素组成；Gompers 和 Lerner（2003）提出创业环境本质上是一种制度环境。Devi R. Gnyawali 和 Daniel S. Fogel（1994）将创业环境定义为：创业者在进行创业活动和实现其创业理想的过程中必须面对和能够利用的各种因素的总和，一般包括创业文化、创业服务环境、政策环境、融资环境等环境要素。Timmons（1999）提出创业主要由三个要素构成，即资源、机会、团队，三者中的资源要素就是创业环境要素。Fogel（2001）认为创业环境就是对创业发展起作用的一系列因素的总和。Desai Gompers 和 Lemer（2003）认为从本质来看，创业环境即是一种制度环境。

随着创业对经济发展带来的巨大影响，国内学者逐渐意识到了创业环境的重要性。由于我国的创业活动起步较晚，对于创业环境的研究也较晚。国内学者在对创业环境概念的界定中，池仁勇（2002）认为创业环境是指围绕在创业者附近的各种静态或动态事物，是一个复杂的大系统也是多层次的有机整体，是企业整个发展过程的基础，涉及创业政策、经济、文化和技术等。张玉利、陈立新（2003）认为创业环境是在创业活动中发挥重要作用的要素组合，包括“影响人们开展创业活动的所有政治、经济、社会文化诸要素”和“获取创业帮助和支持的可能性”两个方面。杨武斌（2004）认为创业环境是指围绕创业企业成长而变化，并能够影响创业企业成长的一切外部因素的总和。张玉利、郭永清（2006）区分了创业环境与投资环境；他们认为，从价值创造方式来看，前者基于创业者体力、智力、财力等的全面投入，后者则更多地强调投资者的资金或实物等货币等价物的投入；两者在行为主体、行为对象、目的等方面也存在差异。对地区经济而言，创业是充分利用当地居民资金，搞活当地经济的过程；而投资则更多地利用流入的资金发展当地经济。也就是说，在营造环境时，前者强调对内，而后者强调对外。

综合国内外学者的研究成果，可以看出学界至今对创业环境的概念没有统一明确的定义。但大多数学者认为创业环境是一个由各要素相互作用、相互联系而组成的有机整体，创业环境的各要素也是相互联系、相互影响而存在的。因此，创业环境是存在于创业实体内部与外部的制约及影响创业活动的各种力量、条件及因素的总和。

（三）区域创新创业环境构成要素的研究

针对创新创业环境构成要素的研究，国外学者做了大量研究。Litvak 和 Maul（1976）认为，创新创业环境要素包括风险资本、营销市场、公共政策等环境因素。Cheil（1985）把创新创业环境要素分为社会、经济、政治、基础设施和市场因素。Malecki（1984）、Maillat（1998）、Kaufmann（2000）、Andersson（2002）等学者认为区域内的无形因素如文化、风俗、地理、历史、教育和产业等都会影响区域创新，包括经济、社会文化、政治、制度等方面，同时包括组织和法规模式的配置方面，这些因素共同对区域创新创业的结果产生影响。全球创业观察GEM（2003）中提到，创新创业环境要素由金融支持、政府政策、政府项目和支持、教育与培训、研究开发转移、商业和专业基础设施、进入壁垒、有形基础设施、文化与社会规范等组成。可见，国外学者多强调社会文化环境在区域创新活动中起着重要作用，认为社会文化环境不是一般的简单社会，而是处于商业社会环境中的企业家的常规实践和精神，该环境促进区域内部企业组织网络的形成。

国内学者关于创新创业环境构成要素的研究有：贾亚男（2001）认为区域创新创业环境可分为四个相互依赖的层次：基础层次网络系统、文化层次网络系统、组织层次网络系统、信息层次网络系统。池仁勇（2002）认为，创新创业环境要素应分为创业者培育系统、企业孵化系统、企业培训系统、风险管理系统、成功报酬系统和创业网络系统等方面。张玉利（2004）认为，创新创业环境要素由政府政策和工作程序、社会经济条件、创业和管理技能及金融与非金融支持等构成。黄桥庆等（2004）将区域创新创业环境分为基础设施环境、创新资源环境、政策与制度环境、社会文化环境四个维度。张洪石（2005）认为影响企业突破性创新的环境因素主要有：环境变化因子、环境支持因子和环境依赖因子。李婷等（2005）认为创新创业环境包括人文环境、政策法制环境、基础环境、市场环境以及机制环境。荣飞等（2005）认为区域创新创业环境构成包括创新人文环境、创新服务环境、创新基础设施、企业创新能力四要素。鲁虹等（2006）认为企业自主创新创业环境包括 R&D 投入、科技合作、技术转移、市场推进四个要素。文魁、吴冬梅（2006）认为创新创业环境从两个大的维度可划分为宏观环境和微观环境，宏观环境分为法律环境、政策环境、文化环境、市场环境和技术环境；微观环境分为企业文化、企业的组织结构、管理体制、企业人才的激励、开发和使用等。周柏翔、王影（2006）认为技术创新创业环境分为硬环境和软环境两方面，硬环境指人才、资金、技术、基础设施等创新创业活动所需要的一切资源；软环境指政策、法律、市场、服务和人文等创新创业活动所需要的除了硬环境以外的条件。段利民（2010）认为创新创业环境要素应由经济、技术、产业、金融、服务、法制和地理构成。傅晓霞和吴利学（2012）认为创新创业环境可主要从地区的对外开放性、市场结构、研发外溢性、研发资金来源结构、人力资本水平、经济规模等方面度量。孙冰和张为峰（2013）认为创新创业环境包括技术环境、人文环境、政法环境、市场环境和经济环境五个要素，且这五个要素间相互联系、相互作用。

综观以上对创新创业环境构成要素的研究综述，可以发现不同的学者由于研究视角不同，对创新创业环境构成要素的分类也不同。就目前研究来看，对于创新创业环境要素构成的研究中，大家接受度较高的是全球创业观察（GEM）模型中对环境要素的划分，但 GEM 也不是一成不变的，需要研究者根据自身研究焦点进行改进。

（四）区域创新创业环境评价指标体系构建的研究

一个地区创新创业环境质量的好坏可以通过特定方法进行评测，而评测就需要首先建立区域创新创业环境指标体系或模型，然后使用特定测量方法才能实施评估。指标的建立和运用是建立测量方法的依据，也是提升区域创新创业环境质量的关键。在影响区域创新创业环境的评价指标及测度分析研究方面，国内外学者所持观点各不相同。

学者们在研究创新创业环境构成要素的基础上构建了评价指标体系，从而利用模型选定的维度对区域创业环境进行优劣评估。Gnywali 等（1994）研究搭建由政府政策及规程、创业及管理技能、对创业的金融支持、非金融支持、社会经济条件 5 个一级指标组成的创业环境评价框架，并且为了对一级指标进行更好的衡量，又分别在一级指标下选取相应的二级指标，尽可能地细化指标。1997 年，英国伦敦商学院和美国百森威商学院共同合作发起全球创业观察的研究项目五维度模型，并在此基础上开发了创新创业环境分析的 GEM 模型，用 9 个指标对国家或地区的创业环境进行评价，分别是：金融支持、政府政策、政府项目支持、教育与培训、研究开发转移、商业和专业基础设施、市场开放环境、有形基础设施、文化和社会规范，并在每个一级指标下设置了 5 ~ 6 个问题作为二级指标，该模型是目前学者分析创业环境运用最多的分析工具。Lee（2000）在美国硅谷地区选取有移民背景的创业者作为调查研究对象，进而展开对当地创业环境的分析，最终提炼总结出创新创业环境评价的四个方面，包括以地区网络为基础的工业体系、密集的社会网络、地区的社会文化氛围和开放的人才市场。Lundstrom 和 Stevenson（2005）提出基于 MOS（激励—机会—能力）设计出的六维度创业政策分析框架，六个维度分别是：创业教育、创业促进、减少进入障碍、启动支持、启动融资和目标群体政策。世界经济论坛《全球竞争报告》中的调查用 10 个指标反映国家创新活动所依赖的外部硬件环境和软件环境，包括知识产权保护力度、政府规章对企业的影响、宏观经济环境稳定性、专业研究和培训易获取程度、创新项目获风险资本支持、产业集群状况、产学合作水平等。

然而，国内研究者主要依据具体研究区域的情况进行指标体系的构建。易成栋（2001）建立四个一级指标，包括政治环境、经济环境、社会文化环境、资源环境。中国科技发展战略研究小组（2003）从基础设施、市场需求、劳动者素质、金融环境及创业水平五个维度构建一级指标，为后来学者建立评价体系提供了较为权威的参考。林迎星（2006）构建的民营企业在自主创新创业环境的评价框架中，包括行业准入、融资环境、劳动力供应、中介服务、政府服务、税费负担、企业合作七个要素，并对福建民营企业进行研究。薛风平（2007）在构建人文环境、服务环境、基础设施和企业创新四要素的区域创新创业环境指标体系基础上，对我国31个省级区域进行数据分析，再根据分析结果将31个省级区域分为五类并予以解释。詹湘东（2008）构建了包括基础设施、金融环境、地方政府创新能力三要素的区域创新创业环境评价模型。刘立涛等（2008）构建了涵盖基础环境、人文环境、创业环境、市场环境四个影响因素的区域创新环境指标体系，并对2001~2006年31个省（直辖市、自治区）的创新环境进行定量评估及比较。李国军（2009）将创业环境分为社会支持、政府调控和资源获取三个维度，并对三个维度的重要性进行了测量，最后利用这三个维度对东西部的创业环境进行了比较。李琳、陈文韬（2009）在构建包括基础设施环境、制度环境、社会文化环境、资源环境、组织网络环境5个要素的评价指标体系的基础上，建立起25个评价指标对我国各省（直辖市、自治区）的创新创业环境进行综合评价。翁媛媛、高汝熹（2009）设立了资源环境（包括人力资源、物质条件和财力基础）、制度环境（包括专利制度、激励制度以及财政制度）、市场环境（包括市场化水平、产业化水平、金融环境支持和中介服务水平）和文化环境（包括合作与创业精神）四个要素来衡量上海市创新环境。王鹏、李健等（2011）在评价中部地区区域自主创新能力时将自主创新环境归纳为经济环境、资源环境和科教环境三要素，并将人力资源、财力资源和设施资源划入创新资源的投入指标。崔会东、田丽娜、李荣平（2013）根据城市创新环境的影响因素，在政策法制环境、人文环境、基础环境、机制环境和市场环境5个模块的基础上构建了28个指标的城市创新环境评价指标体系，采取多层次模糊评价方法对河北省进行了实证分析。曹辉（2014）以北京市的14家国家大学科技园为样本，通过层次分析法对设施、制度、市场、文化、创新、依托环境六个准则层进行评价，对大学科技园创新环境综合估分。候鹏等（2014）从制度环境、要素条件、产业环境和需求环境四个方面，在固定知识存量和人员投入两个指标的基础上，选取了知识产权保护水平、市场需求规模等11个分项指标，分东中西地区探讨了各指标区域创新环境对创新能力影响的差异。夏维力、丁珮琪（2017）以中国各省为样本构建出以6个一级指标和20个二级指标为核心的创新创业环境评价指标体系，并建立评价模型，对全国31个省级单位的创新创业环境在2014年的状况进行测评排序。

综观以上的研究成果，可见不同的学者由于研究视角的不同，所构建的指标体系也存在较大的差异，还未形成一个统一的框架。现存的研究中缺少对指标体系构建合理性的研究，由于指标体系庞杂，部分指标代表性不强，解释力不够，存在意义交叉重复的现象，无法科学地反映目前创新创业环境与相关变量的关系。指标的选取更多地注重对综合环境的描述而未突出创新创业的特点，且未针对创新创业产出做出专门评价。

（五）区域创新创业环境评价方法的研究

关于区域创新创业环境的评价方法可以大致分为两种形式：一种是主观评价方法。专家评分作为衡量权重依据，根据德尔菲专家打分法计算权重，做无量纲化处理，通过加权权重和指标数据计算出创新环境得分。这种方法在评分时存在主观偏好。另一种是利用随机前沿方法、主成分分析法等各种计量手段对创新环境做出客观评价。

区域创新创业环境评价方法有多种，例如赵强等（2006）通过灰色层次理论构建了产业集群创新创业环境评价指标体系，该体系包括人文环境、服务环境、技术环境以及市场环境四维度，根据影响因素多是灰色、模糊、难以量化的特征，应用层次分析法和灰色系统理论建立了灰色层次综合评判模型，对产业集群创新环境进行综合评价。江虹（2007）基于 GEM 的研究框架研究了省级区域创新创业环境指标体系，并以江苏为例进行了论证，着重强调了创业的外部环境。杨晔（2007）利用 GEM 模型对长三角区域的创新创业环境进行了分析，提出了相关政策建议。林延东（2007）对黑龙江省高新技术企业的创新创业环境进行分析，通过问卷调查，采用层次分析法和模糊评价相结合的方法综合评价创新创业环境的现状。张立柱（2008）用层次分析和模糊评价相结合的方式创建了一套针对区域创新创业环境的评价体系和模型，使得评价更加科学化。张莹、张宗益（2009）利用重庆市 2005 年的相关截面数据，通过构建五个创新创业环境分量建立回归分析模型，分析结果表明基础设施、市场需求和劳动力素质三项指标对重庆市创新绩效影响显著。李琳等（2009）运用主成分分析和聚类分析对我国 31 个省市的创新创业环境进行定量评估，并对不同区域的创新创业环境差异予以解析。朱涵（2013）结合 GEM 模型以江苏省为例对全国创业环境进行评价分析。许婷婷、吴和成（2013）针对江苏省 13 个地市用因子分析方法对区域创新创业环境进行比较，结果表明苏南、苏中和苏北地区的创新创业环境存在差异。陈强、左国存（2014）利用随机前沿分析（SFA）方法对 56 个国家级高新区 3 年的研发活动数据进行分析。郑宝华等（2014）以江苏省农业科技园区为研究对象，建立结构方程模型，探索园区创新创业环境和创新能力对创新绩效的影响。

综观以上对创新创业环境评价的研究，可以看出国内学者从不同角度构建了创新创业环境评价指标体系，通过多种统计分析方法对不同区域的创新创业环境进行实证研究，这一方面反映出区域创新创业环境研究的趋势，另一方面也体现了研究进展的具体和深入。但是大多数研究成果主要使用 GEM 模型、因子分析、主成分分析、聚类分析、模糊分析等单一方法进行测度，缺乏综合运用多种方法的研究分析。

（六）现有研究的不足之处和未来的研究展望

1. 现有研究的不足之处

综合现有的文献资料，可以发现已有的研究为未来深入开展相关研究奠定了理论基础，但通过梳理众多文献后发现以往的研究或多或少都存在一些不足：

一是国内外学者从不同的角度出发界定了“创新”“创业”“创新环境”“创业环境”等概念，但对于创新创业环境概念界定的研究还比较少，今后的研究应该更加注重对“创新创业环境”概念的探讨，当大家对某个概念形成一致的看法时，才说明此概念的界定是成熟的。

二是现有文献多是笼统地评价各省（直辖市、自治区）在某一年或某几年中的创新创业环境，并未对各区域的创新创业环境进行动态的变化分析，这样的研究方法具有很大的缺陷，不能纵向比较各省（直辖市、自治区）的创新创业环境在以前年度中出现的变化。

三是在区域创新创业环境的评价方面，国外学者的研究多集中于区域创新创业环境的案例研究，国内学者更加热衷于构建各种模型和指标去评价创新创业环境，并且构建的指标体系庞杂，部分指标代表性不强、解释力不够，存在意义交叉重复的现象，无法科学地反映目前创新创业环境与相关变量的关系。另外，主要使用单一的分析方法进行测度，缺乏对多种分析方法的综合运用。

2. 未来的研究展望

创新创业环境是一个涉及经济、社会、教育、科技、生态等多个方面的综合系统，在选取指标时应有侧重点，在指标的选取过程中应尽量使得每一个指标都能够突出体现创新创业的水平。因此，本书拟构建较全面的评价体系，并采用近几年连续的相关统计数据，从动态角度分析区域创新创业环境的差异和变化，进一步揭示各省（市、自治区）创新发展规律。另外，目前对区域创新创业环境的研究大多停留在定性描述阶段上，缺少对指标设置的合理性的论证，区域创新环境及其各组成部分如何量化、如何构建模型分析区域创新创业环境对区域经济增长的贡献，在此基础上区域创新环境与区域经济增长的相关性如何，以及不同区域内有无差异，以及差异的演变特征如何，这些都是未来需要进一步研究的问题。

第三章　河南创新创业环境的总体情况

河南地处中原，是中华民族与华夏文明的发源地，区位优势明显、人力资源丰富、消费市场巨大，承载着“国家粮食生产核心区、中原经济区、郑州航空港经济综合实验区、郑洛新国家自主创新示范区和中国河南自由贸易试验区”五大国家发展战略。党的十八大以来，河南着力打好“四张牌”，以产业结构优化升级，创新驱动发展，基础能力建设和新型城镇化为引领，强化政策供给，搭建新型载体，优化公共服务，激发主体活力，着力打造有利于创新创业的政策环境、制度环境和公共服务体系，为创新创业活动开展提供坚强支撑，基本形成了政策清晰、载体多元、机制创新、服务高效、充满活力的创新创业发展格局。

一、河南创新创业环境业态发展情况

近些年来，河南牢固树立新发展理念，以深化改革为动力、以服务需求为导向，不断优化创新创业环境。目前创新创业集群效应初步显现、科技创新企业规模不断扩大、创新创业资金来源多元发展，创新创业主体培育成效显著，创新创业载体建设扎实推进。

（一）创业活动蓬勃发展

党的十八大以来，河南深入贯彻“大众创业、万众创新”的战略部署，积极推动创新驱动发展，大力培育经济社会发展新动能，创业活动蓬勃发展，创新水平持续提升。2016 年，郑洛新国家自主创新示范区、国家大数据综合试验区、知识产权强省试点省等一批国家创新驱动发展战略相继在河南落地，为河南创新创业发展提供了重要的平台基础。河南充分发挥这些平台的作用，借力国家发展战略的叠加效应，调整发展结构、转变发展方式、培植发展动能。2017 年 1 月，河南省工商局发布的《河南省大众创业分析报告（2016）》显示：2016 年，河南省全省新设立各类市场主体 99.1 万户，同比增长 20.7%，其中新设立企业 24.6 万户，同比增长 29.8%。在新设立的企业中，创业企业近 20 万户，创业者超过 26 万人，均再创新高。2016 年，河南省创业指数达到 29.2，较 2015 年提升了 5.6，是商事制度改革前的 2.6 倍。截至 2016 年 10 月底，河南省实有创新型创业企业 53.81 万户，占创业企业总量的 5.4%，共拥有有效创新成果 14.68 万件。截至 2016 年 12 月底，全省创业企业数量居全国第五位、中部六省第一位，创业人数居全国第六位、中部六省第一位。在一系列创新创业政策的激励下，河南申请创新成果的创业企业数量呈现高速增长态势，2016 年 1～10 月共 2.04 万户，连续 3 年增速超过 38%。2016 年，河南高新技术企业数量增加 23%，规模以上高成长性制造业增加 10.6%，高技术产业增加 5.5%。在 2016 年国务院确定的大众创业万众创新示范基地中，郑州航空港经济综合实验区被确定为区域示范基地，中信重工机械股份有限公司被确定为企业示范基地，同年，中信重工、汉威电子入选首批国家级专业化众创空间。2017 年 6 月，我国第二批大众创业万众创新区域示范基地创建中，河南省许昌市城乡一体化示范区、鹿邑县成功入选。

（二）创新能力逐步提升

在创新能力提升方面，2012 年以来，河南省大力实施省重大科技专项 258 项，累计项目总投入达到 305.4 亿元，实现新增销售收入 735 亿元，形成了盾构、特高压输变电装备、新能源汽车、超硬材料等在国内有技术和市场优势的产业。全省高新技术产业发展迅速，2016 年全省规模以上高新技术产业增加值超过 6000 亿元，占规模以上工业增加值比重由 2012 年的 17.7% 大幅提高到 34.9%。2016 年全社会研发投入达到 494.2 亿元，在全国的排名上升到第 10 位。2012 年以来，河南共获得国家科技奖励 101 项，其中有国家科技进步特等奖 3 项、一等奖 8 项，国家技术发明一等奖 1 项。同时，近些年来，河南省专利申请量和授权量快速增长，2012～2017 年，河南省专利申请量由 43442 件增加到 119243 件，年均增长 24%，2017 年，河南省万人有效发明专利拥有量达到 2.4 件，是 2012 年的 2.7 倍。全国区域综合科技进步水平指数排名比 2012 年上升 5

位。河南省 2017 年推荐国家科学技术奖项目数量和获奖率位居全国前列，共有 27 个项目获奖，其中，国家自然科学奖 1 项，国家技术发明奖 4 项，国家科技进步奖 22 项，全省推荐项目获奖数量居全国第 4 位、中部六省首位，推荐项目获奖率达 50%，远高于国家平均 30% 的获奖率。截止到 2017 年末，河南共有省级以上企业技术中心 1136 个，其中国家级 84 个；省级以上工程实验室（工程研究中心）616 个，其中国家级 46 个。2012～2017 年，河南省新增国家级重点实验室 5 家，新建院士工作站 163 家，新增国家高新区 2 家。目前，河南省拥有国家级重点实验室 14 家，院士工作站 292 家，国家高新区 7 家，高新技术企业超过 2270 家，科技型中小企业规模突破 1.6 万家。2017 年河南省全年申请专利 119243 件，比上年增长 26.0%；授权专利 55407 件，增长 12.7%。截至 2017 年底，河南有效发明专利 28615 件，增长 26.6%；每万人口拥有发明专利量 3 件，增长 25.0%。实现专利权质押融资额 15.5 亿元，比上年翻了一番。签订技术合同 5877 份，技术合同成交金额 76.93 亿元，增长 30.0%。

二、河南创新创业环境面临的挑战

近些年来，河南创新创业环境培育尽管取得了不菲的成绩，但在经济结构加快调整、发展方式急剧转型、发展动能加速转换的背景下，河南创新创业环境仍面临着一系列的挑战，政策环境需进一步改善、要素环境需进一步优化，融资环境需进一步调整，生态环境需进一步完善。

（一）创新创业政策环境急需优化

创新创业政策环境是激发创新创业活力的重要源泉，各类创新创业主体的实践活动与政策环境密切相关。自 2015 年李克强总理《政府工作报告》把“大众创业、万众创新”作为经济增长的新引擎以来，河南先后围绕创新创业制定出台了一系列政策措施，从主体培育、氛围营造、资金支持、平台搭建等方面做出了部署安排，郑州、洛阳、南阳、漯河、平顶山、驻马店等地市也结合自身实际，进一步细化了落实政策措施，初步形成了国家宏观政策、省级中观政策与基层微观政策上下联动、互为支撑的创新创业政策体系，数据统计表明，仅河南省省级层面就出台创新创业政策超过100多项。但与北京、上海、广东、浙江等经济发达的省份相比，与河南创新创业发展需求相比，河南现有的创新创业政策环境还存在较大的改善空间。目前现有的创新创业支持政策在产业支持、技术创新、人才吸引、资本聚集等方面相对保守，多数政策属于保守性、普适性政策，所以缺乏创新性、精准性、特色性政策，未能充分结合河南实际找到真正的突破点，一些政策措施并没有完全满足河南区域创新创业实际需求，以致政策落地存在困难，尚未发挥政策应有的实际效果。根据中国科协2015年“双创”政策措施落实情况的第三方评估报告，虽然全国不少地方政府部门贯彻落实“双创”政策措施迅速，政策效果得到一定的释放，但也存在一些突出的问题。部分地方在落实政策过程中出现求急、求快、求数量等现象，存在把数量当政绩、挂牌子走形式等问题，这些问题在河南现有的“双创”政策体系中也或多或少存在。此外，目前河南许多创新创业政策出自不同的部门，且文件名目众多，这其中又难免有交叉重叠、衔接不畅的地方，这就给创新创业主体在使用政策中带来诸多的矛盾和不便，更有甚者，一些地市和部门在创新创业政策供给中还存在着以“政策”落实“政府”的不良行为，从而严重制约了创新创业政策的落地生根。同时，一些政策接力效应差，政策执行的传导时间长，在执行中不同程度地存在“上面踩油门、中间挂空挡、基层踩刹车”的现象，“上面是互联网时代，下面还在使用“鸡毛信”的现象也时有发生。另外，由于诸多政策出自不同部门，各部门之间存在职能交叉，导致了多头管理、政策过多、政策重复等问题，甚至出现以“政策”应对“政策”的局面，严重影响了“双创”政策的落地生根与实施效果。[①] 同时，目前的创新创业政策涉及工商、金融、人社和教育等各个部门领域，缺乏系统性、持续性和全覆盖的政策体系，导致创新创业活动具有明显的间歇性和短暂性。同时，河南省大中型企业、大学生和农民工创新创业受到的政策扶持力度最大，但他们的创新创业活动多集中在第三产业，其影响力较弱；中小企业和民营企业受到的创新创业政策支持不够，对于国家、省市创新创业方面的扶持、优惠、导向政策了解不够，致使他们的创新创业质量和效果不太明显，持续创新能力不够强。

① 田文富．打造科技创新高地的制度供给研究［J］．学习论坛，2017（9）：40－44.

（二）创新创业人才环境亟待改善

人才、技术、资本等是创新创业实践的核心要素，既是创新创业要素环境的重要组成，也是创新创业环境的外显结果。河南省高等学校众多，人力资源丰富，是“双创”人才大省，各级政府部门也高度重视“双创”人才培养，制定出台了多项政策措施，从载体建设、机制创新、人才流动、环境营造等方面安排部署“双创”人才工作，通过给政策、给资金、给服务等方式为“双创”人才保驾护航①。但目前河南省尚未成为创新创业人才强省，在创新创业人才培育、引进、留用等方面还面临重大挑战，人才不足已经成为制约河南省打造“双创”升级版的一大短板，在高层次人才引进、高端科研创新、高效资本聚集中仍存在不少的短板和瓶颈。就高层次创新创业人才而言，河南虽然是我国的人力资源大省，但距离人力资源强省尚有很大的差距。在经济新常态下，创新驱动发展将更多依靠人力资本质量和技术进步。对于正处在爬坡过坎、攻坚克难关键时期的河南而言，虽然是人口大省、高考生源大省，河南坐拥人力资源“富矿”，但人才的质量和数量与河南创新创业发展的现实需求仍有很大差距。教育部统计数据表明，截止到 2017 年 5 月，北京市以其 2000 万左右的人口，拥有着 92 所高等学府，而人口大省河南，以接近 5 倍左右的人口，占有仅仅 134 所高校，仅为北京市的 1.45 倍。2017 年 5 月人民日报记者的一项调查显示：“人才瓶颈”目前仍然是制约河南创新创业发展的关键因素，受制于经济社会发展水平、区域地理条件、政策引导激励等多方面的制约，处于中部地区的河南在培养、引进、评价、激励人才和人才流动等方面，鼓励创新的人才政策落实还不是很到位，导致人才请不来、留不住，企业创新无法借力人才。

近些年来，河南各级政府部门也都高度重视双创人才培养，制定出台多项政策措施，从载体建设、机制创新、人才流动、环境营造等方面安排部署双创人才工作，通过政策、资金、服务等方式为双创人才保驾护航。同时，加大科研人员股权激励力度、建立健全科研人才双向流动机制，采用“你创业、我补贴”的方式降低广大创客的创业门槛，通过全省孵化服务载体为创业者提供各类空间硬件服务和一揽子柔性创业服务。但由于多种因素的制约，河南省目前尚未成为双

① 田文富．创新创业协同发展及支撑体系建设研究——以郑洛新双创示范基地实践为例［J］．学习论坛，2018（7）：48－53.

创人才强省，企业存在重引进轻培养、重所有轻所用的现象，出现人才“引进来、用不好、留不住”的局面，由此人才逐渐流失。同时，随着其他地区双创人才引进与培养政策的加快实施，区域之间人才争夺更加激烈，河南引进和留住双创人才的难度更大。比如，继 2016 年上海、深圳出台了人才优先发展的若干措施后，2017 年西安、长沙出台建设双创人才高地的政策措施，武汉出台《关于支持百万大学生留汉创业就业的若干政策措施》，成都实施《人才优先发展战略行动计划》，这些培育吸纳人才的政策措施力度空前，在许多优惠方面都超出了河南省和郑州市现有的人才政策。

（三）创新创业研发环境有待提升

近年来，河南研发经费投入总量呈不断上升趋势，2016 年全省当年科技研发经费投入总量为 494.19 亿元，比上年增加 59.15 亿元，增长 13.6%，增速比全国平均水平高 3 个百分点，比该省 GDP 增速高 5.5 个百分点。但与发达地区相比，河南研发投入的效益还有待进一步提升，研发投入强度与发达地区相比还有很大的差距。

一是科研经费投入相对不足。2017 年，河南省科研经费投入 494.2 亿元，全国排名第十位，当年河南省 GDP 总量全国排名第五位，研发经费支出占 GDP 的比重为 1.3%，远低于 2.1% 的全国平均水平，更落后于北京的 5.96%、上海的 3.82%。作为研发投入主力的企业投入强度偏低，2016 年河南省规模以上工业企业的 R&D 经费支出为 409.69 亿元，占 GDP 比例为 1.01%，不仅低于周边的湖南、湖北和安徽等省份，而且低于全国 1.47% 的平均水平，与发达国家相比，差距更为明显，目前主要发达国家的这一比例为 2.5% ~4%。二是基础研究投入偏低。2017 年，体现科技成果转化能力的技术合同交易全国有 366586 项，交易金额为 13424.22 亿元，其中，湖北、陕西和四川的交易金额为 1066 亿元、921.55 亿元、419.68 亿元，而河南的交易金额仅有 76.93 亿元，全国排名 34 位。作为国家中心城市的河南省省会城市郑州，无论是在技术输出方面还是在技术引进等方面都与周边的武汉、西安、济南相去甚远。

同时，河南高等学校、科研院所与企业拥有不同的评价机制和利益导向，各自创新活动的目的严重分化，科研成果转化率仅为 10% 左右，远低于发达国家 40% 的水平，产学研合作创新的有效机制尚未形成。

（四）创新创业金融环境需要整合

从目前实际情况看，全省双创工作仍然面临着融资难题，表现在贷款难度大、参与的金融机构少、融资渠道窄、投资结构不合理等方面。融资问题是创新创业活动面临的传统难题，在倡导“大众创业、万众创新”新形势下，融资难题显得更加突出。从中央政府到地方政府，从政府财政到企业、社会，普遍存在着对创新创业资金资源投入不足的问题。鼓励全社会创新创业需要有强大的资金作为坚实后盾。近年来，河南省积极探索创新创业融资路径，完善科技金融结合机制，通过政府财政引导、创新创业投资基金引导等方式丰富创新创业融资体系。目前，现有的融资渠道仍主要局限于依赖国家银行贷款和各级政府财政投入，大多数企业的创业资金主要来自自筹、贷款、风投等渠道，河南省从事创投业务比较活跃的机构有 180 多家，实际拥有资金规模为 600 多亿元，与北京的 3000 多亿元相比，仍存在较大的差距。与政府相比，市场和民间资本对“大众创业、万众创新”活动的支持力度有限，便于创业者获得资金的平台还没有建立，缺乏活跃的市场来促进创业者和投资者的资金融通。由于双创工作涉及的范围广泛、人数众多，仅靠有限的财政投入和银行贷款难以满足创新创业对资金的大量需求。因而，全省双创工作的推进仍然面临完善融资体系的重任。从实践层面看，目前，河南创新创业投融资环境面临诸多挑战。一是债务融资仍是主要渠道，融资门槛和成本“双高”。间接融资主要通过银行等金融机构获得债务性资金，目前，河南省企业间接融资比例高达 75%。河南中小微企业要想获得数额较大的融资额，大部分的融资仍要向金融机构借款。但考虑到资金的安全问题，多数银行仍然倾向于向成熟企业融资贷款。此外，一般中小微企业实际获得的贷款仅有本金的 80% 左右，创业企业面临高额的债务融资成本。二是 IPO 标准条件难企及，天使投资、创业投资未成体系。由于证券市场门槛高，能够在市场上发行股票筹集资金的企业只有小部分，一般是经营成熟、发展良好的企业才能达到 IPO 的标准。河南的多数新创企业还不具备 IPO 的条件。河南虽然也通过天使投资来扶持创业，但天使投资处于创业投资中风险最大的阶段，其对项目、团队、市场前景等方面都有严格的要求，如何有效地将这些资金投资在最优质项目上，非常考验政府和投资人的智慧。三是资本市场融资规模较小，多年总量增加缓慢。虽然河南省生产总值排在全国第 5 位，但是上市公司数量却排在全国 10 位以后，只有 78 家上市公司，呈现出 GDP 排名与上市公司数量排名不匹配的倒挂现象。统计数据显示，在河南省的这 78 家上市公司中，最新的市值总额约为 8433 亿元。生产总值与河南省邻近的省份中，浙江省有上市公司 423 家，是河南省的 5 倍多；四川省上市公司数量为 118 家；湖北省有上市公司 96 家，略多于河南省。从以上数据可以看出，在生产总值与河南相邻的省份中，无论是生产总值高于河南省的省份还是低于河南省的省份，上市公司数量均多于河南省。四是政府创业资金扶持增加，但受益普惠性不足。近年来，河南省通过设立创业投资引导基金等方式，从创业资金扶持、创业平台建设和创业活动举办等方面给予创业资金扶持。例如，给予高端人才创业最高 500 万元的创业资金扶持，并提供免费办公场所，营造拎包即可到河南创业的有利环境；统筹设立每年不少于 5 亿元的互联网产业发展专项资金等，但是具体落地中门槛仍然较多，普惠性不足，未能充分激发市场活力。

（五）创新创业产业环境需要升级

进入经济发展新常态以来，河南经济呈现出由“高速增长”向“结构优化”转变的明显特征。从总量上看，河南省生产总值持续扩张，但增长速度逐渐下降到中高速状态。“十二五”时期，全省生产总值年均增长 9.6%；2016 年增长 8.1%，2017 年增长 7.8%。从结构上看，河南省第二、第三产业增加值占生产总值的比重由 2012 年的 87.3% 上升到 2017 年的 90.4%，产业结构不断优化，但仍存在着农业现代化水平不高、工业内部结构不合理、现代服务业发展滞后等问题。从发展阶段看，当前中国经济已经由高速增长阶段转向高质量发展阶段，但河南省仍处于工业化、城镇化的快速发展过程中。在此背景下，如何把握好稳增长和调结构的关系，通过推进结构转型升级获得经济快速高效增长的动力，就成为推动河南经济持续发展的关键。习近平总书记在调研指导河南工作时提出，河南要着力发挥优势打好“四张牌”，并将产业结构优化升级作为“第一张牌”。河南省委十届六次全会提出，要把推进以产业结构优化为首的经济结构战略性调整，深化供给侧结构性改革，作为推动河南经济高质量发展的主攻方向。可见，产业结构优化升级必将成为促进河南经济高质量发展、让中原更加出彩的重要驱动力量。就农业而言，河南是传统的粮食生产和农产品加工大省，农业在全国的地位举足轻重，但河南农业生产长期存在“大而不优”的问题。未来河南农业急需解决的问题不再是“量不足”而是“质不优”的问题；就工业而言，河南工业发展呈现明显的阶段化特征。“十一五”时期，河南工业高速增长，但从

“十二五”开始，河南工业增速显著下降，表现出强烈的动能缺失。分析河南省的工业结构不难发现，以非金属矿物制品业、有色金属冶炼及压延加工业、农副产品加工业为主的资源密集型产业和劳动密集型产业长期占据工业总产出的主体，而以计算机、通信和其他电子设备制造业、医药制造业为代表的先进制造业对规模以上工业企业主营业务收入的贡献长期不足10%。当前仍然面临着劳动密集型产业、资源型重化工业比重大、技术落后、产销衔接不畅等突出问题。与工业相比，河南服务业表现出明显的“底子薄，成长快”的特征。截至2017年，河南第三产业增加值占生产总值的比重仅为42.7%，不仅低于第二产业的占比，也远低于全国平均水平。从三次产业的结构变动过程看，河南第三产业的发展势头迅猛。事实上，“十二五”以来，河南第三产业的增速就一直高于第二产业，第三产业比重低的根本原因在于其基础过于薄弱。在看到河南第三产业迅速增长的同时，不应忽略其内部结构不合理的问题。一是快速发展的行业多以批发零售业、物流业、金融业等传统服务业为主，而以研发服务、信息服务、文创服务、养老服务、健康服务等为代表的现代服务业却发展不足；二是附加价值较高的生产性服务业长期得不到有效发展，直到2015年，河南生产性服务业增加值占服务业增加值的比重刚过30%。

创新创业活动不是无源之水，无本之木，“双创”工作置身于特定的社会、政治、经济、文化环境之中，是既具有一定独立性又具有一定环境依赖性的生态体系。创新创业生态系统对于国家地区以及企业保持创新活力和动力乃至在全球经济中的地位具有重要意义，同时也是双创工作的保障。作为一个有生命力的生态系统，创新创业生态系统由诸多要素成分构成。从现实情况看，河南省创新创业生态系统建设基本要素已经具备，在主体要素、资源要素、环境要素、能力要素等方面已取得初步成绩，但系统各主体之间的互动性、各要素之间的集聚度和资源配置效率还没有达到最优化，创新创业生态系统建设与发达地区相比还有一定的差距，是依托市场自发形成的“自然生态”，创新创业生态系统具有显著的构建特征和一定的脆弱性，需要进一步优化生态系统的功能和运行质量。可见，河南经济发展已经进入了一个新的历史阶段，站在新的起点上，在国际国内发展环境日趋复杂严峻、世界贸易保护主义抬头，经济企稳回升与风险挑战并存的条件下，必须依靠科技创新，打造“双创升级版”，推动经济高质量发展，建设和谐美丽富强的创新型河南。

三、河南创新创业环境的发展趋势

党的十九大描绘了建设创新型国家的蓝图，明确“创新是引领发展的第一动力”。党的十九大以来，习近平总书记多次论述创新问题，在中国科学院第十九次院士大会、中国工程院第十四次院士大会开幕式上的讲话中强调：“要充分认识创新是第一动力，提供高质量科技供给，着力支撑现代化经济体系建设。”河南省委十届六次全会暨省委工作会议强调，要把创新摆在发展全局的核心位置，抓好创新载体，壮大创新主体，完善创新机制，建设人才强省，激活高质量发展的第一动力。以习近平新时代中国特色社会主义思想为指导，贯彻落实新发展理念，加快推进供给侧结构性改革，营造政策宽松、机制灵活、支撑有力、保障到位的创新创业环境，是实现经济高质量发展的必要条件。未来，河南将会进一步优化创新创业生态环境，拓展双创覆盖广度，充分释放全社会创新创业潜能，推进“大众创业、万众创新”在更大范围、更高层次、更深程度上发展。

（一）以开放思维构筑创新创业政策环境

随着河南创新创业实践的深入推进，以开放思维构筑集协同性、整体性、联动性、差异性于一体的创新创业政策体系成为河南未来创新创业政策供给的目标。

在政策供给导向方面，挖掘创新创业潜力、激发创新创业活力、提升创新创业能力，推动创新与创业融合发展，既是创新创业政策供给的逻辑起点，也是创新创业政策的导向目标。一是推动创新创业政策整合性供给。深入研究和制定更为细化的扶持和优惠政策，尽快形成政府鼓励创业、社会支持创业、人民大众勇于创业的新机制，构筑一套全链条的创新创业优惠政策和服务体系。在创新创业前端要注重教育政策的铺垫；在创新创业的中端要构筑产业一体化的产业支撑政策；在创新创业的后端进一步优化营商支撑政策。此外，未来河南的“双创”政策还需要着力于不断优化市场环境，破解创业服务的供需错位问题，不断整合和优化“双创”政策链[①]。二是推进创新创业政策协同性供给[②]。在简政放权的同时，完善创新创业政策的协调机制，是河南创新创业政策供给的短板，也是未来发展的主要方向。要把教育、科技、产业、财政、金融、人才等各类政策协同起来，加强各领域政策之间的配合与协调，构建集成化创新创业政策体系，同时要借助互联网等现代信息技术，推进互联互动的创新创业服务云平台建设，破解创新创业政策资源分散化、重复化、碎片化和封闭化的难题，催生资源配置与传统产业交融，带动传统产业转型升级[③]。三是推动创新创业政策差异化供给。河南各地市、各类群体的创新创业情景存在个体差异，创新创业需求也有不同，推进创新创业差异化、精准化供给是确保河南创新创业政策发挥效应的重要前提。今后河南应聚焦于“双创”生力军，针对归国留学群体、高层次科研人员、管理人员、农民工人群体以及大学生群体等不同的“双创”主体，提供差异化政策供给，不断优化创新创业政策的精准性[④]。四是推动创新创业政策国际化供给。当前河南创新创业的国际化趋势越加明显。创新创业政策应主动对接国际标准，实现高水平开放，创造国际一流的创新创业政策环境，应以“一带一路”倡议为契机，借助中国（河南）自由贸易实验区建设等，积极构建全球开放、包容、共享的国际创新创业合作体系，加速国际高端创新创业人才向我国流动和集聚，充分利用全球创新创业资源实现开放式创新创业，为河南创新创业提供高端智力支持和广阔的国际市场。

在政策供给路径方面，一是要强化创新创业政策立、改、废之间的协调，及时清理制约新技术、新产业、新业态、新商业模式发展的各项规定，涉及需要修改、废止相关地方性法规、政府规章的，要适时提出建议和理由，依照法定程序报请制定机关审议或者决定。在电子商务、大数据、新能源等重点领域，加快推进地方立法工作。发挥标准对新技术、新产业、新业态、新商业模式发展的推动作用，鼓励龙头企业参与制定行业标准规范，探索建立适应技术更新和产业变革要求的标准动态调整和快速响应机制。二是落实国家优化新经济领域资本市场发行上市及挂牌条件的政策，支持新兴经济企业进入省上市后备企业资源库和新三

---

① 许欢，孟庆国．政策和管理叠加创新研究：以“双创”为例［J］．中国行政管理，2016（6）：103－108.

② 官典，邹源甦，翟玮炜，王玥．高校与地方政府资源整合视域下的大众创业万众创新路径研究［J］．经贸实践，2017（12）：59.

③ 戴亮，钟俊生．以G－W. 原理解读“双创”政策［J］．科技经济导刊，2016（34）：220.

④ 王永．让政策的阳光普照创业追梦人——“双创”政策综述［J］．中国人力资源社会保障，2016（11）：11－14.

板后备企业库，鼓励符合条件的企业在多层次资本市场挂牌和公开发行股票。将信用评价与税收便利服务挂钩，对不同信用等级的纳税人开展分类管理与服务。三是全面落实高新技术企业、科技型中小企业税费优惠政策，推进管理方式各个案管理和事前审批向加强事中事后监管转变，提高科技型中小企业优惠政策获得感[①]。四是完善产业技术创新的目标导向机制和项目形成机制，制定突出创新导向的评价办法，把技术开发合作、技术转移转化等纳入评价指标，开展第三方创新评价。五是严格落实《中共中央国务院关于完善产权保护制度依法保护产权的意见》，建立产权保护协调机制，加强对各种所有制法人的产权保护。加大知识产权侵权行为惩治力度，建立省、市、县三级知识产权行政执法体系，探索建立对专利权、著作权等知识产权侵权赔偿制度。加强对云计算、大数据、“互联网＋”等新兴产业领域知识产权的保护，探索在线研发设计、众创众包等新领域知识产权保护新途径。

（二）以简政放权营造创新创业营商环境

转变政府职能、推进简政放权是党的十八大以来以习近平同志为核心的党中央做出的一项重大部署。中共河南省委第十届委员会第六次全体会议暨省委工作会议明确提出，要深化改革开放，扎实推进机构改革，深化“放管服”改革，推进国企改革攻坚，促进民营经济健康发展。在经济发展高质量时代，区域之间经济发展的竞争改变了原有的拼资源禀赋、土地供应、政策优惠的竞争方式，开始向拼制度创新、市场环境、企业生长空间等新型竞争方式转变，未来区域之间经济发展的差距在很大程度上反映为市场化程度上的差距，而市场化程度又取决于放管服改革的力度。因此，放管服改革成为改革重点中的重点、关键中的关键。

未来，河南推动创新创业活动蓬勃开展，适应经济高质量发展的现实需要，应在“放”字上下大功夫、在“管”字上做好文章、在“服”字上闯出新路，不断优化创新创业制度环境，进一步推动创新创业向广度、深度发展。要认真梳理有关建设项目、涉企事项、税务办证、民生服务的四大类改革事项，做到联动推进。在行政审批改革方面，着力减少审批事项、建立审批清单、优化审批程序、提高审批效率。在政务服务改革方面，推行“一号申请、一窗受理、一网通办”，让网络多跑路，群众少跑腿。在商事制度改革方面，要依托河南自贸试验

① 陈玉荣．创新融资渠道　服务高新企业——访中国高新技术产业经济研究院李文辉院长［J］．中国高新科技，2017，1（1）：14－15.

区平台重点突破、大胆探索，力争为全省乃至全国改革蹚出路子、创造经验。要充分发挥国家技术转移郑州中心、国家知识产权专利审查协作河南中心作用，建设“互联网+”综合服务平台，构建覆盖全省、服务企业、线上与线下相结合的技术转移网络，为科技成果转移转化提供信息发布、融资、交易、转让、孵化、咨询辅导等专业化服务，实现数据资源跨部门、跨区域按需共享交换。一是制定政务信息资源共享管理办法，编制实时动态更新的政务信息资源目录，制定数据采集、治理、分类、共享、安全等标准规范，建设政务大数据服务平台，明晰数据管理的权利义务、范围边界和使用方式，制定政务数据共享清单和开放清单，积极安稳地向社会开放政府数据。二是统筹推进全省电子政务服务平台建设，建成一体化的网上政务服务平台，实现省、市、县、乡四级网上行政审批全覆盖，群众关注的民生服务事项“一号申请、一窗受理、一网通办”，纵深推进“多证合”改革，全面推行市场准入负面清单制度，深入开展“证照分离”改革试点。三是推进政务服务大厅与网上政务服务平台融合发展，促进互联网与政务服务深度融合，全面推进行政权力事项在线办理，打造“一次办妥”政务服务品牌，大幅提升政务服务智慧化水平，让企业和群众办事更方便、更快捷、更有效率。四是大力发展成果转移转化专业化服务机构，通过政府购买服务加大对科技类社会服务机构的支持力度，支持中央驻豫各类科研院所深化体制改革、加快成果就地转化，积极对接中国科学院、“双一流”高校机构、央企研究机构等，鼓励其在豫设立分支机构或共建新型高端研发平台，加快郑洛新·中关村双创基地和自创区硅谷创新中心建设，争创区域性科技成果转移转化试点，建设国家科技成果转移转化示范服务区。五是加强全要素、全创新链资源集聚的双创服务平台建设，大力引进培育研究开发、技术转移、检验检测认证、知识产权、科技咨询等领域专业科技服务机构，为中小微企业提供低成本、便利化、全过程的开放式综合服务。

（三）以活力激发优化创新创业人才环境

良好的环境对创新创业人才的成长和开发至关重要。营造有利于创新创业人才涌现和聚集的良好环境，培养吸引优秀人才服务国家和地区经济社会发展，是贯彻落实科学人才观，加快实施国家人才发展规划的重大课题①。以推动人才发展体制机制改革为重点，加快建设素质优良、结构合理的创新型人才队伍，推进

① 尹蔚民．努力营造创新创业人才成长的良好环境［J］．第一资源，2012（3）：1－5.

各项人才队伍建设，实现人才队伍高端化、人才配置市场化，努力形成具有国内竞争力的人才制度和环境优势。一是优化高层次人才发展环境①。进一步完善高层次人才认定办法和评价标准，根据新兴经济发展的现实需要，及时出台更具吸引力的“高精尖缺”人才培养引进政策。跟踪评价赋予高等学校、科研院所高级职称评审权，在高等学校、科研院所、国有骨干企业、创新龙头企业等开展职称自主评价试点做法，及时总结经验和完善不足。创建海外人才创新创业基地，探索区内注册、海外经营者的高岸模式，打造国际化人才集聚高地。尽快出台创新人才双向流动管理办法，打破户籍、地域、身份、人事关系等制约，实现各方面人才的顺畅流动。不打折扣严格落实以增加知识价值为导向的分配政策，实施薪酬和股权期权激励办法，加大对科研人员和高校教学人员的激励力度。二是优化企业家成长环境。探索推行职业经理人制度，畅通现有国有企业经营管理人才与职业经理人身份转换通道，对市场化选聘的职业经理人实行市场化薪酬分配机制。实施创新型企业家培养计划，依托国内外高水平大学、跨国公司建设一批企业培训基地，加大政府购买培训服务力度。邀请国内外知名企业家、专家、学者传递企业家精神，介绍管理经验，增强企业管理者驾驭市场和管理企业的能力。依法保护企业家财产权和创新收益，建立“亲”“清”的新型政商关系，进一步营造尊重、关怀、宽容、支持企业家的社会文化环境②。三是深入实施“中原千人计划”“名校英才入豫计划”“海外引智计划”等重大人才工程。抓好“四个一批”，深化自创区管理体制和人事薪酬改革，抓好辐射区建设，构建“3 + N”空间发展格局。突出发展一批创新引领型企业、培育一批创新引领型人才、建设一批创新引领型平台、引进一批创新引领型机构，加快生物育种、通信技术、超级电容、工业 CT 等创新引领型项目产业化，在大数据及网络安全、轨道交通装备、新能源汽车及动力电池等领域，实施一批产业集群专项和重大科技专项。加快推进大中型工业企业省级研发机构全覆盖，组建生物育种国家产业创新中心，新引进一批重点新型研发机构。

（四）以共享理念培育创新创业金融环境

研发投入强度与经济增长存在显著的正相关关系。适度强化的研发投入有助

① 王海杰．以高端要素集聚增强河南创新创业能力［N］．河南日报，2017 - 06 - 09（009）．

② 白天亮．“中国企业与中国企业家”论坛举办［J］．现代企业，2018（4）：40.

于迅速提升技术水平，通过技术创新促进经济增长，提升国家竞争力①。推动创新创业发展离不开投融资环境的支持。与发达地区比较，河南创新创业投融资环境有待于进一步提升，一方面，要进一步完善政策体系，引导市场主体、社会主体加大创新创业投入力度，提高资金使用效率；另一方面，要深化投融资体制改革，去行政化、强市场性，为更好地利用市场机制配置资源创造条件，确保创新创业投入的针对性、及时性、有效性。一是加快创业服务体系建设，培育优质创业项目。要通过股权融资、债券融资等多个渠道获得资金，关键是要培育出更多的优质创业项目。当前，河南正在建设各类创业园区、孵化基地和众创空间等创业平台，但仅有硬件平台的建设是不够的，有必要扩大政策扶持覆盖范围，健全创业服务的全要素体系，促进各类创业服务机构、民间智囊、培训机构、投资机构等共同发展壮大，服务更多的中小微企业，培育出更多的创业精品项目。二是优化企业核心竞争优势，提高创业融资能力。在当前激烈的技术变化和市场竞争中，只有迅速获得资金支持的中小微企业，才有可能在创业浪潮中迅速崛起②。作为市场竞争的新进入者，在团队、技术、模式等多个方面拥有核心竞争力的企业更可能获得投资方的青睐，也将具备更强的创业融资能力。三是健全信息资源共享机制，降低信息不对称门槛。目前，河南在政府政策、技术成果、资金扶持、项目申报、项目招投标等方面的信息条块分割依然严重，缺乏以创业企业为服务对象的同一信息入口。大部分创业者的资讯来源于各类网络、交流会、园区、政策解读会等，不仅分散，而且信息获取成本高。搭建创业信息统一入口或共享平台，健全创业信息资源共享机制，可以加速创业信息交流，有助于中小微企业迅速获得政策和市场信息，降低信息不对称所产生的政策获取和融资困难。四是大力扶持本地创业投资发展，丰富投资资金来源。政府除了要加大创新创业的财政扶持力度、完善政策资金扶持政策外，还要鼓励更多的金融机构、天使投资、创业投资共同扶持创业企业。在引进创业投资的过程中，不能仅依赖省外的创业投资，要大力发展本地的创业投资、证券公司等金融机构。同时，鼓励条件成熟的企业通过主板、创业板、新三板、股权交易市场等多层次资本市场获得融资。五是完善传统与新兴多种融资渠道，满足个性化融资需求③。在各种融资方

① 马名杰．研发投入与经济增长关系的国际经验和启示［N］．中国经济时报，2013－10－29（005）．

② 李涛．金融去杠杆背景下的实体企业融资策略［J］．现代经济信息，2018（20）：267.

③ 李盾．优化人才创新创业金融环境［N］．中国组织人事报，2017－02－20（003）．

式兴起的潮流下，中小微企业需要根据自身需求寻找合适的融资方式。一方面，不能忽视传统的融资方法，比如向银行、非银行类金融机构贷款。鼓励银行提高针对创业创新企业的金融服务专业化水平，不断创新组织架构、管理方式和金融产品。另一方面，也不应拒绝新兴的融资方式，比如众筹、互联网融资等新兴方式。同时，推动天使投资、创业投资、产业基金等各类投资人、金融机构更多地参与到河南省创新创业活动，对河南省中小微企业给予有针对性的股权融资支持。

（五）以转型升级优化创新创业产业环境

加快产业转型升级步伐，不断提高综合承载能力，彰显区域经济发展优势是河南经济社会发展的主旋律，也是优化创新创业产业环境的核心要义。打好“四张牌”，产业结构优化升级是基础，培植发展新动能，产业机构优化升级是关键，培育具有竞争优势的产业是促使区域发展的根本动力，也是体现区域发展水平的核心内容①。近年来，河南以新发展理念为引领，主动适应经济发展新常态，坚持稳中求进，着力打好“四张牌”，经济社会保持平稳健康发展。但是，结构性矛盾突出、新旧动能转换滞后、经济社会风险隐患积聚、资源环境约束趋紧等诸多矛盾和问题仍然存在。为此，围绕产业优化升级，营造良好的创新创业产业环境，是河南未来创新创业发展的重要选择。一是提升价值链、延伸产业链，促进产业高端化。2016 年河南三次产业结构为 10.7∶47.4∶41.9，与全国平均水平和发达地区相比，第三产业比重相对滞后，资源能源等传统工业比重相对较高，大多处于产业链的前端和价值链的低端，高技术和新兴产业发展不足。因此，必须深化供给侧结构性改革，促进产业结构调整，围绕价值传递和价值创造的重组，抓好研发、技术创新、精密加工、品牌培育、产品营销等关键环节，推进科技创新，加快产业价值链升级。同时，加快推进优势产业和重点企业的链条向深度和广度延伸，壮大战略性新兴产业，改造传统产业，淘汰落后产能和“僵尸企业”，完善和提升产业链条。二是发展“互联网＋”，促进产业信息化。近年来，移动互联网、云计算、大数据、物联网等新一代信息技术迅猛发展，并融入各个产业领域，催生出许多新业态、新模式，大大改变了人们的生产生活方式、资源配置方式和价值创造方式，成为引领产业转型升级的新引擎。因此，要以建设网

① 邓延嵘. 搭建和完善创新创业产业循环链［J］. 中国科技产业，2018（1）：84＋88.

络经济强省为契机，尽快构建网络化、智能化、服务化、协同化的“互联网+”产业生态系统，大力实施“互联网+”行动计划，推动提升制造业数字化、柔性化、网络化、智能化水平。发展物联网、电子商务、互联网金融、网络医疗和教育等新兴服务业态，提升服务业智慧化水平。三是加强专业分工协作，促进产业集群化。与发达地区相比，河南省大部分产业集群发展不够成熟，专业分工和协作化水平不高，上下游和外围服务企业之间配套不紧密，集聚效应不优。因此，必须进一步加强产业发展载体建设，强化地方主导产业，围绕主导产业培育和壮大龙头企业，提高对集群的发展带动能力。同时，基于专业分工与协作，扶持发展中小微企业，增强产业配套能力，完善产业链条，推动集群产品制造链与流通链、生产生活服务链的高效整合及创新资源的优化配置，提升产业集群竞争力。四是利用技术和模式创新，促进产业融合化。产业融合是提高生产率和竞争力的新形态，是培育新兴产业和新型业态的重要途径。当前河南省产业融合发展中低端融合仍占主流，以信息化、智能化、网络化为依托的深度融合较少。因此，要加快促进新技术和新兴产业交叉渗透融合，推动基于网络化、智慧化的多元产业跨界融合①。着力构建产业融合技术支撑平台、信息支撑平台、金融公共服务平台等，积极创造有利于产业融合的外部环境，尽快形成多元化、多层次、多形式、多渠道的产业融合发展新模式。五是强化绿色低碳发展理念，促进产业生态化。在当前资源环境约束加剧的情况下，产业生态化是国际发展大趋势。因此，打造河南经济升级版，必须把“生态化”理念融入产业转型升级的全过程和各个环节，切实把绿色发展、循环发展、低碳发展作为基本途径，加快构建资源消耗低、环境污染少的产业结构，形成产业发展与资源环境相互协调的局面。六是深化开放合作，促进产业国际化。河南省对外开放与合作水平还比较低，在国际产业分工中处于低端位置，竞争力弱。特别是随着我国依靠低成本要素优势参与国际分工所获得的全球化红利日趋弱化，必须加快提升河南省产业国际化水平，拓展发展新空间。要树立全球化战略思维，全面融入“一带一路”倡议，发挥郑州航空港经济综合实验区和河南自贸试验区等国家战略的优势和叠加效应，提高产业国际合作的广度和深度，实现引资、引智、引技相结合，提升“走出去”的层次。

---

① 王博雅，蔡翼飞．创新产业支持政策体系研究［J］．宏观经济研究，2018（10）：93－104＋120.

第四章　河南改善创新创业环境的探索与成效

党的十八大以来，河南将创新创业作为创新驱动发展战略的重要组成部分加快推进，着力构建创新创业发展的政策环境、市场环境、服务环境、人才环境、金融环境和文化环境，助推创新创业活动有序开展。通过优化创新创业环境，河南加快建设创新创业平台载体，逐步完善创新创业孵化体系，激发创新创业主体动力，各类创新创业环境要素竞相迸发活力。目前，创新创业在河南稳增长、调结构、促就业，加快新技术、新产品、新模式的发展等方面发挥了很大的作用。

一、河南改善创新创业发展环境的探索实践

自2014年李克强总理首次提出“大众创业、万众创新”以来，河南省认真贯彻落实国家关于创新创业的战略部署，创新创业成为2016～2018年河南省政府工作报告中出现频次很高的热词。为了更大力度、更大广度地支持创新创业，河南在改善创新创业发展环境方面积极开拓新思路、探索新举措。良好的创新创业政策和政务环境是推进创新创业的保障，活跃的创新创业人才是推进创新创业的核心，完备的创新创业载体是推进创新创业的关键，有效的创新创业投融资体系是推进创新创业的支撑。

（一）密集出台专项政策

为了积极响应国家战略，发挥创新创业在发展新经济、培育新动能、打造新

引擎的引领作用，根据《国务院关于大力推进大众创业万众创新若干政策措施的意见》（国发〔2015〕32号）、《国务院关于加快构建大众创业万众创新支撑平台的指导意见》（国发〔2015〕53号）、《国务院办公厅关于建设大众创业万众创新示范基地的实施意见》（国办发〔2016〕35号）、《国务院关于强化实施创新驱动发展战略进一步推进大众创业万众创新深入发展的意见》（国发〔2017〕37号）等专项文件，2015～2018年河南先后出台了一系列创新创业政策文件，涵盖财税、金融、体制机制等领域（见表4－1）。尤其是《关于发展众创空间推进大众创新创业的实施意见》，是全国首个以省政府名义出台的《实施意见》。

表4－1　2015～2018年河南省双创政策文件一览表

序号	文件名称	发文字号	发文机关	发文日期
1	《关于强化实施创新驱动发展战略进一步推进大众创业万众创新深入发展的实施意见》	豫政〔2018〕8号	河南省人民政府	2018－02－22
2	《关于支持大众创业万众创新基地建设的实施意见》	豫政办〔2017〕28号	河南省人民政府办公厅	2017－02－10
3	《关于大力推进大众创业万众创新的实施意见》	豫政〔2016〕31号	河南省人民政府	2016－05－18
4	《关于发展众创空间推进创新创业工作政策措施》《关于推进金融资本与科技创新相结合政策措施》	豫政办〔2016〕15号	河南省人民政府办公厅转发河南省科技厅、河南省财政厅	2016－02－17
5	《关于加快科技服务业发展的若干意见》	豫政〔2016〕5号	河南省人民政府	2016－01－26
6	《关于印发河南省科技创新风险投资基金实施方案的通知》	豫财科〔2015〕73号	河南省财政厅、河南省科技厅	2015－09－23
7	《关于深化科技体制改革推进创新驱动发展若干实施意见》	豫发〔2015〕13号	中共河南省委、河南省人民政府	2015－07－01
8	《关于发展众创空间推进大众创新创业的实施意见》	豫政〔2015〕31号	河南省人民政府	2015－05－15

资料来源：中华人民共和国中央人民政府官方网站。

郑洛新国家自主创新示范区是国务院批准的第12个国家级自主创新示范区，

也是河南省体制、机制创新的重要示范基地。根据《国务院关于同意郑洛新国家高新区建设国家自主创新示范区的批复》（国函〔2016〕63 号）要求，2016 年河南省委、河南省人民政府先后印发了《郑洛新国家自主创新示范区建设实施方案》（豫发〔2016〕14 号）和《关于加快推进郑洛新国家自主创新示范区建设的若干意见》（豫发〔2016〕27 号）。2017 年 8 月，郑州市政府出台《郑州市国家自主创新示范区发展规划纲要（2016 ~ 2025）》；2018 年 1 月，新乡市政府印发《郑洛新国家自主创新示范区新乡片区发展规划纲要（2017 ~ 2025）》（新政办〔2018〕1 号）；2018 年 7 月，洛阳市政府办公室印发《郑洛新国家自主创新示范区洛阳片区发展规划纲要（2018 ~ 2025 年）》，为自创区三大片区建设提供了行动纲领。同时，河南省深挖自创区政策红利，探索体制机制改革创新，2017 年 6 月，印发了《关于深化郑洛新国家自主创新示范区重点领域科技体制改革实施方案》（豫自创〔2017〕5 号）和《郑洛新国家自主创新示范区 2017 年度四个专项行动计划》（豫自创〔2017〕6 号），涉及创新引领型企业、创新引领型人才、创新引领型平台和创新引领型机构四大方面。2018 年 4 月，河南省人民政府办公厅出台了《关于郑洛新国家自主创新示范区核心区与省直部门建立直通车制度的实施意见》（豫政办〔2018〕24 号），提出郑洛新自创区用地、证照、人事薪酬等 8 大类共 184 项业务直通省直部门。

（二）加快推进“放管服”改革

“放管服”等重点改革深入推进，营商环境不断改善，市场主体活力显著增强。近年来，河南省“放管服”改革举措数量多、覆盖面广、含金量高，变“群众跑腿”为“政府跑腿”，释放了企业创新创业活力，激发了市场活力和社会创造力，增强了人民群众的便捷感和获得感。为了给各类创业主体准入营造公平透明、可预期的营商环境，2015 年 9 月，河南省全面实施“三证合一、一照一码”登记制度改革，积极推进工商营业执照、组织机构代码证、税务登记证“三证”合一。2017 年 7 月 24 日，河南省人民政府办公厅印发《关于推进三十五证合一改革的实施意见》（豫政办〔2017〕83 号），正式将发改委、公安、财政、住建、农业、商务、文化、旅游、食药、金融、畜牧、通信、海关、边检、人行、外汇、保监 17 个部门的 30 个涉企证照事项进一步整合到营业执照上，实行“三十五证合一、一照一码”，使企业在办理营业执照后即能达到可生产经营状态。2017 年 8 月 1 日，河南省政府在中国（河南）自由贸易试验区郑州片区举行河南省“三十五证合一”改革启动仪式，现场颁发全省首批“三十五证合一”营业执照。企业设立从“三证合一”到“三十五证合一”，从多部门近百份材料到一个服务大厅、一个窗口、一张表格，从历时3个月到历时1～3个工作日，大幅度缩短企业从筹备开办到进入市场的时间，为创业者减轻了负担，降低了创业准入的制度性成本。2017年8月21日，河南省人民政府办公厅出台2017年“放管服”改革5个专项工作方案，涉及投资项目审批、涉企事项、办税便利化、民生服务和互联网+政务服务。在充分结合河南省全面推行“三十五证合一”改革经验的基础上，2018年6月27日，河南省工商局、公安厅、财政厅等15个部门联合出台《关于进一步深化“多证合一”改革的实施意见》，明确要求业务流程数据化、信息共享快速化，整合保留证照事项32项，加快推进“多证合一”改革再升级，变“群众跑腿”为“数据跑腿”。2018年7月，河南省政府出台《关于深化“一网通办”前提下的“最多跑一次”改革推进审批服务便民化的实施方案》，实现审批服务标准化、便捷化。

为了进一步深化行政审批改革，2017年5月，河南省人民政府发布了《关于取消一批行政职权事项和清理规范行政审批中介服务事项的决定》（豫政〔2017〕19号）。2017年8月28日，河南省政府印发了《关于中国（河南）自由贸易试验区实施第一批省级经济社会管理权限的决定》，确定河南自贸试验区实施第一批455项省级经济社会管理权限，由各片区管委会负责实施，享受省级管理权限。2018年6月，河南省政府对231项省级各类证明事项进行全面清理规范，取消186项，保留45项，精简80%，打通服务群众的“最后一公里”。

（三）加大“双创”人才引育力度

党的十九大报告中指出，人才是实现民族振兴、赢得国际竞争主动的战略资源。人才是创新创业活动中最为活跃、最为积极的因素。人才政策的普惠性将给河南带来大量“生力军”，必将大幅提升城市的科技创新能力，促进产业转型升级，加快创新驱动发展，给城市带来新的活力。为深入实施人才强省战略，推进人才发展体制机制改革，根据党中央印发的《关于深化人才发展体制机制改革的意见》（中发〔2016〕9号）文件精神，2017年仅河南省政府相关部门就先后出台多项人才引进优惠政策（见表4－2）。2017年4月，河南省政府出台了《关于深化人才发展体制机制改革加快人才强省建设的实施意见》（豫发〔2017〕13号），提出要着力引进诺贝尔奖获得者、国家最高科学技术奖获得者、两院院士、发达国家院士等顶尖人才，国家“千人计划”“万人计划”入选者、长江学者等高端人才，以及优秀企业家、职业经理人。近两年来，河南省启动实施各类人才引进和培育计划，包括“中原千人计划”（遴选中原学者、中原领军人才、中原青年拔尖人才）、“名校英才入豫计划”、“海外引智计划”等。2018年，河南省启动实施产业创新创业领军人才工程，面向海内外引进培育产业创新和创业领军团队各40个，遴选支持10名左右产业创新领军人才和20名左右科技创业领军人才，形成与侧重基础研究的中原学者相互支撑的高端人才体系。同时，启动建设中原学者科学家工作室，为有潜力成长为院士的中原学者设立科学家工作室，实行有针对性的特殊支持政策，加快培养一批科学家。进一步加大院士工作站等柔性引才力度，鼓励企事业单位、新型研发机构等建设院士（专家）工作站，广泛吸引海内外人才来河南创新创业。自2018年起，河南省将增设“河南省杰出外籍科学家工作室”“河南省高等学校学科创新引智基地”，由省引智专项资金分别给予100万元建设资金支持，助力引进一批杰出外籍科学家和国际学术大师。为大力支持各类企事业单位邀请外籍顶尖人才短期来豫工作，设立“外籍顶尖人才短期访问项目”“企业创新人才引进项目”，由省引智专项资金给予最高20万元的资金支持。同时，2018年河南省还将选派一批学术骨干“走出去”，与国际学术大师和外国科学家融合交流，培养一批高层次创新型人才，不断提升科技创新能力和综合竞争力。

表4-2　2017年河南省人才引进政策文件一览表

序号	文件名称	发文部门	发文日期
1	《关于开展2018年度留学人员来豫创业启动支持计划申报工作的通知》（豫人社办函〔2017〕77号）	河南省人力资源和社会保障厅	2017-03-29
2	《关于深化人才发展体制机制改革加快人才强省建设的实施意见》（豫发〔2017〕13号）	中共河南省委河南省人民政府	2017-04-17
3	《关于加强我省基层专业技术人才队伍建设的实施意见》（豫人社〔2017〕24号）	河南省人力资源和社会保障厅	2017-04-17
4	《关于继续实施高层次人才国际化培养资助计划的通知》（豫人社办〔2017〕150号）	河南省人力资源和社会保障厅	2017-09-30
5	《关于加强河南省高层次专业技术人才队伍建设的实施方案》（豫人社〔2017〕85号）	中共河南省委组织部、河南省人力资源和社会保障厅	2017-10-25

续表

序号	文件名称	发文部门	发文日期
6	《关于深化体制机制改革加快推进高技能人才工作的若干意见》（豫人社〔2017〕87号）	中共河南省委组织部、河南省人力资源和社会保障厅	2017-11-03
7	《河南省“名校英才入豫”计划工作方案》（豫人社〔2017〕92号）	河南省人力资源和社会保障厅	2017-11-30

资料来源：河南省人力资源和社会保障厅网站。

同时，各地市纷纷争抢高级创新创业人才，比如郑州市“智汇郑州·1125聚才计划”、洛阳市“河洛英才计划”、开封市“汴梁英才计划”、新乡市“牧野英才计划”、南阳市“诸葛英才计划”、“许昌英才计划”和“信阳英才计划”等。尤其是2017年11月郑州市出台被称为“史上最强人才政策”的《关于实施“智汇郑州”人才工程加快推进国家中心城市建设的意见》（郑发〔2017〕23号）。2017年8月洛阳市出台被称为“人才新政30条”的《关于深化人才发展体制机制改革打造中西部地区人才高地的实施方案》（洛发〔2017〕20号），继续实施“河洛英才计划”。2016年9月焦作市出台《关于引进培育创新创业领军人才（团队）的意见》（焦发〔2016〕9号）和6个配套办法（简称“1+6”人才政策）。

（四）加大金融支持“双创”力度

为了让创新引领型要素落地生根，河南打出了政府引导基金、科技贷的组合拳，发起设立了总规模13亿元的自创区成果转化引导基金和创新创业发展基金，同时加大“科技贷”投放力度，重点支持一批科技型企业创新发展，有效缓解了科技型企业融资难、融资贵的问题。2015年9月，河南省财政厅、省科技厅、中原证券联合设立了省内首只具有政府背景的天使基金——河南省中原科技创新风险投资基金（有限合伙）。该基金首期规模5亿元，其中财政资金出资2.5亿元、中原证券出资2.5亿元，重点支持省内的国家级孵化载体在孵科技型小微企业、高层次人才领办的省内初创期科技型企业以及省内初创期科技型小微企业。2017年1月，设立郑洛新国家自主创新示范区科技成果转化引导基金，旨在促进河南省科技成果产业化和省外科技成果在河南转移转化，培育壮大河南省科技型中小企业。郑洛新自创区科技成果转化引导基金作为母基金，由省、省辖市财政资金联合社会资本设立，并联合有条件的省辖市、高新区和社会资本共同设立子基金。其中，母基金首期规模为3亿元，由省科技厅与郑州市政府分别出资1亿元，再由基金管理机构募集1亿元。2017年10月，河南省财政厅、省科技厅共同设立了郑洛新国家自主创新示范区创新创业发展基金，首期规模为10亿元，其中省财政出资3亿元。该基金旨在促进央企重大科技成果在郑洛新国家自主创新示范区落地转化，重点支持一批科技型企业创新发展，加快培育一批特色鲜明的产业集群。2018年4月，河南省知识产权局主导启动重点产业知识产权运营基金，首期规模为3亿元，加快推进知识产权强省建设，创新财政资金支持知识产权发展方式。

为扶持高校毕业生创新创业，2016年开始河南省教育厅等有关部门每年投入7000万元，设立创业扶持资金、引导资金和青年创业基金，各高校每年设立配套资金（基金）1750多万元，为大学生创业提供资金支持，连同行业协会、风险投资等社会资金，每年投入大学生创业的资金总额超过1亿元①。为了破解农民工返乡创业的资金瓶颈问题，2017年12月河南农开产业基金投资有限责任公司与浦发银行合作设立了首只省级支持农民工返乡创业类企业的政府投资基金——河南浦银农民工返乡创业投资基金（有限合伙），在全省优选177个返乡下乡创业项目，建立了河南省投资基金扶持项目库。该基金总规模100亿元，首期规模50亿元，其中省财政出资5亿元，募集社会资本45亿元，重点投向省内农民工返乡投资及参与管理的各类企业，以及吸纳返乡农民工就业较多的企业。部分市县（区）也设立了返乡创业投资子基金，如新蔡县、长垣县分别设立1亿元、5000万元投资基金。2017年，河南为5.88万名返乡农民工发放创业担保贷款61.69亿元，累计发放数额达到259.48亿元。②

大型商业银行、资本市场为河南双创企业融资拓宽渠道。第一，“双创”公司债和金融债试点取得新突破。2018年1月，国家发展改革委下达《国家发展改革委关于河南省洛阳市新区建设投资有限责任公司发行双创孵化专项债券核准的批复》（发改企业债券〔2017〕379号），这使得洛阳新区建设投资有限公司13亿元（债券期限10年）双创孵化专项债券正式获批，成为河南省首只“大众创业、万众创新”领域专项债券。2018年5月3日，国务院办公厅发布《关于对2017年落实有关重大政策措施真抓实干成效明显地方予以督查激励的通报》，

① 河南省教育厅．河南省高校毕业生就业创业工作成绩喜人［N］．河南日报，2016-08-02.

② 本刊编辑部．河南省101.1万农村贫困劳动力实现转移就业［J］．乡村科技，2018（13）：8.

提出2018年支持河南省等6个省份开展金融改革创新先行先试。在同等条件下对其申报金融改革试验区等方面给予重点考虑和支持，在相关领域加大再贷款、再贴现的支持力度，鼓励符合条件的全国性股份制银行在上述地区开设分支机构，支持符合条件的企业发行“双创”公司债券、绿色公司债券等金融创新产品。2018年5月23日，在中国人民银行总行、郑州中心支行及河南银监局等主管部门的大力支持下，中原银行“双创”金融债券成功发行，以15亿元创下国内首批“双创”金融债券最大规模，募集资金专项用于创业创新企业贷款。中原银行“双创”金融债券期限3年，主体及债券评级均为AAA，主承销商为中银国际与中泰证券，采取按年付息、到期一次还本的付息方式。第二，股票市场切实为创新创业企业增添新动能。根据全国股转系统的数据，截至2018年6月22日，河南辖区共有369家公司在新三板挂牌，在全国排名第9位，中部六省排名第2位。其中，创新型公司48家，占比约13%，高于全国平均水平。按照证监会行业分类标准，河南辖区挂牌公司主要分布在制造业，信息传输、软件和信息技术服务业，建筑业等行业，其三行业合计占比约80%。第三，商业银行精准服务创新创业。2016年，中国建设银行河南省分行先后与河南省工商行政管理局、郑州市工商局签订全面战略合作协议，共同为河南小微企业和创业者提供优质高效政务服务和精准帮扶金融服务，承诺每年对河南省小微企业累计投放不低于500亿元、未来5年内为郑州市小微企业提供不低于500亿元的信贷支持。

表4-3　2015年以来河南省各类创新创业基金一览表

基金名称	基金规模	基金设立时间	基金管理人	基金投资方式
中原科技创新风险投资基金	首期规模5亿元，其中省财政资金出资2.5亿元、中原证券出资2.5亿元	2015年9月	中州基石资本管理有限公司	股权投资、债券投资、夹层投资
河南省“互联网+”产业发展基金	河南源铄互联网产业发展基金（有限合伙）：首期规模6亿元，其中省财政出资1.5亿元，包括洛阳旅游发展集团的社会资本共同出资4.5亿元	2016年7月	上海源铄股权投资基金管理有限公司	股权投资
郑洛新国家自主创新示范区科技成果转化引导基金	首期规模3亿元，其中省科技厅与郑州市政府分别出资1亿元，基金管理机构募集1亿元	2017年1月	河南省国控基金管理有限公司	母基金+子基金

续表

基金名称	基金规模	基金设立时间	基金管理人	基金投资方式
郑洛新国家自主创新示范区创新创业发展基金	首期规模10亿元，其中省财政出资3亿元，基金管理机构出资不低于1000万元，并负责募集剩余资金	2017年10月	中原豫资投资控股集团有限公司	以直接投资为主
河南省农民工返乡创业投资基金	总规模100亿元，首期规模50亿元，其中省财政出资5亿元，募集社会资本45亿元	2017年12月	上海浦耀信晔投资管理有限公司	子基金+直接投资项目
河南省重点产业知识产权运营基金	首期规模3亿元，其中中央财政资金4000万元；金水区政府通过河南国创知识产权创意产业园区运营管理有限公司参照社会出资方形式出资6000万元；基金管理公司出资不低于1000万元，并负责募集剩余社会资本	2018年4月	中原豫资投资控股集团有限公司	子基金+直接投资项目

（五）鼓励大学生和农民工返乡创业

如表4－4所示，河南省从创业导师培育、工商登记、税费减免、创业贷款、孵化补贴等方面给予大学生、农民工返乡创业各种政策优惠，为有创业打算的高校在校生、毕业生和返乡农民工提供便利。一方面，鼓励创业导师“走出去”，企业家、天使投资人“请进来”；针对高校就业创业指导教师实施开放灵活的“523”培训计划，依托河南省大中专学生就业创业公共服务云平台（河南省毕业生就业信息网）进行远程培训。另一方面，对初始创业的毕业生给予一次性创业补贴5000元；为大学生创业培训发放经费补贴最高达1000元；对休学从事自主创业的在校大学生，可保留学籍2年。通过“双创”政策引领、资金扶持、示范带动、项目孵化等多种举措，河南省努力建立政府引导、高校支持、学生为主、教师指导、社会参与的大学生创业指导服务体系，积极营造更加浓厚的大学生“双创”氛围。同时，河南省将原来仅对大中专学生初创企业给予开业补贴的政策，扩大到返乡农民工首次创办企业或从事个体经营。河南省各地建设农民工综合服务中心，为农民工返乡创业开辟绿色通道，提供注册登记、政策咨询、创业指导等“一站式”服务；积极引导、鼓励返乡农民工组建农民专业合作社、家庭农场，发展农村经纪人，实行窗口服务优先办理，并对进入创业基地兴办企业的农民工提供上门办照服务；利用多种培训场所、培训资源、培训基地，为返乡下乡创业农民工提供多层次、多类别的创业培训和辅导。另外，将近200名返乡创业成功人士典型事迹编印成《返乡创业故事》，评选“河南省农民工创业之星”，达成了“创业还是家乡好”的共识，示范带动和引领激发创业热情，想创业、议创业、盼创业的氛围日益浓厚。

表4－4　2016～2017年河南省支持大学生和农民工返乡创业政策文件一览表

序号	文件名称	发文字号	发文部门	发文日期
1	《关于加强“十三五”时期全省高校就业创业指导队伍培训工作的意见》	豫教学〔2017〕81号	河南省教育厅	2017－07－10
2	《深化高等学校创新创业教育改革实施方案》	豫教高〔2017〕573号	河南省教育厅	2017－07－11
3	《关于做好当前和今后一段时期就业创业工作的实施意见》	豫政〔2017〕33号	河南省人民政府	2017－10－12
4	《关于支持农民工返乡创业的实施意见》	豫政办〔2016〕135号	河南省人民政府办公厅	2016－08－04
5	《关于支持返乡下乡人员创业创新促进农村一二三产业融合发展的实施意见》	豫政办〔2017〕21号	河南省人民政府办公厅	2017－01－22
6	《河南省农民工返乡创业示范县评审认定办法（试行）》《河南省省级农民工返乡创业示范园区评审认定办法（试行）》《河南省省级农民工返乡创业示范项目评审认定办法（试行）》	豫政办〔2017〕25号	河南省人民政府办公厅	2017－01－25
7	《财政支持农民工返乡创业20条政策措施》	豫财社〔2017〕13号	河南省财政厅、河南省人力资源和社会保障厅	2017－03－16
8	《河南省农民工返乡创业投资基金实施方案》	豫财社〔2017〕23号	河南省财政厅、河南省人力资源和社会保障厅	2017－04－21
9	《河南省开发性金融支持返乡创业促进脱贫攻坚实施方案》	豫发改就业〔2017〕986号	河南省发展和改革委员会、国家开发银行河南省分行	2017－09－25

（六）加快建设双创示范基地

近年来，党和国家提出“大众创业、万众创新”的重大战略，河南省政府积极贯彻落实国家方针政策。2016 年 5 月以来，河南省郑州航空港经济综合实验区、中信重工机械股份有限公司、许昌市城乡一体化示范区和鹿邑县先后入选国家双创示范基地名单。2017 年 2 月，河南省政府办公厅发布了《河南省人民政府办公厅关于支持大众创业万众创新基地建设的实施意见》（豫政办〔2017〕28 号），确立河南省首批郑州高新区等 18 个区域双创基地、郑州大学等 12 所高校科研院所双创基地和普莱柯等 27 个企业双创基地名单。目前，河南省的 4 个国家级双创示范基地及 57 个省级双创示范基地，建立地方政府、部门政策协调联动机制，探索形成可复制、可推广的双创模式和典型经验，积极发挥规模优势及示范效应，带动形成全省“大众创业、万众创新”蓬勃发展的新局面。

自 2016 年 5 月获批国家双创示范基地以来，郑州航空港实验区以建设创新引领区、双创服务示范区、双创生态优化区为目标，积极落实《国务院关于大力推进大众创业万众创新若干政策措施的意见》。2017 年 3 月 27 日，郑州市政府正式公布《郑州市人民政府关于支持全国双创示范基地建设的实施意见》（郑政〔2017〕7 号），从资金、人才、金融和孵化器等多方面支持建设郑州航空港经济综合实验区全国双创示范基地①。尤其是郑州市级财政将每年安排 2 亿元专项资金，用于支持全国双创示范基地建设发展。2017 年郑州航空港在强化产业支撑加快载体建设，设置重大科技专项鼓励和知名企业合作，推动科技金融结合吸引各类双创人才等方面出台新举措。比如，设置重大科技专项资金，支持额度最高可达 1000 万元；对新注册的创投机构，实验区会按照其实际租用的办公场地，给予最多 300 平方米、3 年内 100% 的房租补贴；对各类创投基金投资科技型企业和双创项目等，还给予该基金管理机构年度实际到位资金的 5%、最高 100 万元的投资风险补助。同时，围绕主导产业，进一步加快引进培育一批产业领军人才和紧缺专业人才，对创新创业人才，可以给予最高 3000 万元的产业扶持资金，并提供住房或购房、房租补贴。

① 程昭华．郑州每年投 2 亿扶持“双创”［N］．大河网，2017－04－20.

二、河南改善创新创业发展环境的主要成效

河南省人民政府及省直部门、各地市等不断出台一系列扶持双创的政策举措，持续优化双创生态环境，进一步激发市场主体活力，加快经济新旧动能转换。2018 年第一季度，河南省实现地区生产总值 10611 亿元，同比增长 7.9%，高于全国平均水平 1.1 个百分点，进入国内经济发展活跃的第一方阵。同时，河南省正在全力推进制度创新、科技创新和模式创新，培育新的经济增长点，实现经济社会可持续发展。

（一）政策覆盖各类创新创业主体，创新创业政策环境愈加宽松

目前，河南省针对不同的创新创业主体出台 10 余项相关政策文件，其中包括促进大中型企业的《关于支持大中型工业企业开展大众创业万众创新的若干意见》（豫政办〔2016〕206 号）等；促进小微企业的《关于扶持小微企业发展的意见》（豫政〔2015〕73 号）等；促进大学生创业的《关于进一步做好新形势下就业创业工作的实施意见》（豫政〔2015〕59 号）、《关于深化高等学校创新创业教育改革的实施意见》（豫政办〔2016〕59 号）、《深化高等学校创新创业教育改革实施方案》（豫教高〔2017〕573 号）等；支持返乡下乡人员创业创新的《关于支持农民工返乡创业的实施意见》（豫政办〔2016〕135 号）、《关于支持返乡下乡人员创业创新促进农村一二三产业融合发展的实施意见》（豫政办〔2017〕21 号）等；支持事业单位科研人员创新创业的《关于河南省高校科研院所等事业单位专业技术人员离岗创业有关人事管理问题的通知》（豫人社事业〔2016〕38 号）等；引进人才方面的《河南省高层次科技人才引进工程实施方案》（豫政办〔2015〕53 号）、《关于深化人才发展体制机制改革加快人才强省建设的实施意见》（豫发〔2017〕13 号）、《关于加强河南省高层次专业技术人才队伍建设的实施方案》（豫人社〔2017〕85 号）、《关于深化体制机制改革加快推进高技能人才工作的若干意见》（豫人社〔2017〕87 号）等。这些政策覆盖广、力度大、层次多，为河南省"大众创业、万众创新"注入巨大的活力。

近年来，河南省把优化创新创业环境作为推动创新创业的重要动力，强化创

新创业政策供给。2015～2017 年，河南省按照中央的统一部署，结合省情，先后出台了《关于进一步做好新形势下就业创业工作的实施意见》《关于发展众创空间、推动大众创新创业的实施意见》《关于发展众创空间推动创新创业工作的若干政策》《关于大力推进大众创业万众创新的实施意见》《关于发展众创空间推动创新创业工作的政策措施》等一系列文件政策，为支持创新创业活动开展提供了宽松的政策环境。围绕创新型企业发展，相继出台了《关于支持大中型工业企业开展大众创业万众创新的若干意见》《关于进一步促进河南省中小企业发展的意见》《关于进一步促进科技型中小企业发展的政策措施》等。围绕创新创业主体培育，河南省出台了《关于加强高等学校创新创业教育和大学生自主创业工作的实施意见》《关于进一步加强服务大学生自主创业工作的实施意见》《深化高等学校创新创业教育改革实施方案》《关于支持返乡下乡人员创业创新促进农村一二三产业融合发展的实施意见》。围绕创新创业人才聚集，河南省出台了《河南省引进高技术人才暂行办法》《关于深化人才发展体制机制改革加快人才强省建设的实施意见》《关于河南省高校科研院所等事业单位专业技术人员离岗创业有关人事管理问题的通知》《关于加强河南省高层次专业技术人才队伍建设的实施方案》《河南省关于加强“十三五”期间全省高校就业创业指导队伍培训工作的意见》等，2017 年 12 月河南省出台了全国首个省级层面的职业培训地方性法规《河南省职业培训条例》。围绕科技创新，河南省先后出台了《河南省人民政府关于新形势下加快知识产权强省建设的若干意见》《河南省人民政府关于印发河南省专利奖励办法的通知》《关于进一步激发高校科技创新活力提高支撑经济社会发展能力的实施意见》等。围绕创新创业金融发展，河南省出台了《关于推进金融资本与科技创新相结合的政策措施》《河南省人民政府关于省级财政性涉企资金基金化改革的实施意见》《河南省科技创新风险投资基金实施方案》《河南省企业技术创新省级引导专项资金管理办法》等。结合自身所承载的五大国家发展战略，河南省先后制定了《关于推进国家大数据综合试验区建设实施方案》《郑州—卢森堡“空中丝绸之路”建设专项规划（2017—2025）》《中国（河南）自由贸易试验区建设实施方案》《中国（河南）自由贸易试验区建设专项方案》《关于加快推进郑洛新国家自主创新示范区建设的若干意见》等。2018 年 2 月，河南省人民政府为进一步优化双创生态环境，拓展双创覆盖广度，提升双创科技内涵，增强双创发展实效，有效促进新技术、新业态、新模式加快发展和新旧动能加速转化，又出台了《关于强化实施创新驱动发展战略进一步推进大众创业万众创新深入发展的实施意见》，针对科技成果转移转化、创新创业融资渠道拓展、实体经济转型发展、人才流动激励机制完善、政府管理方式创新等政策进行了深化完善。一系列配套政策措施的出台，从创新创业主体培育、创新创业平台搭建、创新创业要素聚集等方面为河南创新创业提供宽松的政策环境。

（二）自主创新示范区建设迈上新台阶，科技创新环境更加优化

作为落地河南的一项引领性国家战略，2016 年以来郑洛新国家自主创新示范区加快建设。目前，郑洛新自创区集中了全省 60% 以上的国家级创新平台、55% 的高新企业、50% 的创新型龙头企业、1/3 的科技型中小企业和 80% 以上的国家重点实验室，成为引领带动全省创新驱动发展的核心增长极。2017 年，郑州、洛阳、新乡三市新增创新引领型企业 1713 家，占全省新增总数的 66.5%；新培育创新龙头企业 34 家，总数达 50 家，占全省总数的 50%；新增高新技术企业 363 家、新增省科技型中小企业 1329 家。2017 年，郑州、洛阳、新乡三市万人发明专利拥有量达 8.26 件，是全省平均水平的 2.8 倍；技术合同交易额达 67.4 亿元，占全省的 90% 以上；高企数量达 1280 家，占全省的 56%；科技型中小企业数量达 5346 家，占全省的 50%；高新技术产业增加值占规模以上工业增加值比重达 41.5%，高于全省 5.4 个百分点，占全省的 1/3。

郑洛新自创区加强招商引资、招才引技，加快走出去步伐。2017 年 4 月，河南省政府在北京举办郑洛新开放合作专题推介活动，分别与清华大学、北京航空航天大学、中国电子科技集团等单位签署了 10 项战略合作协议，签约了 31 个重大项目，合同金额达 1420 亿元。目前，软通动力、华为、新华三、浪潮、猪八戒网、银隆新能源汽车产业园、中国电波科技城等 20 多个项目已成功落地郑洛新。先后举办郑州诺贝尔专家讲座、生物医药产业高峰论坛、中以创新合作论坛暨国际技移对接会、第六届中国创新创业大赛先进制造行业总决赛，完成 100 多项（次）跨国技术项目对接，促成 30 多个合作意向，引进清科激光等一批项目落地；成功引进中国航天郑州军民融合产业研究院、洛阳语音云创新研究院、氢能燃料电池新乡研究中心等一批新型研发机构①。在走出去方面，郑洛新自创区

① 欧阳曦．郑洛新国家自主创新示范区——中原发展科技服务业的主阵地［J］．河南科技，2018（11）：1.

与中关村发展集团签署合作协议，谋划建设“郑洛新·中关村双创基地”和“郑洛新国家自主创新示范区硅谷创新中心”；走出国门，赴美国、加拿大、日本开展了一系列宣传推介活动，加强了与世界一流水平创新和教育机构的实质性合作。

（三）大学生和农民工创业热情高涨，创新创业人才要素不断集聚

河南省积极采取各种措施为创业者提供生活便利和宜居生活环境，妥善解决各类创业人才落户、住房、医疗、子女入学等现实问题。鼓励引导各类社会主体利用闲置厂房、商业用房、宿舍等，大规模建设一批舒适便利的创业公寓、配置公共租赁住房，采取货币化补助或实物租赁的方式，为广大创业青年提供多渠道住房保障。不断完善创业者的生活保障，营造宜居创业环境。截至 2017 年 9 月 1 日，河南省 51. 7 万名普通高校毕业生中，大学生自主创业人数 16653 人，其中自主创业毕业生人数为 5663 人，同比增加 529 人；在校生自主创业 10990 人，同比增加 386 人。河南省大学生就业创业综合服务基地投入使用一年多来，入孵企业 100 余家，培训并辅导大学生创业团队 170 人次，壮大团队 6 家；省教育厅近年投入 2700 万元引导扶持 386 个大学生创业项目，其中 2017 年投入 500 万元扶持 80 个项目。2017 年，河南省 95 名创新创业导师入选教育部评选的全国万名优秀创新创业导师人才库首批入库导师名单。同时，农民工返乡创业已经成为河南促进农村劳动力就近就地转移就业、打赢脱贫攻坚战的有效途径。2017 年，河南省开展返乡创业培训和创业辅导 16. 28 万人；评审认定了鹿邑县等 20 个省级农民工返乡创业示范县、鹿邑县化妆刷产业园等 30 个省级农民工返乡创业示范园区、灵宝市阳河食用菌专业合作社等 50 个省级农民工返乡创业示范项目和 30 个农民工“返乡下乡创业助力脱贫攻坚”优秀项目，分别给予 200 万元、50 万元、15 万元或 10 万元的奖补资金。截至 2019 年 4 月，河南省返乡创业累计 130. 23 万人，带动就业 813. 57 万人。河南“出台有力扶持政策支持农民工返乡创业”的典型做法，得到李克强总理等领导的重要批示，成为全国创业带动就业的亮点。

河南各级政府部门高度重视双创人才的培养和引进，制定并出台了多项政策措施加大人才引进力度，从载体建设、机制创新、人才流动、环境营造等方面为双创人才保驾护航。2016 年，河南省专业技术人才总量达到 360 万人，技能人才总量达到 594. 1 万人，高技能人才总量达到 160. 15 万人；全省 5 人入选科技部

创新人才推进计划，12 人入选中组部“万人计划”，新培育中原学者 5 人、杰出人才 25 人、杰出青年 25 人，新建院士工作站 19 家，吸引 20 位院士及 450 余名院士团队成员进站工作，新推荐国务院特殊津贴专家 113 人①。截止到 2017 年底，河南省拥有国家“外专千人计划”专家 5 名。目前，河南省两院院士、国家创新人才、中原学者等高端人才突破百名，杰出人才和杰出青年达到近千名，创新型科技团队超过 600 个。②

（四）市场主体迸发巨大活力，创新创业市场环境日渐向好

河南省把商事制度改革作为供给侧结构性改革的重要抓手，把改善市场准入环境、市场竞争环境和市场消费环境作为供给需求两端发力的重要着力点，充分激发了市场活力和创造力，以“减证”促“简政”，深入推进“放管服”改革，营造了良好的创新创业市场环境。2017 年 8 月，在全省范围内正式启动“三十五证合一”改革，无论是整合证照的数量、信息化的先进程度，还是便利化的水平，这一改革都处于全国领先位次。“三十五证合一”改革有效解决创办企业过程中各类证照数量过多、“准入不准营”、简政放权措施协同配套不够等问题，以“减证”推动“简政”，在更大范围、更深层次提升便利化水平、推动政府职能转变、释放更大的改革红利，让创业程序越来越简、监管能力越来越强、服务水平越来越高，市场活力动力得到有效释放。一是行政审批事项大幅精简。2013 年以来，河南省先后 6 次对省级审批项目进行清理，减少 269 项，精简 55.5%，目前省级保留 333 项，全部为依据法律法规设定的行政许可事项，而非行政许可审批类别则彻底终结。二是投资审批改革深入推进。出台实施《河南省深化投融资体制改革实施方案》，企业投资项目备案权全部下放到县级投资主管部门和产业集聚区等经济功能区，成为全国备案权下放最彻底的省份。目前，单个项目备案办理时间平均为 3 天，比备案权下放前缩短 3 天，比规定时间（10 天）少 7 天。三是商事制度改革成效明显。持续推进注册资本登记制度改革和“先照后证”改革，企业登记先后实施“三证合一”“五证合一”“多证合一”改革，证照整合数量和信息化综合运用程度居全国前列。涉企收费清理扎实推进。河南省累计取消、停征、免征中央涉企行政事业性收费和政府性基金 108 项，每年可减

---

① 张震宇．奋力实现建设中西部科技创新高地［J］．河南科技，2017（1）：4－9.

② 刘战国．坚持创新驱动　推动河南经济高质量发展［N］．河南日报，2018－04－04.

轻企业负担约 77 亿元。四是清单管理制度全面实施。省、市、县三级政府部门、依法承担行政职能的事业单位全部公布权力清单、责任清单和行政职权运行流程图。2013 年以来河南省还先后分 7 批取消了 434 项国务院部门设置的职业资格许可和认定事项，削减比例达到原总量的 70% 以上。

无论是河南省市场主体总量还是新增量，均再创新高。2017 年河南省市场主体总量增速由 2016 年的全国第 25 位跃居到第 3 位。2017 年，河南省市场主体保持迅猛增长态势，新登记市场主体 110.95 万户，相较于 2016 年的新登记市场主体 99.1 万户，同比增长 11.9%，日均新登记市场主体 3040 户；新登记企业 29.87 万户，同比增长 24.4%；日均新登记企业 818 户，是商事制度改革前的 3.5 倍；每千人拥有市场主体数量增至 47 户，较商事制度改革前增长 92.3%；年创业人数超过 28 万，创立企业近 21 万户，均创历史新高；企业活跃度指数达到 71.5，高于全国平均水平 1.5。截至 2017 年底，全省市场主体总量达 503.2 万户，居全国第五位、中部六省第一位，跨越 500 万大关，实现历史性突破；千人拥有市场主体数量 47 户，企业活跃度指数 71.5，高于全国 70 的平均水平。2017 年，河南围绕“放管服”改革，一次性出台了《河南省 2017 年“放管服”改革投资项目审批专项工作方案》《河南省 2017 年“放管服”改革涉企事项专项工作方案》《河南省 2017 年“放管服”改革办税便利化专项工作方案》《河南省 2017 年“放管服”改革民生服务专项工作方案》和《河南省 2017 年“放管服”改革“互联网 + 政务服务”专项工作方案》五个文件，助推创新创业发展。2018 年第一季度，河南省新登记企业 6.6 万户，同比增长 13.2%；日均新登记企业 733 户；企业活跃度指数为 71.05，高于全国 70% 的平均水平。

（五）多层次创新创业金融体系初步建立，创新创业金融环境不断优化

河南省各级政府部门和各类金融主体协同支持双创，初步构建了财政资金为引导、社会资本为补充的多层次创新创业投融资体系。2016 年河南省财政厅、科技厅出台《关于推进金融资本与科技创新相结合的政策措施》，加大科技金融先行先试力度，推进省直部门与金融机构科技金融战略合作。2016 年河南省财政科技支出 95.5 亿元。其中，设立郑洛新国家自主创新示范区建设专项资金 3 亿元，重点支持培育主导产业和创新主体、建设重大创新平台、集聚高端创新人才等；省级财政预算安排河南省科技金融引导专项资金，主要采取科技信贷损失补偿等方式支持为河南省境内科技企业提供融资服务的银行、担保机构等。同

时，筹备设立了首期规模5亿元的河南省科技创新风险投资基金和首期规模3亿元的郑洛新科技成果转化引导基金。2015年8月河南省政府将大学生创业扶持资金调整为大众创业扶持资金，扩大补贴范围，加大创业项目资助力度。2016年河南省政府办公厅连续出台《2016年河南省融资对接金融服务行动专项方案》和《2016年河南省助力大众创业工作方案》，提出通过设立创业投资引导基金、发放担保贷款等方式，加大金融支持双创力度。2017年河南省财政厅、科技厅联合设立首期规模10亿元的郑洛新国家自主创新示范区创新创业发展基金，其中河南省财政出资3亿元。截至2017年9月，河南省新三板企业共有377家，居中部六省第二位，与第一位湖北省仅相差18家，是山西省新三板数量的5.2倍。

河南围绕创新创业各类主体不同发展阶段的融资需求，强化财政资金的引导，撬动工商资本、社会资本参与创新创业活动，构建了多层次的创业投融资服务体系。一是强化财政投资引导。积极发挥河南省科技创新投资基金的作用，提高财政资金的使用效益，引导社会资本投资于科技创新创业，促进科技型小微企业发展壮大。鼓励有条件的省辖市、国家高新区通过设立创业投资引导基金，引导社会创投资金投向初创期企业和创客团队，支持优秀企业家、创业导师对创业团队和种子期、初创期的小微企业提供天使投资。二是完善孵化器金融投资功能。鼓励依托创投机构创办、主办孵化器，充分发挥投融资优势，打造“早期投资+全方位孵化服务”创业模式。鼓励孵化器及其管理人员持股孵化，鼓励孵化器与创业投资机构合作，加快孵化器内种子资金建设，建立孵化体系内的天使投资网络，建立河南省孵化体系内资金和项目共享机制。对省级以上科技企业孵化器设立的孵化（种子）资金投向在孵科技型中小企业的，按照投资额的20%给予配套支持。三是鼓励金融机构实施产品和服务创新。鼓励金融机构设立科技支行，开展互联网股权众筹融资、债券市场融资、知识产权质押、科技融资担保等多种金融服务，为科技成果转化提供金融支持。四是支持创业企业上市融资。加大对科技型中小企业改制和上市辅导力度，积极引导和鼓励高新技术企业、科技型中小企业在中小板、创业板、新三板、中原股权交易中心等多层次资本市场中上市、挂牌融资，并支持上市、挂牌企业开展多种形式的并购重组再融资。

2017年，河南省进一步加大科技投入力度，安排郑洛新国家自主创新示范区专项资金5亿元，设立首期规模10亿元的郑洛新国家自主创新示范区创新创业发展基金，支持创新发展。完善了普惠性后补助支持政策，引导市县和企业持续增加研发投入。为支持高新技术企业的发展，出台《河南省加快培育高新技术企业行动计划》，统筹经费 8500 万元，对首次认定的高新技术给予最高 30 万元的配套奖补，全面支持高新技术企业发展壮大；出台《河南省企业研究开发财政补助实施方案》，对高新技术给予最高 200 万元的研发补贴，730 家高新技术企业获得研发补助金额 4.7 亿元，约占全省补助总金额的 80%。为进一步激励创新创业，解决初创企业的融资难问题，出台《河南省小微创者激励计划》，从清除创业壁垒、加强融资扶持和政策扶持等方面激励小微创业者，其中，给予符合条件的小微企业最高不超过 200 万元，以及最长不超过 2 年的创业担保贷款；河南省财政厅与中原银行共同出资 100 亿元（河南省财政厅出资 10%，中原银行出资 90%），设立河南省中小企业发展基金、重点支持在产品、技术、渠道等方面拥有核心竞争力并且风险可预期的初创期、成长期中小企业。截至 2017 年 9 月，河南省新三板企业共有 377 家，居中部六省第 2 位，与第一位湖北省仅差 18 家，是山西省新三板数量的 5.2 倍。

（六）创新创业孵化链条逐渐完善，创新创业服务环境持续改善

众创空间、科技企业孵化器是创新创业孵化链条的重要组成部分，是深入推进“大众创业、万众创新”的关键环节和载体支撑。河南把创新创业孵化载体建设作为推动“大众创业、万众创新”工作的关键，围绕产业链部署创新创业链，围绕创新创业链布局创新创业载体。近年来，河南省围绕创新创业形成了众创空间、科技企业孵化器、企业加速器到产业园的创新创业孵化全链条，以高新技术企业、瞪羚企业和独角兽企业等为代表的创新创业主体从扩大规模向专业化、精细化转变，其创新创业外溢效应明显。创新创业载体逐步呈现多元化、精细化和专业化特征，构建了全方位、全链条的支撑体系和公共服务平台，大中小企业融通发展的局面初步形成，各类创新创业载体规模持续扩大，实现全省 18 个省辖市全覆盖，基本形成了较为完善的创新创业孵化体系。截至 2017 年底，全省省级以上科技企业孵化器拥有在孵企业 8550 家，累计毕业企业 5922 家，累计上市（挂牌）企业 181 家，提供就业岗位 19 万个，拥有有效知识产权 14674 项；全省省级以上众创空间当年服务企业和团队 15870 家，服务的企业、团队累计获得投融资金额 11.69 亿元①。截至 2018 年 3 月底，河南省国家级国际联合研

① 尹江勇．我省新增 30 家国家级孵化载体［N］．河南日报，2018－01－10．

究中心、省级国际联合实验室分别达到16家、164家。截至2018年6月底，河南省国家级创新创业载体达到116家，省级以上科技企业孵化器、大学科技园、众创空间、专业化、星创天地等创新创业载体达到393家，实现了18个省辖市、21家省级高新区全覆盖。如表4－5所示，河南拥有的国家级创新创业载体，尤其是国家级科技企业孵化器36家、国家级众创空间38家、国家级专业化众创空间4家，数量居中西部地区省份前列。以众创空间、科技企业孵化器和加速器为代表的各类创新创业孵化载体，打造了接递有序、覆盖企业全生命周期的服务链条，形成从创意到产业的创新创业服务生态，创业孵化载体数量和规模迅速跃升。

表4－5　截至2017年底河南省拥有的国家级创新创业载体数量

国家级双创载体类型	数量	国家级双创载体类型	数量
国家级科技企业孵化器	36家	国家火炬特色产业基地	3个
国家级众创空间	38家	国家级企业技术中心	84个
国家级专业化众创空间	4家	国家重点实验室	14个
国家级双创示范基地	4个	国家级工程技术研究中心	10个
国家创新型产业集群试点	12家	国家级高新区	7个

（七）深度融合中原传统文化，创新创业文化环境愈加浓厚

近些年来，河南依托中原丰富的文化资源，把中原文化融入创业教育，营造鼓励创新、宽容失败的社会文化氛围，使创业文化与中原文化有机融合在一起，厚植创新创业文化。

一是培育创业精神。创业从来都不是轻松的，也无法一劳永逸，甚至布满坎坷和荆棘，需要勇于开拓的创新精神、坚韧不拔的奋斗精神以及百折不挠的进取精神。河南近些年来通过学校教育、社会培训、新闻媒体宣传倡导等多种渠道、多种形式积极培育敢为人先、追求创新、勇于开拓、百折不挠的创业精神以及“吃苦耐劳、诚信至上、尊重规则”的商业精神。积极倡导敢为人先的创新文化，树立崇尚创新、创业致富的价值导向，大力培育企业家精神和创客文化。加强信用体系建设，将创业主体信用与市场准入、享受优惠政策挂钩。加强知识产权保护，加大对侵权行为的处罚力度，切实保护创新创业者知识产权合法权益，

创造公平竞争的市场环境。

二是厚植创业文化。河南省依托中原文化的优势，着力在文化层面上提升社会对创业创新者的认可和尊重，塑造激励创业的文化环境，使鼓励创业、支持创业、投身创业成为社会价值取向，让人们在创造财富的过程中，更好地实现精神追求和自身价值。营造宽容失败、允许试错、敢于开拓的社会文化氛围。以“大众创业、万众创新”为引领，移动多媒体、数字出版、动漫游戏、文化娱乐等业态蓬勃发展：“妇好鸮尊”茶壶、“云纹铜禁”书签、“中原拓片”U 盘……这些带有河南印记的文创产品也得到了进一步的弘扬发展。

三是营造良好的舆论环境。河南深入挖掘创业先进典型，积极宣传创业的典型人物和先进事迹，树立创业示范，营造良好的舆论环境，不断增强人们的创业意识，引导人们将创业冲动变为自觉行动，激发全社会的创业智慧与活力，让“大众创业、万众创新”在全社会蔚然成风。加大对双创政策、双创成果、先进典型、成功案例的宣传力度，举办中国创新创业大赛、青年创新创业大赛、“互联网+”大学生创新创业大赛等丰富多彩的双创活动，打造一批具有影响力的双创活动品牌，营造鼓励创新创业、宽容失败的良好社会氛围。开展了“创新创业引领中原”活动，支持科技企业孵化器、大学科技园、众创空间、小企业创业基地、高校、大企业等举办各种创业大赛、投资路演、创业沙龙、创业讲堂、创业训练营等活动，营造人人支持创业、人人推动创新的创业文化氛围。

第五章　建设经济强省对河南创新创业发展环境的新要求

2017 年河南省 GDP 总量接近 4.5 万亿元，达到 44988.16 亿元，这样的经济体量无论从我国还是从世界范围考量，都是一个庞大的经济体。但经济大省并不代表就是经济强省，如何从“量的积累”转向“质的飞跃”，让中原在实现中华民族伟大复兴中国梦的进程中更加出彩，既是习近平总书记对河南省发展的殷切期望，也是亿万河南儿女的梦想。“十三五”期间，河南省将以先进制造业、现代服务业、现代农业、网络经济“四个强省”建设为重点，推动产业结构向中高端迈进，实现产业转型升级和经济发展新旧动能转换。

一、河南省建设经济强省与双创环境的关系

2016 年省第十次党代会上，河南省提出建设经济强省，进一步提升河南在全国发展大局中的地位和作用。这是全省人民的热切期盼，是决胜全面小康、让中原更加出彩的必然选择，是国家发展大局的客观需要，也是顺应经济全球化趋势的务实之举。此后河南不断优化双创的政策制度体系、人才支撑体系、资金保障体系和技术创新体系，全面深入推进“大众创业、万众创新”，双创工作取得显著成效。2018 年，河南将继续坚持以党的十九大精神和新时代习近平中国特色社会主义思想为指引，继续打好“四张牌”，创新驱动，深化改革，推动创新创业资源、平台、要素向高质量发展集聚，加速新技术、新产品、新业态、新模式的培育和发展，为进一步在更深层次、更大幅度和更广范围推进双创工作营造

良好的生态环境，推动经济高质量发展和建设经济强省。

（一）河南省建设经济强省的目标和任务

2018年6月29～30日，中国共产党河南省第十届委员会第六次全体会议暨省委工作会议在郑州召开。大会进一步强调，要深入践行新发展理念，推动经济发展高质量。建设经济强省要推进经济结构战略性调整，深化供给侧结构性改革，优化产业结构、城乡结构、区域结构，把准高质量发展的主攻方向。要把创新摆在发展全局的核心位置，抓好创新载体，壮大创新主体，完善创新机制，建设人才强省，激活高质量发展的第一动力。要深化改革开放，扎实推进机构改革，深化“放管服”改革，推进国企改革攻坚，促进民营经济健康发展。

1. 先进制造业强省的目标任务

先进制造业是建设经济强省的主导力量，也是创造财富的源泉。2014年11月18日，河南省人民政府发布《先进制造业大省建设行动计划》，该行动计划明确指出先进制造业是相对于传统制造业而言，在制造技术、制造模式、制造组织三个层次上集中体现先进性，产品竞争力强，具有全球化、网络化、信息化、绿色化、知识化等特征的现代制造业。2017年1月6日，河南省人民政府办公厅印发《河南省“十三五”战略性新兴产业发展规划》，进一步明确先进制造业强省目标及实施要求。2018年上半年，全省规模以上工业增加值增长7.7%，高于全国平均水平1.0个百分点。全省装备制造、食品制造、新型材料制造、电子制造、汽车制造五大主导产业增加值增长9.9%，高于规模以上工业2.2个百分点；高技术产业增加值增长12.4%，高于规模以上工业4.7个百分点。从统计数据来看，河南省2018年上半年制造业平稳增长，结构优化效益改善，正在向着先进制造业大省迈进。

（1）基本思路。当前，新一轮科技革命和经济发展由高速向高质量发展转变形成历史性交会，河南省制造业正处于爬坡过坎、转型攻坚的关键时期，发展速度和发展质量对河南省来说同样重要。自德国推出“工业4.0”、美国实施“工业互联网”、法国实施“新工业计划”、英国实施“制造2050”等国家战略后，世界各国均在抢占产业链、价值链、创新链高端环节，力争重塑未来产业竞争新优势。河南省发展高端制造要用互联网思维创新、推动传统制造业向先进制造业转变。建设先进制造业强省要立足河南省发展实际，遵循产业演进规律，突破瓶颈短板，加快供给侧结构性改革，在保证质量的同时推动制造业保持中高速增长，充分发挥制造业主导作用，切实提升制造业核心竞争力，为实现河南高质量发展提供坚强支撑。

（2）基本原则。紧紧围绕“三区一群”战略，秉行新发展理念，以高质量发展为中心，坚持做大总量和调优结构并重，坚持改善供给和扩大需求并举，坚持开放带动和创新驱动并进，着力加快信息技术与制造业深度融合，着力突破关键核心技术，着力培育有竞争力的产品，厚植发展优势，优化产业结构，转换发展动力，推动河南制造向河南创造转变、河南速度向河南质量转变、河南产品向河南品牌转变，实现制造大省向制造强省的历史性跨越。

（3）工作目标。2016 年 11 月，省十次党代会明确提出了“建设先进制造业强省”的战略目标。从“先进制造业大省”到“先进制造业强省”，战略目标发生了质的变化。按照目标要求到 2020 年全省规模以上制造业增加值要超过 2 万亿元，高技术产业占规模以上工业增加值比重提高到 15% 以上。全省形成装备制造、食品、电子信息 3 个国内领先、国际先进的万亿级产业，省辖市形成 25 个上千亿级主导产业集群，主营业务收入超百亿元的工业企业 60 家以上。到 2025 年，基本建成先进制造业大省，迈入全国制造强省行列。实现制造业以中高端制造业为主，全员劳动生产率明显提高，制造业集群化、智能化、绿色化、服务化水平迈上新台阶，重点行业单位工业增加值能耗、物耗及污染物排放达到国内先进水平，形成一批具有国际竞争力的产业集群和龙头企业。

2. 现代服务业强省的目标任务

现代服务业的繁荣昌盛是经济强省的重要标志。2016 年 12 月 28 日，河南省人民政府办公厅发布《河南省“十三五”现代服务业发展规划》。该规划指出，加快发展现代服务业，是优化经济结构、转换发展动力、保障和改善民生、推动经济社会持续健康发展的必然选择和战略举措。2017 年 1 月 6 日，河南省人民政府办公厅印发《河南省“十三五”战略性新兴产业发展规划》，进一步明确现代服务业强省目标及实施要求，提出要加强云计算、大数据、物联网、虚拟现实、3D 打印等新兴信息技术在工业设计、广告设计、建筑设计、园林设计等领域的融合应用，鼓励发展网络协同设计、个性化定制、3D 在线打印等互联网设计新模式。

（1）面临形势。2018 年上半年，全省服务业增加值增长 9.1%，高于全国平均水平 1.5 个百分点。其中，公路客货运总周转量增长 8.5%；机场旅客、货邮吞吐量分别增长 18.5%、12.2%；邮政业务总量增长 26.9%，电信业务总量增长186.1%。2018年1～5月，规模以上服务业中的战略性新兴服务业、科技服务业和高技术服务业企业营业收入分别增长10.2%、15.8%和10.2%，同比分别提高5.2个百分点、4.7个百分点和3.7个百分点。由数据可见河南省服务业实现较快增长，新兴服务业蓬勃发展，服务业进入提速发展新阶段。但压力和挑战也不容忽视，一方面，世界经济处于深度调整期，国内经济面临较大的下行压力，服务业发展外部环境的不稳定、不确定因素增多。新一轮科技信息革命引发世界经济深刻变革，国际贸易新规则带来全球服务分工格局深度调整，服务业已成为促进全球产业变革的重要力量和国际竞争与合作的主战场，同时美国发起的贸易战正在挑战传统的贸易规则，世界经济发展变数在增大，不确定性也在变强。另一方面，我国经济发展步入新常态，产业结构和消费结构调整升级，为服务业更好更快发展提供了倒逼压力，加快发展现代服务业行动，改革攻坚步伐持续加快，对外开放和市场准入有序扩大，新业态和新模式不断涌现，服务业发展将释放巨大潜能，成为引领下一轮经济增长的重要引擎。再加上区域竞争日趋激烈，各省纷纷把加快发展现代服务业摆上重要位置，市场、资本、人才、技术等领域的竞争压力加大。

（2）基本原则。坚持以新发展理念为引领，以服务业供给侧结构性改革为主线，坚持生产性服务业与生活性服务业相结合，加快发展生产性服务业；坚持现代服务业与传统服务业相结合，加快发展现代服务业；坚持专业化与融合化相结合，加快提升专业化服务水平，着力壮大主导产业、培育新兴产业、提升传统产业，全力推动现代服务业强省建设，努力实现全省产业结构由“二三一”向“三二一”的历史性跨越，为决胜全面小康、让中原更加出彩提供强力支撑。

（3）主要目标。建设现代服务业强省，到2020年，初步建立现代服务业体系，实现服务业总量大、结构优、质量效益好有机统一，形成“三二一”产业发展格局，建设现代服务业强省取得重大进展。首先，规模效益显著提升。服务业增加值突破2.5万亿元，年均增长10%左右，也高于全省生产总值增速，高于全国平均水平，服务业增加值占生产总值的比重达到47%左右；服务业从业人员占全社会从业人员比重达到35%左右。服务业对经济社会发展的支撑作用更加突出。其次，结构显著优化。现代物流、现代金融、信息服务、文化旅游、健康养老等主导产业增速高于服务业增速两个百分点以上，科技服务、商务服务、会展服务、服务外包、居民家庭服务等新兴产业规模快速壮大，商贸流通、房地产等传统产业新业态、新模式蓬勃发展。再次，开放创新水平显著提升。利用外资和服务贸易规模不断扩大，在全国开放格局中的地位进一步提升。新技术、新产业、新业态、新模式不断涌现，成为区域性服务创新高地。最后，区域服务能力显著提升。与城镇体系相适应的不同层级服务中心基本形成，郑州国家级服务中心地位初步确立，梯次推进、协调互促的服务业发展格局基本形成，服务业载体支撑能力明显增强，规模超百亿元的服务业集群达到20个。

（4）主要任务。以现代物流、现代金融、信息服务、文化旅游、健康养老等领域为重点，每年滚动实施1000个投资超亿元的服务业重点项目。建立完善服务业项目库，定期谋划、筛选和储备一批产业关联度高、发展前景好、辐射带动作用强的项目。设立现代服务业发展基金，引导社会资本投入，加大对重点服务业项目的支持力度。以扩大产业规模、优化供给结构、提升质量效益为方向，着力提升现代物流、现代金融、信息服务产业支撑能力，增强文化旅游、健康养老服务供给能力，引领带动服务业全面发展。通过深度融入“一带一路”倡议，依托现代综合交通枢纽和网络优势，健全国际物流、区域物流、城市配送多层次大物流体系，推动重点领域提质增效，提升物流服务能级水平，力争到2020年，物流业增加值突破3000亿元。

3. 现代农业强省的目标任务

现代农业是建设经济强省的重要基础，经济强省首先必须是现代农业强省。2017年1月25日，河南省人民政府办公厅发布《河南省“十三五”现代农业发展规划》，规划明确提出了建设现代农业强省的目标任务和要求。党的十九大作出实施乡村振兴的战略部署，再次明确了现代农业的发展方向，牢牢把握河南省农业农村发展的阶段性特征，紧密结合省十次党代会提出建设现代农业强省的目标，牢固树立新发展理念，以农业供给侧结构性改革为主线，以保证国家粮食安全、绿色供给、增加农民收入为前提，大力发展优质小麦、优质花生、优质草畜、优质林果，建立健全城乡融合发展体制机制和政策体系，推动高效种养业和绿色食品业转型升级，加快推动河南从农业大省向现代农业强省跨越。

（1）面临的形势。2018年上半年，河南省第一产业增加值1705.73亿元，增长2.3%。其中，全省夏粮产量722.74亿斤，略有减产；全省猪牛羊禽肉产量314.41万吨，增长1.5%。目前河南省农业经济处在转型关键期，随着经济发展进入新常态，国际贸易保护主义抬头和愈演愈烈的中美贸易摩擦，农业发展外部环境和内在动力正在发生深刻变化。随着城乡居民消费结构变化和消费水平提高，多层次、多样化、个性化农产品和服务消费潜力巨大，有机、绿色、无公害食品及蔬菜、水果、花卉、中药材等具有比较优势的农产品将有更大的发展空间，国家“一带一路”发展倡议的实施，郑州航空港经济综合实验区、国际陆港、郑欧班列、跨境 E 贸易等项目建设，为扩大河南省农产品的出口、实施“走出去”发展战略提供了新的发展机遇，区块链、互联网等技术的运用为农产品溯源及食品安全体系的建立提供了新思路。但农业作为传统行业面临的发展压力也很大，首先是受技术、土地等多种要素约束，农业增产、农民增收难度加大。其次是农业结构极不合理，大量农产品过剩滞销的同时许多新兴需求却得不到满足，部分品种需要靠进口弥补缺口。再次是物质技术装备水平仍然较低，不能适应农业发展新形势需要。最后是高素质农业劳动力紧缺，随着农村青壮年劳动力大规模向城镇和非农产业转移，农业兼业化、农民老龄化、农村空心化状况日益凸显。

（2）发展目标。到 2020 年，现代农业发展取得明显进展，粮食安全保障能力进一步提升。优质小麦、优质花生、优质草畜、优质果蔬和农业布局区域化、经营规模化、生产标准化、发展产业化等取得明显成效，农业供给体系质量和效率明显提升，农民生活达到全面小康水平，农业生态环境逐步改善，物质技术装备水平显著提高，多种形式的农业适度规模经营加快发展，把河南打造成全国领先的现代农业强省，实现河南乡村振兴。

（3）主要任务。第一要围绕推进供给侧结构性改革，激发农业发展内生动力。第二要建设高标准粮田，增强粮食生产能力。第三要培育新型经营主体，构建现代农业经营体系。第四要加大农技研发推广力度，增强科技支撑能力。第五要实行标准化、优质化生产，确保农产品质量安全，建立食品安排溯源体系。第六要全面深化农村改革，破除影响农村发展的障碍，力争到 2020 年，确保现行标准下全省 430 万贫困人口稳定脱贫，6492 个贫困村退出序列，53 个国家和省定贫困县 2019 年前全部摘帽，乡村振兴取得阶段性成果。

4. 网络经济强省的目标任务

网络经济强省建设是建设经济强省的催化剂，是推动“四个强省”建设的有力支撑和保障。2017 年 1 月 9 日，河南省人民政府办公厅印发《河南省“十三五”信息化发展规划》，规划明确指出“十三五”时期是河南省基本形成现代化建设大格局的关键时期，也是新技术、新业态、新模式蓬勃发展的重要时期。网络经济是以互联网作为基础设施和创新要素的一种新兴经济形态，在全球新一轮科技革命和产业变革中，传统工业经济模式下的生产方式、消费方式和商业模式正在逐渐改变，互联网与经济社会各领域、各产业的跨界融合和深度应用，已成为不可阻挡的时代潮流。贯彻落实国家信息化发展战略纲要，加快经济社会各领域信息化建设，拓展网络经济空间，全面提升信息化应用水平，推进“四化”同步科学发展，是打造网络经济强省和全面建成小康社会的重大战略选择。

（1）面临形势。2017 年开封洛阳国际互联网数据专用通道建成开通，郑州国家级互联网骨干直联点功能持续提升，信息通信网络枢纽地位进一步巩固，河南省所有贫困自然村实现 4G 网络全覆盖，信息网络基础支撑能力进一步增强，网络安全保障和通信服务水平进一步提升，为河南经济社会发展创造了良好环境、提供了可靠保障和优质服务，为网络经济强省建设提供了重要支撑。信息化对工业化、城镇化、农业现代化具有渗透和提升作用，网络经济是信息化催生的新经济形态，最具潜力、最具爆发力、最具成长性。河南省在全国大局中的地位日益提升，重大战略叠加效应持续增强，赋予河南省前所未有的发展机遇和战略平台，有利于河南省发挥信息化后发优势。同时，也应清醒地看到，河南省信息化建设还面临着严峻挑战。区域竞争越来越激烈，全国各地纷纷加大信息化推进力度，加快新一代信息技术产业布局，河南省信息化发展相比发达省份仍处于落后地位，在区域竞争中将面临更大压力。

（2）发展目标。河南省第十次党代会工作报告明确提出，未来 5 年河南将建设“网络经济强省”，并强调网络经济是信息化催生的新经济形态。到 2020 年，信息化成为驱动现代化的先导力量，全省经济社会各领域信息化发展水平进入全国中上游行列，信息化融合创新生态环境基本形成，网络经济新业态和新模式蓬勃发展，建成信息基础设施高速泛在、电子信息产业快速发展、互联网与产业深度融合、管理服务智能高效、安全保障全面有力的网络经济强省。

（3）主要任务。认真贯彻落实《中华人民共和国网络安全法》，坚持安全与发展双轮驱动，加强网络安全态势感知、风险监测、预警通报和应急处置能力建设，超前把握、积极应对、有效化解网络新技术、新应用、新产品的快速迭代对现有网络秩序带来的巨大压力和挑战。建设网络经济强省第一要坚持创新发展，强化网络经济产业支撑。第二要坚持协调发展，统筹推进城乡信息化建设。第三要坚持绿色发展，构建智慧集约建设模式。第四要坚持开放发展，培育网络经济增长新动力。第五要坚持共享发展，释放信息化红利惠及全民。第六要坚持安全发展，保障网络空间可管可控。按照网络经济强省的目标，到 2020 年河南省要实施制造业与互联网融合创新工程、新型制造模式推进工程、现代物流体系建设工程、电子商务推广普及工程、智慧旅游工程、现代农业推进工程、智能终端发展工程、国家大数据综合试验区建设工程、物联网产业培育工程等 10 大工程。要完成建设 50 个制造业与互联网融合“双创”基地，建成 100 个智能工厂；实施 20 个以上智慧物流应用示范项目，电子商务交易额超过 2.6 万亿元；建成 10 家左右智慧旅游景区；智能终端产业主营业务收入达到 5000 亿元；培育 100 家以上在细分领域居于领先地位的物联网高端装备制造商的任务。

（二）经济发展与优化环境的内在关系

经济发展环境是一个地区思想解放程度、市场发育程度和政府执政水平的具体体现。习近平总书记多次指出“要加快完善公平竞争的市场建设”，“改善营商环境和创新环境，降低市场运行成本，提高运行效率，提升国际竞争力”，市场经济是开放经济，哪里的经济环境好，哪里的经济就会充满活力，也就能吸引更多的资金、技术和人才等生产要素。2018 年上半年全省生产总值 22244.51 亿元，增长 7.8%，高于全国平均水平 1.0 个百分点。分产业看，第一产业增加值 1705.73 亿元，增长 2.3%；第二产业增加值 10694.88 亿元，增长 7.7%；第三产业增加值 9843.90 亿元，增长 9.1%。上半年，全省固定资产投资增长 9.3%，高于全国平均水平 3.3 个百分点，其中第一产业投资增长 39.4%，第二产业投资同比下降 0.6%，第三产业投资增长 14.4%。优异成绩的取得与河南省近年来深入推进“放管服”改革，优化营商环境，大力推动减税和能源、通信、物流等领域的降费，激发企业发展活力有直接关系。

1. 优良的环境是生产力

李克强总理多次强调，营商环境就是生产力，要创造更优的“硬环境”和“软环境”，加大对外资外智的吸引力，在全球竞争加剧的大背景下，各级政府要进一步增加紧迫感，给市场以良好预期，切实提振市场信心。浙江义乌和广东东莞的“零资源经济现象”，就说明环境是资源的组成部分，环境本身就是重要的生产要素，就是生产力。优化发展环境，就是要保护、集聚、开发、利用经济发展的重要资源，努力为资本的生长创造适宜的土壤，为投资兴业提供良好的平台。“放管服”改革的要义其实就是“造环境”。环境优良了，不仅可以招“财”来，更会引“才”到。上海自贸区挂牌短短三年便吸引超过 4 万家企业前来注册，这一数字是挂牌前 20 多年的总和，充分说明“造环境”的重要性。

2. 优良的环境是吸引力

纵观国内外发达地区的发展历程和成功经验，一个地方的发展水平取决于生产要素的聚集程度，而生产要素的聚集程度取决于发展环境的优劣。“种下梧桐树，引来金凤凰”。环境优良，能使项目、资金、技术、人才等生产要素不断进入，形成新的经济增长点并迅速成长壮大；环境不优，企业发展就会受阻，外部项目就不会进入，现有的企业、人才、资本就会流走。以招商为例，招商服务水平的高低体现一个地区招商引资软环境实力的强弱。不断优化自然环境、政务环境、法治环境、金融环境，不断提升行政效率、服务理念，让客商社会地位、安全保障无后顾之忧，是吸引其不断投资、增资的法宝。目前新一轮地区发展的竞争已经由过去依靠政策优势、资源优势转变到依靠环境优势上来。投资环境的优劣尤其是软环境的好坏，将直接关乎招商引资的成败。

3. 优良的环境是竞争力

没有优良的环境就没有发展的优势。环境竞争力就是一个地区利用环境吸引发展资源，推动本地区经济社会发展的竞争能力。从环境意义上来看，环境竞争力就是一个地区提供环境公共产品和服务，满足居民需求的能力，是通过经济、社会发展，创造、管理和提升环境价值的能力。这个环境竞争力的评价指标主要是由环境资源与容量竞争力、环境质量竞争力、环境治理与建设竞争力、环境科技效率竞争力和环境管理与形象竞争力这五大方面。从一定意义上讲，发展的压力实质上就是环境的压力，发展的竞争实质上就是环境的竞争。谁拥有环境的高地，谁就能形成发展的优势。优化环境，就是要为投资者营造一个“低门槛进入、低成本运作、高利润回报”的良好环境，以环境优势催生发展优势。

4. 优良的环境是创造力

创造力是人类区别于动物的最根本特性和标志，没有优良的环境就没有发展的动力。环境优良，能使人们安居乐业，形成强大的凝聚力，产生创造财富的巨大激情。能够激发土地、人才等要素的潜能，形成发展新动力，推动经济健康持续发展。良好的营商环境既是吸引商家来豫投资兴业的吸引力、竞争力，更是新常态下促进河南经济持续健康发展的创造力和驱动力。

（三）建设经济强省急需进一步优化双创发展环境

河南省作为中部经济大省，经济规模大而不强，产业高端化和引领性不强，转型发展任务艰巨，同我国大部分地区一样，关键核心技术受制于人、自主创新能力不足。建设经济强省、打造“三个高地”、实现“三大提升”就必须在理念创新、制度创新、技术创新、经营创新和区域协同创新等方面构建原始创新和集成创新体系。全面深入推进双创工作，不断优化双创生态环境，将是河南省建设现代经济体系，由经济大省向经济强省转变的重要抓手。

1. 河南质量强省建设需进一步优化双创环境

截至 2018 年 6 月，全省专利申请、授权量分别达 82215 件、40817 件，同比增长 60. 5% 和 69. 5%；全省有效发明专利拥有量达 31290 件，同比增长 23. 6%，每万人口有效发明专利拥有量达 3. 28 件；2018 年上半年全省新增返乡下乡创业人员 11. 89 万人，返乡下乡创业人员总量 112. 84 万人。以上成绩的取得得益于近年来河南省不断优化的“双创”环境，所以推进河南质量强省建设必须优化质量发展环境，创新质量发展机制，加快质量诚信体系建设。河南通过大力开展双创活动，推动实现双创便利化，着手建立和规范企业信用信息发布制度，制定严重违法企业名单管理办法，将创业主体信用与市场准入、享受优惠政策挂钩，完善以信用管理为基础的创业创新监管模式，有效提升了企业的质量意识，增强了质量强省建设氛围。此外，加强双创知识产权保护，积极推进知识产权交易，完善知识产权快速维权与维权援助机制，也为企业和个人开展创新活动，优化质量发展环境奠定了基础。

2. 培育发展新动能需进一步优化双创环境

创新发展是新发展理念之一，是引领发展的第一动力，是建设现代化经济体系的战略支撑。创新发展首先要解决的是创新动力的培育，而培育壮大新动能将为创新发展提供强大的动力。特别是创新型企业是创新发展的基本主体，新技术是创新发展的核心内容，新制度是创新发展的内在动力。从河南发展的现实来看，新时代依靠廉价劳动力、资源和环境优势的传统发展方式已经无以为继，必须加快创新引领创业、创业激励创新，努力培育发展新优势新动能，拓展发展新空间，形成新的经济增长极。党的十九大报告指出，创新是引领发展的第一动力，是建设现代化经济体系的战略支撑。河南省在建设“四个强省”的过程中，推进创新创业有益于提升产业链价值和层次，有益于激发市场活力，推动互联网信息技术和传统产业的融合，对于实现产业高端化、绿色化、智能化有着重要的作用。

3. 建设现代经济体系需进一步优化双创环境

今后双创工作要继续围绕构建新经济体系，推动生产结构从低附加值向高附加值产业渐进转型。聚焦装备制造业、食品制造业、新型材料制造业、电子制造业、汽车制造业五大主导产业向高端、终端迈进，梳理优势细分行业，并形成对其他产业和区域经济发展的带动作用。改造提升传统产业，以降本增效、延链补链、绿色循环为主攻方向，促进冶金、建材、化工、轻纺、能源五大传统产业提质增效。培育战略性新兴产业龙头企业和产业集群，大力发展新一代信息技术产业，推动生物产业加快发展，促进高端装备产业突破发展，加快发展先进材料产业，加快壮大新能源、新能源汽车和节能环保产业，培育发展数字创意产业。总之，河南省要打造现代经济体系，就必须进一步优化双创环境。

4. 新科技革命需进一步优化双创环境

当前，大数据、深度学习（AI）、工业物联网、虚拟现实/增强现实（VR/AR）、可穿戴设备、3D 打印、无人驾驶汽车、石墨烯、基因测序（精准医疗）、量子通信、高端机器人、云服务等人工智能蓬勃发展，5G 时代正式开启，且工业化和信息化加速融合，工业正加速向高端、智能、绿色、便利、服务方向发展，数字经济正成为世界经济变革和产业转型升级的强大驱动力。全球新一轮科技革命和产业变革催生了大量新产业、新业态、新技术和新模式，为河南省产业从中低端走向中高端集聚了新动能，也为质量变革、效率变革和动能转换提供了前所未有的机遇和条件。目前，河南正处于城镇化快速发展、工业化稳步提升、信息化深度融合的阶段，正处于经济结构转型升级和高质量发展的关键时期。产业发展迈向中高端，提升绿色化、智能化、便利化和服务化水平既是高质量发展的要求，也初步具备抢抓全球新科技革命机遇的基础条件和需求空间。河南经过 40 多年的改革开放，综合实力位居国内前列，具有较为完备的产业体系和装备制造能力，只要措施得当，聚焦《中国制造 2025 河南行动纲要》，大力实施创新驱动战略，就有能力乘势而上，完成转型攻坚的历史任务，实现跨越式发展。

5. “三区一群”建设需进一步优化双创环境

2018 年，是全面深入贯彻党的十九大精神开局之年，也是中国改革开放 40 周年。在高质量发展新起点上推动全面深化改革，扩大对外开放，就是要在破除妨碍经济社会发展体制机制上取得新突破，进而推动观念理论创新和制度创新。从河南实际发展来看，郑州航空港经济综合实验区建设促进了郑欧班列的运营和航空贸易的互联互通，特别是大数据处理中心建设，为河南工业化水平提升插上了新的翅膀，为“河南创造”“河南品牌”走出国门，探索区域互动合作和产业集聚发展、打造内陆开放型创新高地提供了新的机遇。郑洛新国家自主创新示范区具有享受国家自主创新示范区的相关政策，在争取示范区相关政策落地，积极争取各项创新政策试点，突破现有“双创”体制机制和运营方式的局限等方面具有极大潜力和优势。河南自贸区将开启探索内陆地区开放新模式，对拓宽开放广度，提升开放高度，拓展开放深度具有重要意义。自由贸易试验区是进行体制机制改革的高地，是进行政策试验的理想地带。“双创”工作的深入开展需要打破诸多现有体制机制的束缚，积极探索新的科技、经济、市场乃至政府运行机制。郑州国家中心城市建设和“郑汴一体化”取得新进展，引领了全省城镇化的有序健康发展，中原城市群已成为继珠三角、长三角、京津冀等之后的新的经济圈极，郑州大都市区建设也在如火如荼进行中。河南省可紧抓“三区一群”建设重大机遇，围绕“双创”工作开展一系列体制机制改革和政策试验试点工作，将“三区一群”发展成为河南“双创”改革高地和政策实验新阵地。

二、建设经济强省要求全新的双创发展环境

2017 年美国、日本的经济逐步复苏，欧洲经济也好于预期，全球主要经济体均实现了经济增长，外部环境的持续改善给我们实施创新驱动发展战略创造了良好的外部条件。加上我国推进经济转型、促进新旧动能转换的一系列举措，促使新技术、新产业、新业态、新模式、新产品、新动能的蓬勃发展，特别是需求旺盛的机器人、新能源汽车行业 2017 年都实现 50% 以上增长。但到了 2018 年特朗普“美国优先”的贸易保护主义对全球经济形成了巨大挑战。在机遇与挑战面前，优化双创发展环境对建设经济强省显得尤为重要。

（一）先进制造业强省建设对双创环境的新要求

根据河南建设先进制造业强省的总体规划，构建符合比较优势的产业体系，推动生产结构从低附加值向高附加值产业渐进转型。聚焦装备制造业、食品制造业、新型材料制造业、电子制造业、汽车制造业五大主导产业向高端、终端迈进，梳理优势细分行业，并形成对其他产业和区域经济发展的带动作用。

1. 布局全球产业链实现制造业升级需要全新的双创环境

实现产业高端化需要提高产业链的附加值，强化品牌的塑造和品质的提升，

提升企业和产品的影响力，因此必须大力推进创新创业。首先，通过双创带动整个产业链上下游的协同创新，把技术创新、工艺进步、产品定位、品牌塑造、市场营销以及供应链管理等整合起来，不断提高产业链上的附加值，提升产品的品质和企业经营效益。其次，通过大力推动双创，激发产品和技术研发的活力，推动传统企业的工艺革新和技术改造，使企业在产业竞争中走在领先位置，提升企业的核心竞争力。再次，通过双创从企业经营管理中发掘效益、提升质量，推动企业提质增效。最后，加强商业模式创新步伐，鼓励企业发展共享经济、网络经济和定制化、服务化等新型商业经营模式，加大新兴产业引进和培育力度，积极培育和塑造河南品牌企业，提升河南企业在国内国际市场的影响力，以及产品和服务的附加值，推动河南产业高端化发展。

2. 推动绿色制造实现提质增效需要全新的双创环境

加快绿色产品、绿色工艺、循环经济领域的创新步伐，加快制造业绿色技术升级，提升企业资源利用效率，构建高效、清洁、低碳、循环的绿色制造体系。首先，加快推进制造业绿色技术改造，加大对新型绿色工艺技术装备的研发和推广力度，加快淘汰落后装备和技术。其次，创新产业集聚区和企业资源利用方式，推进循环经济发展。鼓励和支持龙头企业引领循环技术改造，促进以产业集聚区、产业链范围内的资源共享和循环利用。完善再制造旧件回收体系，提升全社会循环化效率。最后，通过技术创新提高环境监测监管效率，严格制造业节能环保监管。完善节能环保法规和标准体系建设，加强节能环保监察。推进环境和绿色监管的信息化，开展绿色数据中心试点，建设重点企业能源管理中心，推广能源动态监测和管理。

3. 借力新科技革命实现制造业智能化需要全新的双创环境

大力推进“大众创业、万众创新”，促进传统产业和互联网、信息技术、人工智能、大数据的融合发展，将装备制造、软件和数据服务、生活需求等整合成为全产业链的生态系统，实现产业智能化发展。首先，深入推进信息化与工业化融合发展。其次，加快“互联网+”和大数据领域发展，开展制造业云平台建设，通过互联网信息技术实现制造业技术、信息、数据、资源的共享，支持发展个性化定制、精准营销、网络化制造等大数据应用服务和商业模式创新，鼓励发展基于数据挖掘、数据分析和智能化的生产经营监测、管理和分析。最后，鼓励中小企业的创新创业，培育创客文化，完善“互联网+”创新生态圈。培育市场化新型研发组织、中介机构和服务外包等新业态，积极鼓励大中型企业创新管理机制和分配模式，建立和壮大创客群体，鼓励创客文化，实现平台资源化、员工创客化的“互联网+”协同创新模式发展。

4. 培育壮大制造业基础需要全新的双创环境

企业是先进制造业强省建设的主力军，要关注企业发展、服务企业发展。积极承接大产业大项目，紧抓大企业转移国内产业布局机遇，立足高端平台，重点对接材料制造、电力装备、新能源客车、电子信息等优势产业领域的龙头项目，参与世界水平的大企业集团战略。培育一批目前规模有限但在制造业细分市场能够占据全国乃至世界领先地位的“单项冠军”企业，继续保持特色产品的供给地位，开发多元化的高精尖产品满足市场需求变化，并鼓励其做大规模。此外，支持制造业企业组织模式创新，关注生产经营中存在困难的中小微企业，对产品、资源、技术、品牌进行全面评估，以优势互补和强强联合为原则进行全行业的重组整合，提升新模式下的综合竞争力。

（二）现代服务业强省建设对双创环境的新要求

党的十九大报告提出的“贯彻新发展理念，建设现代化经济体系”是新时代我国经济发展的总部署，发达的服务经济是现代化经济体系的重要组成部分，也是衡量经济社会现代化水平的重要标志之一。2018 年上半年，全省服务业增加值占 GDP 的比重为44.3%，比上年同期和上年全年均提高 1.6 个百分点；对 GDP 增长的贡献率达 49.3%，且高于第二产业 1.5 个百分点。当前，全球服务业发展日新月异，服务业发展方兴未艾，加快现代服务业发展是大势所趋和规律使然。我们要顺应现代服务业发展趋势，牢牢把握河南省现代服务业发展的着力点，综合施策，多措并举，加快现代服务业强省建设步伐，为决胜全面小康、让中原更加出彩提供坚实的支撑。

1. 释放服务业发展活力需要全新的双创环境

进一步深化“放管服”改革，促进体制机制创新，充分发挥市场在服务资源配置中的决定性作用，最大程度上激发服务业发展活力和创造力。持续深化行政审批制度改革，简化审批流程，推进权责清单管理模式，全面清理各类前置审批和事中、事后管理事项，破除各类显性、隐性准入障碍，用政府权力的“减法”换取市场活力的“乘法”。打破制约服务供给的地域分割、行业垄断和市场壁垒，清理废除妨碍统一市场和公平竞争的各种规定和做法，实现服务产品和服务要素的自由流动。推进商事制度改革，加快实施“三十五证合一”，在更大范围、更深层次提升便利化水平。

2. 强化服务业发展内生动力需要全新的双创环境

坚持创新驱动发展，推动以科技创新为核心的全面创新，集聚信息、技术、资本、人才等各类创新要素，推动服务业商业模式、产业形态、管理方式创新，大力发展平台经济、创客经济、跨界经济、分享经济等新型服务模式。加大云计算、物联网、大数据、智能传感、电子认证、网络信息安全等关键核心技术的研发力度，强化服务业创新发展能力提升。鼓励服务业重点领域构建产业创新联盟，推动政产学研用合作，构建协同创新体系。加强网络化、个性化、虚拟化条件下服务技术研发与集成应用，推进服务业数字化、智能化、绿色化发展。

3. 扩大开放培育服务业竞争力需要全新的双创环境

做好招商引资，全方位承接产业转移，深度融入全球产业链、物流链和价值链，不断增强服务业的区域竞争力。注重引导外商投资投向现代物流、信息服务、服务外包、文化旅游、健康养老等领域，注重引进国内外知名企业集团地区总部和区域性研发、销售、结算、后台服务中心来豫落户。高标准、高水平推进中国（河南）自由贸易试验区建设，提升郑州航空港对外开放门户功能，放大中国（郑州）跨境电商、中欧班列（郑州）品牌效应，加强与“一带一路”沿线国家和地区合作，加强中原城市群与长三角、珠三角、京津冀等周边城市群的服务业交流合作，朝着“买全球、卖全球”的目标，加快建设空中丝绸之路、陆上丝绸之路和网上丝绸之路，推动形成服务业开放合作新高地。坚持“走出去”，鼓励有条件的服务企业开展境外服务，有效拓展海外市场，这些都需要全新的双创环境作为支撑。

4. 促进服务业转型升级需要全新的双创环境

立足于提升产业整体竞争力和综合服务能力，瞄准服务业重点领域和发展短板，着力发展生产性服务业，通过优化双创发展环境让生活性服务业发展潜能充分释放，促进产业转型和消费升级，加快培育服务经济发展新动能。以服务支撑先进制造业强省和现代农业强省建设为导向，大力发展现代金融、现代物流、科技服务、信息服务、商务服务、服务外包等生产性服务业，推动产业深度融合和专业化发展，加快向价值链中高端延伸。不断优化双创环境，积极把握居民消费升级的新趋势，重点发展文化旅游、健康养老服务业，推动商贸流通、房地产等生活性服务业加快升级，丰富服务供给，提高服务质量，促进向精细化和高品质转变。

5. 服务业和其他行业的融合发展需要全新的双创环境

坚持跨界融合发展，通过双创环境优化增强服务业对一二次产业全产业链的支撑作用，构建产业协同发展体系。首先，促进服务业与农业融合，增强服务业对发展现代农业的支撑引领能力。推进农业与旅游、教育、文化、健康养老等产业深度融合，加快产业发展融合新业态。强化农业生产产前、产中、产后全过程服务，健全完善农业社会化服务体系。以“互联网+”为纽带，大力拓展互联网与现代农业各领域融合的广度和深度，实现“互联网+”模式下传统农业持续创新。其次，加快服务业与制造业双向融合，拉长产业链、提升价值链。以产需互动为导向，推动以服务为主导的反向制造、反向整合，实现生产制造环节效能提升和柔性化改造。大力发展服务型制造，推动制造业企业延伸拓展研发设计、创业孵化、售后服务等服务，向“制造+服务”转型。最后，推动服务业内部相互融合，创新服务供给，拓展增值空间。

（三）现代农业强省建设对双创环境的新要求

农业部根据国务院“双创”政策，于2015年7月发布《关于实施推进农民创业创新行动计划（2015~2017年）的通知》，旨在农业领域内掀起创业创新的高潮。就农民创新创业舆论而言，要本着消除误区、提供正能量的基本思路，强化舆论氛围。党的十九大做出实施乡村振兴的战略部署，这是新时代中国特色社会主义伟大事业的重要内容，也是做好“三农”工作的新指引、根本遵循。

1. 积极营造农民双创政策环境

全面落实国家扶持双创的各项政策，认真梳理并广泛宣传，加强与有关部门配合，强化督查落实，明确分工责任，确保各项优惠政策落地生根。河南省各地区要结合自身发展特点和优势，制定更加优惠的支持政策，推动强农惠农富农政策和农业农村补助项目等向农民创业创新倾斜。探索建立农民创业创新基金，鼓励有条件的地方和各类协会、中介组织等根据国家有关规定，吸引相关的投资机构、金融机构、企业和其他社会资金探索建立农民创业创新基金，为创业创新农民提供金融服务。支持地方开展农民创业创新示范试点活动，选择并支持一批政策落实好、创业创新环境优、氛围浓、人数多、成功率高的县开展示范试点，在此基础上总结经验做法，广泛宣传推广，示范带动农民创业创新。

2. 努力搭建农民双创平台

按照政府搭建平台、平台聚集资源、资源服务创业的原则，依托现有的各类开发区和农业产业园区，支持一批基础设施完善、服务功能齐全、社会公信力高、示范带动作用强的园区成为农民创业创新园区。创建一批农民创业创新见习基地。选择一批知名农业企业、合作社、小康村、农产品加工和物流园区等作为基地，为创业创新农民提供必要的见习、实习和实训服务，帮助其积累工作经验、提高创业创新能力。积极搭建农民网上创业平台，依托“信息进村入户试点”等平台，支持农民依托平台网络发展电子商务。鼓励龙头企业、电信运营商、金融服务商、平台电商、信息服务商结合乡村特点建立电子商务交易服务平台、商品集散平台和物流中心，为农民创业创新不断开辟新路径。

3. 进一步健全农民双创服务体系

依托现有的服务机构，通过政府购买服务、项目招投标等方式健全服务功能，整合社会资源，为农民双创提供综合性服务。大力开展专业类服务，充分发挥大专院校、科研院所、行业协会和社会中介组织的作用，开展研发设计、检验检测、技术推广、市场拓展等行业服务以及政策、资金、法律、知识产权、财务、商标、技术等专业化服务。开展信息服务和各类公益活动，充分利用电话、网络、微信、微博等，开通服务热线，开展信息引导。鼓励举办农民创业创新大赛、论坛、沙龙、大讲堂、训练营等各类公益活动，优化双创体系，支持农民工返乡创业。

4. 进一步优化农民双创融资和用地环境

就农民创新创业融资而言，要本着方便足量、渠道多元的基本思路，强化融资拓展。要通过给予农民创新创业者政策性贷款授信、设立农民创新创业贷款贴息、支持发展 PPP 融资等途径，鼓励和引导金融资本、工商资本更多地投向农民创新创业，尽早形成多元化的投融资机制，尽快建立健全全省农民创新创业信贷担保体系，推动金融资源更多向农民创新创业倾斜，加快构建多层次、广覆盖、可持续的农民创新创业金融服务体系。就农民创新创业用地而言，要本着落实政策、优先允批的基本思路，强化用地提供。要统筹安排、优先保障农民创业基地建设用地，在充分发挥农村并不稀缺用地的优势，全力挖掘耕地、林地、荒地等作为农民创新创业后备用地资源的基础上，适当放宽农民创新创业用地标准，及时出台用地方面的保障政策和优惠政策，鼓励农民使用集体建设用地、依托自有农房院落、租赁闲置宅基地和弃耕地等开展创新创业。

5. 调优产业结构建立促进绿色发展的双创新环境

推动农业创新驱动发展，不仅是调整农业产业结构和转变农业经济发展方式、提升农业经济增长质量和效益的重要手段，也是农民创收增收，提高农业综合生产能力，全面建成小康社会的必然要求。要实现农业创新驱动发展，必须从过去以土地和劳动力为主的要素驱动向创新驱动转变。当前河南省农业创新驱动发展主要面临着两方面问题：在农业发展大环境方面，主要有农业竞争力丧失、环境资源承载力达到极限、农民增收动力不足、农产品供求失衡、重要农产品对外依存度高、产业安全不容乐观等难题。在农业创新驱动发展方面，主要表现为创新主体不强、人才资源流失、农业投资和研发投入比例较低、原创能力和成果转化弱、农业科技成果转化机制不健全方面。

6. 营造农民创新创业舆论和环境

就农民创新创业环境而言，要本着软硬兼顾、双双优化的基本思路，强化软硬环境。在软环境方面，要使农民和乡村干部的思想观念、文化氛围、体制机制、政策法规以及政府行政能力水平和态度都扭转到为农民创新创业中来，着力营造开明开放的思想环境、重商亲商的服务环境、诚信守信的信用环境和公平公正的法制环境，使良好的软环境成为农民创新创业中生产要素聚集的洼地、人才向往的高地、商务成本降低的盆地和经济效益提高的福地。在硬环境方面，要立足于当地的交通条件、资源状况、基础条件、基础设施等，不断加大道路、给排水设施、农村电网、环保设施、互联网、孵化园区、生产厂房、仓储库房、环境保护设施、生活服务设施等对农民创新创业有重要影响的基础配套设施建设力度，使硬环境成为农民创新创业中招商的物质基础和成功的重要保障。

（四）网络经济强省建设对双创环境的新要求

引导大众树立互联网思维，提升网络技术应用能力。河南要充分认识到建设网络经济强省的重要性、必要性和紧迫性，抢抓新一轮科技革命和产业革命的发展机遇，强化统筹协调，营造良好发展环境，加大政策支持和智力支持，多措并举，乘势而上，切实推进网络经济强省的建设。加快推动与网络经济相关的服务业发展，围绕互联网技术创新、电子商务等领域发展一批法律、信息、财务、设计、技术和服务外包等方面的服务业企业，以双创环境进一步优化为网络经济快速发展营造完善的生态系统。

河南省围绕大数据试验区建设、电子商务发展、制造业与互联网深度融合等重点领域，先后出台了《关于大力发展电子商务加快培育经济新动力的若干意见》《河南省深化制造业与互联网融合发展实施方案》《河南省推进国家大数据综合试验区建设实施方案》等文件，指导网络经济强省建设。为加快推进“互联网+政务服务”，推进实体政务服务大厅业务办理系统与省网上政务服务平台对接融合、信息同步，实现线上线下服务“标准一致、无缝衔接、合一通办、全程监察”。深化商事制度改革，在全省范围内实施“三十五证合一”改革，使企业在办理营业执照后即能达到预定的可生产经营状态，大幅度缩短企业从筹备开办到进入市场的时间。统筹支持信息化发展的财政资金、基金，优先支持“互联网+”、智能制造、大数据、云计算、物联网等核心技术研发、应用及产业化。加大对信息服务企业创新创业活动的财政政策支持力度，重点支持互联网融合创新。加大对小微企业和孵化器的支持力度，切实减轻创新型、成长型互联网小微企业和孵化器负担。完善政府信息服务采购配套政策，加大对政府部门和国有企业信息服务采购的支持力度。

三、建设经济强省背景下优化双创环境的新任务

经济强省的核心是一个“强”字。21世纪以来，全球范围的大开放、大变革、大转型向纵深推进，不少省份把建设经济强省作为参与新一轮区域竞争的载体和平台。河南也用自身的努力和发展创造出了机遇，着力发挥优势打好产业结构优化升级、创新驱动发展、基础能力建设、新型城镇化“四张牌”。作为经济大省，河南若不能保持较高速度增长，进一步提升自身在全国发展大局中的地位和作用就无从谈起。持续优化双创环境加快发展是河南经济的主旋律，只有后发赶超，才能跨越崛起。

（一）建设更加包容的双创文化环境

创新创业文化是人在长期的创新创业实践活动中逐步形成的，又反向影响人的创新创业意识和行为，并在传承过程中不断地沉淀提升。创新创业文化的构成表现为系统性，既包括能够推动创新创业活动的外在物质性因素，也包括能够有助于形成创新创业意识的精神层面的因素，物质因素通常是创新创业活动实现并成功的外在保证，精神要素通常是推动创新创业的内因。

1. 培育企业家精神打造创新环境

培育和弘扬企业家精神就是要帮助企业家树立高尚的道德情操和信仰，培养企业家心怀苍生、大爱无疆的民族精神和充满正能量的素养，引导他们自觉践行社会主义核心价值观，为中华民族伟大复兴中国梦而奋斗，以开拓、拼搏、实干、奉献的精神打造新时期企业家精神，提高企业家参与改革创新的信心和决心，通过不断创新来提高企业发展质量。要推动新旧发展动能转换、方式转变和结构调整，以供给侧改革和创新驱动发展实现高质量发展，就必须依靠创新为经济发展提供发展动力。广大企业家是推动创新发展、激发市场活力的重要群体，要营造一个企业家勇于创新、主动创新的文化氛围，让企业家始终保持创业创新的积极性和主动性，引领企业走创新驱动和高品质发展道路。在实践中以市场需求引导创新创业，牢牢把握新科技的发展方向。努力践行科技创新、管理创新、商业模式创新，通过建立健全新的创新体制机制，全面优化双创文化环境。

2. 营造宽容失败的舆论环境

创新发展之路充满各种变数，双创参与者披荆斩棘一路走来，成功固然可喜可贺，但失败有时在所难免，我们的社会不缺乏追随者，大家崇尚的是“大英雄”。但我们对“大英雄”背后的人和事缺乏应有的“尊重”，有时还有“冷嘲热讽”；目前在很多情况下，因为政策约束，一些政府双创管理人员在双创工作中担心承担项目失败被追责而不敢主动作为，影响了很多项目的及时有效开展，这些都不利于企业家精神的弘扬。我们不但要把企业家当成科学家，给予最高的尊敬，还要建立宽容失败的双创生态环境，建立尽职免责的政策体系，全面调动企业家及双创管理人员工作的积极性和主动性，推动双创工作深入开展。

3. 形成崇尚创新创业的价值理念环境

创新创业是社会主义市场经济发展到一定程度时的文化内核。长期的计划经济体制以及市场经济发展的不完善造成创新创业活动主体因循守旧，满足于现状，不愿或不敢创新，生产活动停留于为满足生存需求的谋生，不是创造性的自我实现。随着社会主义市场经济的不断完善，特别是当前鼓励发掘增长新动力的形势，促使人们改变传统观念，认可并崇尚创新创业活动，带动越来越多的人勇于创新，敢于尝试，反过来进一步强化创新创业文化。

4. 营造潜移默化主动创新创业的意识环境

人对待事物的看法和认知在很大程度上取决于其生活的文化环境，它是决定人的思维意识的重要外因。在崇尚创新创业的文化环境下，各种推动创新创业的活动形式会以不同的途径慢慢影响人们对创新创业的认知。如《创客时代》《创新创业大讲堂》等电视节目的制作和播出，以及“创业知识竞赛”“中国创新创业大赛”的举办，都极大地弘扬了创新创业文化，长期处于这一环境下，人们在慢慢认同创新创业的基础上，进一步形成自身主动创新创业的意愿，从而激发起大众的创新创业热情，创新创业文化氛围更加浓郁。

5. 大力塑造“大众创业、万众创新”的社会环境

大力塑造和凝聚豫商精神，培育和壮大河南企业家队伍，依法保障企业家权益，支持河南企业家实施科技创新和二次创业活动，通过舆论和政策支持营造宽松失败的环境。鼓励和支持以青年科研人员、大学生、返乡青年为主体的创新创业群体，积极对接青年创新创业群体的需求，完善在资金、场地、设备方面扶持青年创新创业团队的政策措施，组织相关高校、科研院所、企业和中介机构对青年创新创业团队给予经验、技术等方面的帮助和支持。建立和壮大技术创客群、工人创客群、社会创客群等，鼓励协同创新、集聚创新智慧、壮大创客文化，为河南培育出更多创新成果，提升河南企业、河南产品和河南品牌影响力。

（二）完善更加灵活的双创政策环境

创新创业行为是在一定的制度环境下进行的，公众进行创新创业的积极性与政府政策的引导密切相关。自国务院正式提出“大众创业、万众创新”以来，河南先后制定出台了《关于大力推进大众创业万众创新的实施意见》等一系列政策措施，洛阳、平顶山、安阳、南阳、商丘、漯河、驻马店等地市也结合实际情况，出台了相关细化措施，初步形成了全省上下联动的“双创”政策体系。但是由于诸多政策出自不同部门，各部门之间存在职能交叉，导致了多头管理、政策过多、政策重复等问题，甚至出现以“政策”应对“政策”的局面，严重影响了“双创”政策的落地生根与实施效果，急需进一步统筹协调营造更加灵活高效的政策环境。

1. 完善法律法规和相关激励政策

完善相关法律及政策是营造双创政策环境的基础。第一，要推进法规制度和相关标准适应性变革，根据形势需要及时进行动态调整。强化立、改、废协调，及时清理制约新技术、新产业、新业态、新商业模式发展的各项规定，涉及需要修改、废止相关地方性法规、政府规章的，要适时提出建议和理由，依照法定程序报请制定机关审议或者决定。第二，要落实国家优化新经济领域资本市场发行

上市及挂牌条件的政策，支持新兴经济企业进入省定上市后备企业和新三板后备企业库，鼓励符合条件的企业在多层次资本市场挂牌和公开发行股票。第三，要全面落实高新技术企业、科技型中小企业税费优惠政策，推进管理方式由备案管理和事前审批向加强事中事后监管转变，提高科技型中小企业优惠政策获得感。第四，要完善产业技术创新的目标导向机制和项目形成机制，制定突出创新导向的评价办法，把技术开发合作、技术转移转化等纳入评价指标，开展第三方创新评价。第五，要严格落实《中共中央国务院关于完善产权保护制度依法保护产权的意见》，建立产权保护协调机制，加强对各种所有制法人的产权保护。

2. 深入推进“放管服”改革

主动适应创新创业和高质量发展的现实需要，深化改革，优化服务流程，提高创新创业服务效率，进一步推动创新创业向广度、深度发展。第一，要全面推行政府部门权力、责任和效率清单，继续精简行政审批事项，相应调整中介服务事项。第二，要开展“减证便民”专项行动，全面清理各种证明和手续。适应创新创业市场主体变化快、业态新、规模小等特点，进一步推进工商注册便利化。优先对新业态实行“证照分离”改革试点，除了涉及国家安全、公共安全、生态安全和公众健康等重大公共利益的之外，把能分离的许可类的“证”都分离出去。全面实施企业简易注销改革，试点推行个体工商户简易注销改革。第三，推动“双随机、一公开”监管全覆盖，随机抽查信息及时向社会公开。修订政府核准的投资项目目录，最大限度缩小企业投资项目核准范围。第四，研究出台支持新型研发机构发展的指导意见，支持省内外高校、科研院所联合骨干企业组建产业技术创新研究院、产业协同创新中心、制造业创新中心等多种类型的新型研发机构。

3. 统筹管理提高政府服务效能

充分发挥国家技术转移郑州中心、国家知识产权专利审查协作河南中心作用，建设“互联网+”综合服务平台，构建覆盖全省、服务企业、线上与线下相结合的技术转移网络，为科技成果转移转化提供信息发布、融资、交易、转让、孵化、咨询辅导等专业化服务，实现数据资源跨部门、跨区域按需共享交换。第一，制定政务信息资源共享管理办法，编制实时动态更新的政务信息资源目录，制定数据采集、治理、分类、共享、安全等标准规范，建设政务大数据服务平台，明晰数据管理的权利义务、范围边界和使用方式，制定政务数据共享清单和开放清单，积极稳妥向社会开放政府数据。第二，大力发展成果转移转化专业化服务机构，通过政府购买服务加大对科技类社会服务机构的支持力度，支持中央驻豫各类科研院所深化体制改革、加快成果就地转化，积极对接中科院、高校、央企研究机构等大院名校，鼓励其在河南设立分支机构或共建新型高端研发平台。第三，要加强全要素、全创新链资源集聚的双创服务平台建设，大力引进培育研究开发、技术转移、检验检测认证、知识产权、科技咨询等领域专业科技服务机构，为中小微企业提供低成本、便利化、全过程的开放式综合服务。

（三）打造更具活力的双创人才环境

优质活跃的创新创业人才是“双创”活动的核心，是构建创新创业生态系统的根本要素。河南省高等学校众多，人力资源丰富，是“双创”人才大省，各级政府部门也高度重视“双创”人才培养，制定出台多项政策措施，从载体建设、机制创新、人才流动、环境营造等方面安排部署“双创”人才工作，通过政策、资金、服务等方式为“双创”人才保驾护航。但由于多种因素的制约，河南省目前尚未成为“双创”人才强省，在高质量“双创”人才培育、人才引进、人才作用发挥等方面还面临重大挑战，有些地方政府和企业存在重引进轻培养、重所有轻所用的现象，出现人才“引进来、用不好、留不住”的局面，导致人才逐渐流失。同时，随着其他地区的双创人才引进与培养政策的加快实施，区域之间人才争夺更加激烈，河南引进和留住双创人才的难度更大。

1. 完善和优化双创人才政策环境

完善扶持政策体系，释放政策红利，着力破解政策“天花板”效应，构建管用、好用的双创扶持政策体系，营造良好的政策大环境，切实解决创业者面临的办公场所、公共服务、资金需求、市场信息、政策扶持、技术支撑、创业培训等难题。第一，要把创业工作纳入各级政府目标管理范畴内，建立奖惩制度，落实政府抓就业创业工作的第一责任，把创业扶持资金的投入作为重点进行考核。第二，要科学引才，灵活采用多种引才政策和形式，不求所有，但求所用。第三，政府需要建立人才资金效用评价机制，建立人才动态考核机制，完善突出创新创业要素的激励机制。对于双创人才的使用，重点突出“产学研”一体化，即推进大学、研究机构和企业之间的联系与合作，共同开发项目，政府给予专项经费支持。第四，坚持“外引”和“内育”双轨并进，通过产业政策和企业平台，着力引进外部科技领军人员和团队，通过项目培养，团队带动，促进本土人才的快速成长。

2. 着力营造以人为本的人文环境

人文环境在人才生态环境优化的过程中发挥着独特的作用，人文环境的营造建功缓慢，影响深远，“桃李不言下自成蹊”，从先进地区的成功案例来看，独特优越的人文环境已经逐步成为影响人才流动的参考因素。所以，人文环境的营造应从教育、分配和制度保障三方面入手。进一步通过教育和制度提高居民人文素养，加大对公共文化设施的投入，努力营造“尊重劳动、尊重知识、尊重人才、尊重创造”的人文氛围，在社会分配领域向劳动和智力贡献倾斜，在制度建设和政府改革方面加大简政放权提供优质高效服务力度，由此而生的浓郁的人文环境对人才必将产生激励作用。

3. 着力营造良好的人才发展环境

以推动人才发展体制机制改革为重点，加快建设素质优良、结构合理的创新型人才队伍，推进各项人才队伍建设，实现人才队伍高端化、人才配置市场化，努力形成具有国内竞争力的人才制度和环境优势。第一，要优化高层次人才发展环境，进一步完善高层次人才认定办法和评价标准，根据新兴经济发展的现实需要，及时出台更具吸引力的“高精尖缺”人才培养引进政策。第二，要深入实施“智汇郑州”“中原千人计划”“名校英才入豫计划”“海外引智计划”等重大人才工程。第三，突出发展一批创新引领型企业、培育一批创新引领型人才、建设一批创新引领型平台、引进一批创新引领型机构，实施一批产业集群专项和重大科技专项，加快推进大中型工业企业省级研发机构全覆盖，组建生物育种国家产业创新中心，新引进一批重点新型研发机构。完善人才培养制度，鼓励高校等面向市场需求，积极调整学科和专业设置，培养信息化相关人才。第四，深化信息化领域产学研结合，依托高校、科研院所、企事业单位，探索建立多方合作育人新机制，整合各类教育培训资源，开展联合办学，建立联合实训基地，共同培育领军型、创新型、复合型人才和战略运营团队。

4. 着力营造自然宜人的生活环境

人才、信息、资金、技术等生产要素在竞争机制的作用下，其流向除了受成本、效益、安全、便利性因素影响外，自然生态和社会人文环境影响力也在显著加大。实践证明，生活环境的好坏对人才的流向选择有着重要影响。优质的生活环境不仅能吸引和培养高水平的人才，还能增强人才的归属感，进而对该地区经济发展产生积极影响。

（四）创造更加高效的双创投融资环境

从目前实际情况看，全省“双创”工作仍然面临着融资难题，表现在贷款难度大、参与的金融机构少、融资渠道窄、投资结构不合理等方面。融资问题是创新创业活动面临的传统难题，从中央政府到地方政府，从政府财政到企业、社会，普遍存在着对创新创业资金资源投入不足的问题。鼓励全社会创新创业需要有强大的资金作为坚实后盾。近年来，河南省积极探索创新创业融资路径，完善科技金融结合机制，通过政府财政引导、创新创业投资基金引导等方式丰富创新创业融资体系。

1. 推动创新链、产业链和资金链融合发展

围绕重点领域的产业链部署创新链和资金链，加快推进技术研发、商业模式创新与产业资本、金融机构之间的融合对接，以此强化科技创新的资金支持、加快成果研发的市场导向以及成果转化的效率。在郑东新区金融集聚功能区构建包括银行、证券公司、风险投资、担保资金和政府创投引导基金等服务整个创新链条的科技金融服务体系，积极引导各类金融机构和产业资金以股权投资、并购重组、融资租赁等方式参与到创新创业中来。积极发挥互联网、大数据、云平台等互联网信息技术的作用，提升创新链、产业链和资金链融合发展的效率。鼓励发展“众筹众包众创众扶”等融资和经营模式，积极推进大中型企业实现创新资源平台化、研发人员创客化，鼓励创新人才参股企业和创新项目，创新收入分配模式和生产管理方式。支持创新龙头企业和科研院所搭建众创空间，建设关于设备服务、技术支持、设计研发等方面的“创客”公共服务平台，为初创期和成长期的小微企业提供高效、便利的服务和支持，打造“互联网+企业+创客+风险投资”的创新生态圈。

2. 创新金融服务小微企业模式

发展“金融+互联网”商业模式，探讨设立科技分（支）行和科技金融服务事业部，为科技型中小企业量身定制差别化、个性化的金融产品。目前，大型银行设立小微企业专营机构896个，专职人员13000人。推动中原银行双创金融债券成功发行，以15亿元创下国内首批双创金融债券最大规模。完善专利权等质押融资模式，结合股权、应收账款质押、专利权质押等创新担保模式，河南省2018年1~4月质押融资金额5.91亿元，同比增长95.8%。截至4月末，全省银行业小微企业贷款余额1.22万亿元，同比增加1412.05亿元，增速13.12%；小

微企业贷款户数 96.15 万户，同比增加 8.01 万户。同时，加快科技金融创新能力建设，借助区块链技术、互联网技术等新科技创新融资模式，破解小微企业融资难问题。

3. 建立多元化投融资支撑体系，优化双创投融资环境

第一，充分发挥国家新兴产业创业投资引导基金、省“互联网 +”产业基金、省战略性新兴产业投资基金、省现代服务业产业投资基金等各类政府投资基金作用，引导社会资本投向新兴经济领域。第二，设立政府双创支持资金，以股权投资方式对种子期、初创期科技型企业技术创新项目进行资金支持，根据项目质量、后续投资及贡献绩效，按其实际发生的贷款利息额给予贴息补助；探索在金融机构设立企业搭桥专项资金，全力支持各类经济主体的贷款还贷资金周转。第三，促进政策性银行与创投机构紧密合作，发放政策性贷款，大力扶持中小企业特别是科技型中小企业成长；进一步完善“拨改投”机制，改变政府科技项目资金补贴政策。第四，加大多层次资本市场对新兴经济企业股权、债权融资的支持力度，鼓励新兴经济企业纳入省上市挂牌企业后备资源库和创业板行动计划。建立健全知识产权质押融资政策体系，开展专利权质押融资，实现资本与项目、资本与产业的无缝衔接。

4. 推动各类基金和科技贷业务

设立规模 5 亿元的河南省科技创新风险投资基金，目前已投资 26 家科技型小微企业，累计投资 2.3 亿元。设立郑洛新国家自主创新示范区成果转化引导基金，已受理审核 12 家基金管理机构的子基金设立方案。设立郑洛新国家自主创新示范区创新创业发展基金，基金首期规模 10 亿元。全面落实《河南省科技金融“科技贷”业务实施方案》，设立科技信贷准备金，对合作银行开展“科技贷”业务发生的损失，给予 30% ~60% 补偿。截止到 2017 年底，“科技贷”业务共支持 116 家科技型中小企业，实现贷款投放 6.53 亿元，引导合作银行对科技型中小企业贷款 662.81 亿元，融资作用显著。

（五）营造风清气正的双创营商环境

2018 年 1 月 3 日，国务院总理李克强主持召开国务院常务会议，部署进一步优化营商环境，持续激发市场活力和社会创造力；确定加大支持基础科学研究的措施，提升原始创新能力。该会议指出，优化营商环境就是解放生产力、提高综合竞争力。按照党的十九大和中央经济工作会议精神，改革创新体制机制，进一

步优化营商环境，是建设现代化经济体系、促进高质量发展的重要基础，也是政府提供公共服务的重要内容。

1. 持续推进商事制度改革

优化信息化推进环境，修订《河南省信息化条例》，贯彻落实国家和行业信息化标准，规范信息化管理和建设。在互联网融合创新领域研究出台了一批先行先试政策，加快形成以开放、共享为特征的经济社会运行新模式。制定和实施“互联网+”市场准入负面清单，放宽融合性产品和服务准入限制。研究制定有利于互联网融合创新的包容性事中、事后市场监管制度，放松价格管制和牌照限制，探索形成以信用信息为导向的行业自律监管模式。引导平台型企业制定科学合理的平台规则，强化以信息技术和互联网平台为支撑的新型监管方式。持续推进商事制度改革，进一步推进登记注册便利化，营造开放、包容的信息化发展环境。

2. 打造“一次办妥”政务服务品牌

全面推进“互联网+政务服务”平台建设，着力为双创人才打造科研成果交易、创业融资服务、技术服务和人才服务等一站式平台，加快信息系统整合与政务数据共享，打造“一次办妥”政务服务品牌，实现“平台之外无审批”。深化投资体制改革，优化再造审批流程，精简审批事项，探索“区域评价”和“容缺办理”机制，实行“多规合一”“多评合一”“多图联审”联合审批机制和开展企业投资项目承诺制、政府投资项目联审制试点等创新举措，进一步提升审批效率。

3. 信息共享互认

搭建全省“三十五证合一”信息共享交换平台，相关部门利用平台实现企业信息互联互通和共享应用，通过信息化手段满足部门业务办理和监管过程中的信息需求，被整合的证照不再发放，有效解决企业以往办理证照时“部门多次跑、材料重复交、办理时间长”等问题，真正实现“让信息多跑路、让企业少跑腿”。

4. 积极推进压缩企业开办时间

一是深入推进审批服务便民化，把以人民为中心的发展思想贯穿到审批服务全过程，落实“四个办”要求，打造便捷高效的政务服务平台载体。二是大力推广企业登记全程电子化，提高全程电子化业务办理量和占比，加快实现从“面对面”到“键对键”的转变。三是认真贯彻落实“多证合一”改革要求，把税务登记和社保登记整合到营业执照上，并采用统一社会信用代码进行登记管理。四是实现企业开办信息共享交换，工商部门将工商登记数据通过信息交换平台，与公安、税务、社保等部门实现企业基本信息共享交换、互通互认。

深入学习贯彻党的十九大精神，以习近平新时代中国特色社会主义思想为指导，以新发展理念为引领，以推进供给侧结构性改革为主线，以科技创新为基础支撑，以深化改革为核心动力，以人才资源为第一要素，发挥市场配置资源的决定性作用，推动创新创业资源要素集聚共享，实现创新创业与实体经济发展协同融合，制度创新与技术创新有机结合，加快新技术、新产品、新业态、新模式培育，促进产业结构优化升级，实现经济高质量和高效率，为全面深入推进“大众创业、万众创新”和建设经济强省提供有力的政策体系、制度体系和良好环境支撑。

从现实情况看，河南省创新创业生态系统建设基本要素已经具备，在主体要素、资源要素、环境要素、能力要素等方面已取得初步成绩，但系统各主体之间的互动性、各要素之间的集聚度和资源配置效率还没有达到最优化，创新创业生态系统建设与发达地区相比还有一定的差距。此外，河南创新创业生态体系是主要依赖各级政府构建的“人工生态”，而不是依托市场自发形成的“自然生态”，创新创业生态系统具有显著的构建特征和一定的脆弱性，需要进一步优化生态系统的功能和运行质量。

可见，河南经济发展已经进入了一个新的历史阶段，站在新的起点上，在国际国内发展环境日趋复杂严峻、世界贸易保护主义抬头，经济企稳回升与风险挑战并存的情况下，必须依靠科技创新，打造“双创升级版”，推动经济高质量发展，实现河南四个强省建设的宏伟目标。

第六章　河南建设经济强省背景下创新创业发展环境评价指标体系

党的十九大提出，我国经济发展进入高质量发展阶段，正处在转变发展方式、优化经济结构、转换增长动力的攻关期。在这样的宏观环境下，中央部署了深化供给侧结构性改革、加快建设创新型国家等战略，并提出“创新是引领发展的第一动力，是建设现代化经济体系的战略支撑”“推动互联网、大数据、人工智能和实体经济深度融合，在中高端消费、创新引领、绿色低碳、共享经济、现代供应链、人力资本服务等领域培育新增长点、形成新动能”“鼓励更多社会主体投身创新创业”等重要表述。当前，创新创业在经济社会发展中的重要性日益凸显。为了优化河南创新创业发展环境，推动河南省创新驱动发展，本章和下一章将针对河南建设经济强省背景下的创新创业发展环境评价进行研究。

一、创新创业发展环境的内涵与河南创新创业发展环境现状分析

良好的创新创业环境对企业家、科学家、工程师等创新群体开展创新创业活动有着重要的促进作用，创新创业发展环境建设是推动创新驱动发展、建设现代经济体系的重要基础和保障。只有优化区域创新创业环境，聚集充足的创新资源与要素，才能更好地促进区域经济实现高质量发展，从而实现创新驱动发展的目标。

前面的章节从“创新”“创业”“创新环境”“创业环境”“创新创业”“创

新创业环境”的角度层层递进地展开，比较全面系统地分别进行了文献综述和概念剖析，并对河南创新创业发展环境的总体情况进行了分析。本章基于研究河南建设经济强省背景下创新创业发展环境评价指标体系的需要，对于创新创业环境内涵和河南发展的现实情况进行解读，为评价指标体系的构建做出一些分析铺垫。

（一）创新创业发展环境的内涵分析

创新较为普遍的定义是指人类为了满足自身需要以现有的思维模式提出有别于常规或常人思路的见解为导向，利用现有的知识和物质，遵循事物发展的规律，改进或创造新的事物、方法、元素、路径、环境，并能获得一定有益效果的行为。学术界的共识包括，创新的主体是人或组织，其归根结底是人的行为；创新需要对资源进行新的整合和利用，资源既可以是人、财、物、信息，也可以是思维思想或其他元素；创新的结果要有其社会属性，创造出满足社会需要的新价值，有别于以往甚至超越以往的价值。

在发展经济学当中，创新是长期经济增长的最主要动力，甚至可以说是唯一的动力。党的十九大报告中提出，创新是引领发展的第一动力，是建设现代化经济体系的战略支撑。在经济社会发展中，创新最直接的体现是在科技创新和产品创新方面，其他还包括组织创新、商业模式创新、金融创新等多个方面，还包括政府改革带来的体制机制创新等。创新过程中需要的人、财、物、信息等资源，是建设创新创业发展环境的过程中必不可少的关键因素。与此同时，关于创新环境的学术观点中，无论是系统论、网络论还是产业集群论，都是以联系的观点看待创新环境，因此基础设施、政策法律、金融、人才、中介服务、创新文化氛围，以及创新群体之间的联系都是创新环境重要的组成因素。

创业较为普遍的定义是一个从现有的组织环境出发，打破固有的限制，识别与把握机会，整合与再造资源，创造新的生产要素、构建新的企业理念，从而实现新价值的动态过程。学术界对于创业的共识主要包括，创业需要人也就是创业主体的主导；创业行为开始的前提是洞察、发现、识别及抓住创业机会；创业是协调、整合和重组资源，从而创造价值的一系列过程。

在日常生活中，人们常提到的创业往往是开创事业，最常见的是商业领域的创业，也就是从无到有、从小到大、从弱到强地发展企业、发展商业。党的十九大报告中关于创业的相关表述有，“在中高端消费、创新引领、绿色低碳、共享经济、现代供应链、人力资本服务等领域培育新增长点、形成新动能”“激发和保护企业家精神，鼓励更多社会主体投身创新创业。建设知识型、技能型、创新型劳动者大军，弘扬劳模精神和工匠精神，营造劳动光荣的社会风尚和精益求精的敬业风气”① 等。对于创业环境的学术观点归纳了宏观、中观和微观三个层次，宏观环境包括全球经济环境、国内市场环境、政治、经济、文化、自然地理环境等要素；中观环境包括自然、社会、产业等区域环境，以及产业基础、产业政策、产业竞争等产业环境；微观环境包括影响创业企业发展的企业文化、内在素质、管理制度、营销渠道等各种因素。与此同时，创业更强调创业者的精神因素，鼓励创业的政策氛围和社会氛围也相当重要。

创新创业放在一起，主要是在 2014 年的夏季达沃斯论坛开幕式上，李克强总理提出“大众创业、万众创新”的号召以后。随后，中央关于推动“大众创业、万众创新”连续推出了多项政策，并呼吁各级政府、企业和社会大众积极推动创新创业的发展。李克强总理曾指出，推动“大众创业、万众创新”是充分激发亿万群众智慧和创造力的重大改革举措，是实现国家强盛、人民富裕的重要途径，要坚决消除各种束缚和桎梏，让创业创新成为时代潮流，汇聚起经济社会发展的强大新动能。从总理的讲话中可以看出，“大众创业、万众创新”的目的在于在最大范围内激发社会大众和企业对于创新创业的热情和活力，积极壮大新经济、新业态，培育未来经济发展的新动力、新增长点，对于建设现代经济体系、实现高质量发展有着重要作用。与此同时，“大众创业、万众创新”与“放管服”等体制机制改革同样是分不开的。因此，在创新创业发展环境的建设中，不但要兼顾传统理论中对于创新环境、创业环境的观点和论述，还需要考虑当前政策导向，以及我国经济社会发展现实中的新趋势和新增长点。

（二）创新创业环境的构成要素及分析

要构建河南省建设经济强省背景下的创新创业发展环境评价指标体系，就需要对创新创业环境的构成要素进行分析和界定。前面的章节对创新创业环境的构成要素已经有了一定的界定和分析，本章在沿用前面章节分析的基础上，结合统计指标和数据获取的现实情况，把创新创业发展环境构成要素确定为经济环境、

① 《决胜全面建成小康社会　夺取新时代中国特色社会主义伟大胜利》——习近平在中国共产党第十九次全国代表大会上的报告。

产业环境、人才环境、研发环境、金融环境、中介市场环境六个方面。

1. 经济环境

宏观环境包括经济环境、政策环境、自然环境、人文环境等多方面的因素，从评价的角度出发，我们选择将经济环境作为宏观环境的代表因素。一方面是由于经济环境指标比较容易量化，统计数据比较翔实，也便于收集；另一方面经济发展同样也是政策环境、自然环境、人文环境等宏观因素影响下的结果，如果一个地区经济环境好，那么这个地区的其他宏观环境很有可能也比较好。经济环境可以选取地区生产总值来反映地区经济规模，可以选取人均生产总值和居民收入来反映人民富裕程度，可以选取产业比重、消费比重等经济结构指标，也可以选取一些基础设施建设方面的指标。总的来说，经济规模大、发展水平高的地区，在创新创业方面就可能会有更多的机遇，同时也会有相对较好的基础设施，创新创业发展环境相对就较好。

2. 产业环境

通常来讲，在对产业环境进行理论分析的时候，提到的大多是产业政策、产业竞争结构、产业壁垒、产业链等方面的问题。然而，在构建河南省建设经济强省背景下的创新创业发展环境的过程中，需要创新创业方面的统计指标，同时还需要指标能够量化，以便于进行科学的评价。因此，评价指标可以选取新增市场主体的数量来反映创新创业活力，可以选取企业创新的基础设施和资金投入，以及企业创新的成果以及成果市场化程度等方面的指标。企业是创新创业发展中最重要的主体之一，如果企业创新创业方面的统计指标较好，那么就可以看出这个地区的创新创业发展环境比较好。

3. 人才环境

人才是创新创业的第一资源，是增强自主创新能力、推动经济从投资驱动型向创新驱动型发展的重要支撑，是引领和推动新兴产业发展、创造社会财富的重要力量。大学是培育创新创业人才的摇篮，是基础科学研究、碰撞和传授的地方，也是大量产业技术创新的直接源泉，在创新型经济中担当着十分重要的角色。因此，在构建河南省建设经济强省背景下的创新创业发展环境评价指标体系过程中，人才环境方面的统计指标主要选取两个方面：一是全社会科技人员的规模以及水平，二是大学教职工和在校生的数量。通过这些统计指标来反映科技创新领域的人员规模、从事知识创造的大学教职工规模，以及创新创业人力资源规模。

4. 研发环境

研发环境是创新创业发展环境当中的最重要因素，也是对于创新创业发展环境最根本的体现。在创新全球化及互联网时代，以技术研发为代表的创新要素可在全球范围内自由流动并整合，将深刻影响城市创新创业环境的形成。研发机构是创新，尤其是自主创新的骨干力量，除了自身创造成果与价值外，研发机构的创新活动还可以促进研发产业的发展，带动全社会增强自主创新意识，从而全面提升区域的创新创业环境。科技创新人员规模、创新研发资金投入、创新成果的数量和水平等直接反映了区域的创新投入和产出，是区域创新创业环境好坏最为直接的表现。通过选取科技研发机构、科技研发投入规模和强度、创新研发的成果等方面指标，能够比较全面地构建研发环境方面的指标。

5. 金融环境

金融是现代经济的核心，是社会资源配置的枢纽，也是推动科技创新的重要杠杆。金融作为创新创业的重要支撑因素，能够为创新创业提供资金支持。创新创业的特点是风险大、不确定性高，但同时期望收益比较丰厚，因此需要多层次的金融市场来支持。不但企业创业需要资金投入，科技创新、产品创新和产业化同样离不开资金投入，从这一点来说，金融环境对创新创业的影响尤为重要。金融的功能不仅在于解决科技成果产业化过程中所面临的资金难题，还可以形成一套较为完备的促进高新技术产业化的制度功能体系，与此同时，“互联网+”时代的金融创新还有利于提升经营效率、激发商业模式创新。可以看出，金融对创新创业的支持是区域创新创业环境的重要组成部分。金融环境方面主要选取金融业从业人员规模、金融机构贷款规模和上市公司数量等指标。

6. 中介市场环境

中介市场环境是城市创新创业发展环境的重要组成部分，作为中介市场的主体，中介机构是连接产业与技术的桥梁，在促进科技成果产业化、社会化过程中发挥着至关重要的作用。中介机构的专业化、多样化、系统化程度直接决定了中介市场环境的优良程度。在良好的创新创业环境中，中介机构能充分利用双方面资源，发挥自身独特优势，为企业、研发人员等创新创业主体提供政策、法律、财务、信息、试验、检测、资产租赁、知识产权服务等多方面的服务支持。因此中介服务业水平是区域创新创业环境的有机组成部分，中介市场的任何一方面“短板”都可能会影响到区域创新创业效率的提升。因此，中介市场环境指标方面主要选取中介服务类机构的数量、中介服务类从业人员规模，以及技术市场交易规模等方面指标。

（三）河南创新创业环境发展现状和问题

河南是传统的人口大省、农业大省和文化大省，创新创业方面一直是相对的短板。党的十八大以来，河南着力打好“四张牌”，以产业结构优化升级，创新驱动发展，基础能力建设和新型城镇化为引领，强化政策供给，搭建新型载体，优化公共服务。深入推动“大众创业、万众创新”，激发主体活力，着力打造有利于创新创业的政策环境、制度环境和公共服务体系，为创新创业活动开展提供坚强支撑，基本形成了政策清晰、载体多元、机制创新、服务高效、充满活力的创新创业发展格局。尤其是 2016 年，在原有的国家粮食生产核心区、中原经济区、郑州航空港经济综合实验区基础上，郑洛新国家自主创新示范区、国家大数据综合试验区、知识产权强省试点省等一批国家战略相继在河南落地。国家战略叠加效应为河南创新创业发展带来了前所未有的历史机遇，也为河南实施体制机制创新、推动创新创业发展提供了重要的战略平台。

党的十九大提出了我国经济发展从高速增长阶段转向高质量发展阶段，要努力推动经济发展质量变革、效率变革、动力变革，为此中央部署了深化供给侧结构性改革、加快建设创新型国家等战略，并提出“创新是引领发展的第一动力，是建设现代化经济体系的战略支撑”“推动互联网、大数据、人工智能和实体经济深度融合，在中高端消费、创新引领、绿色低碳、共享经济、现代供应链、人力资本服务等领域培育新增长点、形成新动能”“鼓励更多社会主体投身创新创业”等重要表述。在这样的宏观背景下，河南牢固树立新发展理念，以深化改革为动力、以服务需求为导向，不断优化创新创业环境。创新创业集群效应初步显现、科技创新企业规模不断扩大、创新创业资金来源多元发展、创新创业主体培育成效显著，创新创业载体建设扎实推进。

党的十八大以来，河南积极深化“放管服”改革，到 2017 年底，省级行政审批项目精简 56.3%，省级行政审批中介服务事项精简 77.4%，非行政许可审批全面取消，开展减证便民专项行动，基本建成覆盖省、市、县乡四级的网上政务服务平台，在全国率先实行“三十五证合一”。2017 年，全省市场主体保持迅猛增长态势，新登记市场主体 110.95 万户，同比增长 11.9%，日均新登记市场主体 3040 户；新登记企业 29.87 万户，同比增长 24.4%，日均新登记企业 818

户。河南深度融入“一带一路”建设，郑州—卢森堡“空中丝绸之路”实现每周18班全货机满负荷运行，郑州机场旅客吞吐量2430万人次、货邮吞吐量50.3万吨，跃居中部地区“双第一”，均比2012年翻了一番多；中欧班列（郑州）累计开行超过1000班。积极实施创新创业激励政策，加快郑洛新国家自主创新示范区、国家知识产权强省试点省、国家技术转移郑州中心建设，大力培育创新引领型企业、人才、平台和机构，2012~2017年新增国家重点实验室5家，达到14家，新建院士工作站163家，达到292家，新增国家高新区2家，达到7家，高新技术企业达到2270家，科技型中小企业突破1.6万家。新建省级以上科技企业孵化器91家，其中国家级23家。国家大数据综合试验区加快建设，龙子湖智慧岛入驻大数据相关企业超过100家。在2016年国务院确定的大众创业万众创新示范基地中，郑州航空港综合试验区被确定为区域示范基地，中信重工机械股份有限公司被确定为企业示范基地，2016年，中信重工、汉威电子入选首批国家级专业化众创空间。2017年6月，我国第二批大众创业万众创新区域示范基地创建中，河南省许昌市城乡一体化示范区、鹿邑县成功入选。近年来河南电子商务快速发展，根据阿里巴巴发布的数据，2017年，河南电商销售金额全国占比2.86%，排名全国第八，同比增速排名全国第四。河南淘宝村数量已达34个，全国排名第七，河南物流时效排名第八。阿里巴巴平台直接创造的交易型就业（不含物流、电商服务业等支撑型就业）达到36万人。同时，2017年，河南省跨境电商交易额1024.7亿元，连续两年举办全球跨境电子商务大会，跨境电商的“郑州模式”受到全球关注。

在看到河南创新创业发展成绩的同时，需要看到河南还存在很多的问题，创新创业发展环境与发达地区相比仍有差距，创新创业环境亟待优化。一是产业结构偏传统。河南省当前仍处于工业化、城镇化的快速发展过程中，尽管近年来第三产业的增速一直高于第二产业，但总体上河南仍然农村人口比例大、工业发展偏重于传统产业、第三产业比例偏低。相对于发达省份和地区，河南的产业结构对于创新创业的促进作用相对欠缺。二是创新创业投入不足。2017年，河南省科研经费投入494.2亿元，全国排名第十位，而地区生产总值在全国排名第五位，研发经费支出占GDP的比重为1.3%，远低于2.1%的全国平均水平，更落后于北京的5.96%、上海的3.82%。三是创新创业人才缺乏。近些年来，河南突出政策引导，不断优化创新创业发展环境，集聚整合“双创”资源，但在高层次人才引进、高端科研创新、高效资本聚集中仍存在不少的短板和瓶颈。高水平大学和科研机构的缺乏，加剧了高端领军人才的短缺，以及高质量人才资源的供给不足。四是创新成果转化率偏低。河南高等学校、科研院所与企业拥有不同的评价机制和利益导向，各自创新活动的目的严重分化，科研成果转化率仅为10%左右，远低于发达国家40%的水平。总而言之，创新创业发展环境的短板也是未来发展的目标和方向，同时表明未来发展的潜力仍然很大。在构建河南创新创业发展环境评价指标体系的过程中，当前的政策导向、发展趋势以及河南的短板都可以为评价体系提供目标和取向。

二、评价指标体系构建的框架思路

一直以来，区域创新创业环境相关研究都是学术界关注的问题，创新创业环境关系到一个区域经济发展的活力、质量和潜力，对于区域经济和产业发展有着重要的影响。在我国，党的十九大提出中国特色社会主义新时代，我国社会主要矛盾由原来的人民日益增长的物质文化需要和落后的社会生产之间的矛盾转化为人民日益增长的美好生活需要和不平衡不充分的发展之间的矛盾，经济进入高质量发展阶段，并明确提出创新是引领发展的第一动力，要加快建设创新型国家。通过创新驱动引领新的发展阶段，才能有效推动经济发展的质量变革、效率变革和动力变革，提高全要素生产率，实现经济高质量发展。创新创业发展环境的优劣对于引领高质量发展有着重要的影响。创新创业环境的研究有利于从区域的角度发现创新创业活动发展的客观规律，为各级政府提供创新创业的政策支持、管理模式等的观点和见解。与此同时，在实施创新驱动发展的过程中，城市发挥着极为重要的支撑和示范作用，进入高质量发展阶段，城市之间的竞争已经从比经济增速和规模转向了比创新创业能力和水平的阶段。创新创业发展环境评价能够有针对性地评价和分析地方政府推动创新创业活动的成效、优势和短板，为进一步加快创新创业发展提供新的工作思路，更好地凸显创新创业在区域经济发展中的重要作用，发挥政府在通过创新创业推动产业转型升级和经济结构战略性调整中的能动作用。

本书研究河南建设经济强省背景下创新创业发展环境评价问题，主要有以下三个方面的意义：一是全面地分析河南省 18 个地市创新创业活动开展的情况，有助于从总体上认识河南省范围内各个地市创新创业环境建设水平，为河南省创新创业的研究和政策制定提供有益的参考；二是通过对 18 个地市创新创业环境的评价，以及指标之间的对比，有利于认清不同地市创新创业环境建设的特点，以及地市之间创新创业资源和环境的不同，有利于地市认清自身在创新创业工作方面的优势和短板，更有针对性地推动创新创业环境建设；三是通过定量化的分析和研究，为今后进一步推动关于河南的创新创业环境研究抛砖引玉，提供参考和借鉴。

（一）指标体系构建遵循的主要原则

一个地区的创新创业环境包含了许多方面的因素，需要大量的统计数据和指标的支撑，包括一个地区的经济发展水平、对科技创新的投入、高等院校和科研院所的创新水平、智力资源的优劣、创新创业的基础设施建设水平、开放程度、企业的创新能力、创新服务和中介机构水平等。因此，创新创业发展环境评价是一项复杂的、系统性的研究，为了全面、科学地开展河南创新创业发展环境评价，在构建指标体系的过程中要遵循以下几个原则：

第一，全面性。由于地区的创新创业环境包含了多方面的因素，所以，评价指标体系就必须兼顾多方面的指标，只有这样才能够充分体现创新创业环境的建设情况。全面性是第一个要考虑的原则。首先，评价指标体系要兼顾到经济发展、产业环境、人才资源、科技研发环境、金融和中介机构等多方面的环境因素，全面地体现创新创业环境的要求；其次，要全面考虑一个地区在创新创业链条各个环节上的水平，包括资金和人力投入、高等院校和科研院所的创新能力和创新成果、企业创新能力和转化水平、居民消费能力等；最后，需要考虑一个地区的社会环境、中介机构服务水平以及社会对于创新创业活动的关注度，良好的政府管理、完善的中介服务机构、人们对于创新创业活动的热情等是保障一个地区创新创业发展水平的重要环境条件，对于提升区域创新创业发展的效率和水平有着重要的促进作用。

第二，科学性。指标体系的构建需要全面地考虑创新创业环境的多方面因素，考虑到问题的复杂性，需要通过课题组经过会议反复讨论决定，避免因为个人主观因素对指标选取的影响。同时，指标选取的过程中要坚持以定量指标为主，指标要兼顾到总量指标、增量指标、人均指标、占比指标等各方面不同类型的指标，使得指标体系更加科学。

第三，导向性。河南建设经济强省背景下创新创业发展环境评价的目的和意义是为了进一步提升创新创业环境建设，为创新驱动、实现高质量发展提供研究和政策参考。因此，指标体系的构建必须要充分体现党的十九大以来的新发展理念，体现当前创新驱动发展、大众创业万众创新、“互联网+”等方面政策的导向性作用，只有这样才能更好地贯彻创新创业发展环境评价的目标。

第四，合理性。要全面客观地评价一个地区的创新创业环境，除了全面性、科学性、导向性外，选取指标和确定指标权重的过程还要做到客观合理。要避免对于同类指标重复性、无意义地堆砌，要保证对于创新能力影响较大的指标能够被纳入指标体系，以此保证评价过程做到科学合理，同时使评价过程更有效率。

第五，数据的有效性、可得性。创新创业发展环境评价离不开数据的支撑，丰富和有效的数据是对评价工作最强有力的保障。如果一些指标的数据无法通过权威渠道获取，那么评价工作将无法进行。因此，在不影响研究的全面性、科学性、合理性的基础上，无法取得数据的指标将不纳入评价体系当中。

（二）指标体系构建依托的主要根据和参照

在构建河南创新创业发展环境评价指标体系的过程中，当前主要的政策导向和学术界的已有研究为评价体系构建提供了借鉴和参考。一方面，党的十九大报告对于建设现代化经济体系、深化供给侧结构性改革以及加快建设创新型国家等方面的重要论述是开展评价工作的基本遵循，《国务院关于强化实施创新驱动发展战略进一步推进大众创业万众创新深入发展的意见》《郑洛新国家自主创新示范区建设实施方案》《河南省人民政府关于强化实施创新驱动发展战略进一步推进大众创业万众创新深入发展的实施意见》《河南省科技创新“十三五”规划》等政策文件为评价体系构建提供了政策指引。另一方面，学术界和智库单位对于创新创业相关领域的研究也为评价指标体系提供了参考，例如国家统计局社会科技和文化产业统计司编制的《中国创新指数》，中国科技发展战略研究小组、中国科学院大学中国创新创业管理研究中心近年来发布的《中国区域创新能力评价报告》系列，启迪创新研究院发布的《中国城市创新创业环境评价研究报告》系列等。

三、评价指标体系的框架及解析

在体现新发展理念的基础上，按照全面性、科学性、导向性、合理性和数据有效性等原则，结合国内外的相关研究，经过专家会议讨论，确定了河南创新创业发展环境评价指标体系。

（一）评价指标体系框架和设定

河南建设经济强省背景下创新创业发展环境评价指标体系（见表6－1）包含了6个一级指标、32个二级指标，是一个多层次评价指标体系。其中，6个一级指标分别是经济环境、产业环境、人才环境、研发环境、金融环境和中介市场环境，32个二级指标中包括了地区经济发展、人均收入、产业结构、互联网基础设施、企业的创新投入和产出水平、科技人员数量和水平、科技资金投入的规模和强度、创新成果、科研机构、中介机构、技术市场、金融环境等多方面的指标。构建多层次指标体系的过程使得指标选取的思路有章可循，同时，在指标构成上，32个二级指标中包含了总量指标、增量指标、人均指标、占比指标等各方面不同类型的指标，使得指标体系基本体现了全面性、科学性、导向性、合理性和数据有效性等方面原则的要求。

表6－1　河南省创新创业发展环境评价指标体系

经济环境	地区生产总值（亿元）
	人均生产总值（元）
	居民家庭人均可支配收入（元）
	第三产业增加值占地区生产总值比重（%）
	社会消费品零售总额与地区生产总值之比（%）
	固定资产投资与地区生产总值之比（%）
	国际互联网用户数与常住人口之比（%）
产业环境	新增企业单位数（个）
	规模以上工业企业新产品销售收入（万元）

续表

产业环境	规模以上工业企业办科技机构数（个）
	规模以上工业企业研发人员数（人）
	规模以上工业企业研发经费支出与利润总额之比（%）
人才环境	普通高校在校生数（人）
	高等学校教职工数（人）
	科技活动人员数（人）
	科技活动人员中本科及以上学历人员数（人）
研发环境	发明专利授权数（件）
	每万人专利拥有量（项）
	形成国家或行业标准数（项）
	每万人发表科技论文数（篇）
	一般公共预算对于科学技术的支出（亿元）
	一般公共预算支出中科学技术支出的比例（%）
	全社会 R&D 投入与地区生产总值之比（%）
	研究与试验发展机构数（个）
金融环境	A 股市场上市企业数量（家）
	金融业从业人员数（万人）
	金融机构贷款余额（亿元）
中介市场环境	租赁和商务服务业从业人员数量（万人）
	技术合同成交额（万元）
	创新创业关注度
	规模以上信息传输、软件和信息技术服务业企业单位数（个）
	规模以上科学研究和技术服务业企业单位数（个）

（二）评价指标体系的解析和说明

1. 经济环境指标

经济环境指标包括了 7 个二级指标，分别为地区生产总值、人均生产总值、居民家庭人均可支配收入、第三产业增加值占地区生产总值比重、社会消费品零售总额与地区生产总值之比、固定资产投资与地区生产总值之比以及国际互联网用户数与常住人口之比。经济环境一级指标主要反映了一个地区经济发展的总体情况。显而易见，一个地区的经济规模越大、人民越富裕、产业结构越优，创新创业的机遇就会越多，那么创新创业发展环境就相对较好。因此，我们从不同角度选取了 7 个二级指标来反映经济发展环境。

地区生产总值。地区生产总值是指本地区所有常驻单位在一定时期内生产活动的最终成果，地区生产总值等于第一产业、第二产业、第三产业增加值之和。地区生产总值反映了一个地区的经济总量。一个地区的地区生产总值越高，意味着这个地区的经济规模就越大，那么企业在该地区进行创新和创业的机会也就会越多，因此对于创新创业环境有着正向作用。地区生产总值指标的数据来源于河南省统计年鉴。

人均生产总值。人均生产总值由地区生产总值除以该地区常住人口数量得到，反映了一个地区人均在一定时期内生产活动的最终成果，是反映地区经济发展水平的重要指标。一个地区的人均生产总值越高，意味着该地区人均从事生产活动的产出越高，该地区经济发展的水平就相对较高。人均生产总值指标数据来源于河南省统计年鉴。

居民家庭人均可支配收入。居民家庭人均可支配收入是指城乡居民户用于最终消费支出和其他非义务性支出及储蓄的总和，即居民家庭可以用来自由支配的收入数量。该指标是反映一个地区居民生活水平的重要指标。一个地区的居民人均可支配收入越高，那么这个地区的人们生活就相对越富裕，进而可以用于消费的支出就可能越高，也就越有利于企业发展。居民家庭人均可支配收入指标数据来源于河南省统计年鉴。

第三产业增加值占地区生产总值比重。该指标由第三产业增加值除以地区生产总值得到，反映了服务业在一个地区经济总量当中所占的比重，是反映地区产业结构和经济发展水平的重要指标。当前，河南省处在工业化发展的中后期，三次产业比例中第一、第二产业占比在逐渐下降，第三产业占比在逐渐提高。那么，一个地区第三产业增加值占地区生产总值比重越高，就意味着该地区产业结构相对较优。第三产业增加值数据来源于河南省统计年鉴。

社会消费品零售总额与地区生产总值之比。该指标由社会消费品零售总额指标除以地区生产总值得到，反映了一个地区消费与经济总量的比例。一直以来，我国社会消费在经济中占比就相对偏低，而储蓄率相对偏高，挖掘消费潜力一直是当前经济结构调整方向之一。社会消费品零售总额与地区生产总值之比越高，意味着一个地区经济中消费占比越高，企业面临的市场机遇相对就越多，企业面对的创新创业发展环境就相对较好。社会消费品零售总额指标数据来源于河南省统计年鉴。

固定资产投资与地区生产总值之比。该指标由固定资产投资总额除以地区生产总值得到，反映了一个地区投资与经济总量的比例。固定资产投资与地区生产总值之比越高，意味着一个地区经济发展中投资占比越高，也就是说该地区正处于发展建设的过程当中，创新创业面临的机遇就越多。因此，该指标对于创新创业环境有着重要的影响。固定资产投资总额指标数据来源于河南省统计年鉴。

国际互联网用户数与常住人口之比。该指标通过国际互联网用户数除以常住人口数得到，反映了一个地区国际互联网应用的普及水平。国际互联网用户数与常住人口之比越高，那么该地区互联网的普及率越高，人们越容易通过互联网获取信息，创新创业活动就越便利。当前，互联网信息技术与传统领域融合发展越来越深入，“互联网+”是当前我国大众创业万众创新发展的重要方向和趋势。国际互联网用户数和常住人口指标数据来源于河南省统计年鉴。

2. 产业环境指标

产业环境指标包括了5个二级指标，分别为新增企业单位数、规模以上工业企业新产品销售收入、规模以上工业企业办科技机构数、规模以上工业企业研发人员数和规模以上工业企业研发经费支出与利润总额之比。产业环境一级指标主要反映了一个地区企业从事创新创业活动的总体情况。企业是创新创业活动的主体。一个地区企业创新创业机构人员越多、创新投入越积极，那么这个地区的创新创业活动就越活跃，创新创业发展环境就越好。

新增企业单位数。该指标由一个地区的企业法人单位数减去上年企业法人单位数得到，反映了该地区一年内企业法人主体的增减变化情况。显而易见，一个地区的新增企业单位数越多，就说明该地区的创新创业活动越活跃，市场主体越来越多，创新创业环境就越好，反之就表明该地区的创新创业活动在逐渐萧条，创新创业环境就不佳。各市企业法人单位数指标的数据来源于河南省统计年鉴。

规模以上工业企业新产品销售收入。规模以上工业企业新产品销售收入反映了一个地区工业企业创新创业活动的产出情况。新产品销售收入不仅体现了企业创新成果的市场转化情况，也体现了新产品的市场接受程度，因此该指标很好地反映了一个地区企业创新创业发展的水平。规模以上企业新产品销售收入指标数据来源于河南省统计年鉴。

规模以上工业企业办科技机构数。规模以上工业企业办科技机构数反映了一个地区工业企业从事创新创业活动的情况。规模以上工业企业办科技机构越多，一方面体现了该地区工业企业投入科技创新的主体数量，另一方面该地区也越容易形成企业创新生态圈，对于创新创业发展环境有着重要的影响。规模以上工业企业办科技机构数指标数据来源于河南省统计年鉴。

规模以上工业企业研发人员数。规模以上工业企业研发人员数指标反映了一个地区规模以上工业企业从事科技创新方面的人数，也是投入创新创业方面的智力资源规模，同样反映了该地区科技创新生态圈的发展水平，对于创新创业发展环境有着重要作用。规模以上工业企业研发人员数指标数据来源于河南省统计年鉴。

规模以上工业企业研发经费支出与利润总额之比。该指标通过规模以上工业企业研发经费支出指标除以规模以上工业企业利润总额指标得到。规模以上工业企业研发经费支出与利润总额之比越高，意味着一个地区工业企业投入创新创业活动的意愿越强，那么该地区的创新创业环境就越好。规模以上工业企业研发经费支出指标、规模以上工业企业利润总额指标数据来源于河南省统计年鉴。

3. 人才环境指标

人才环境一级指标包括了 4 个二级指标，分别是普通高校在校生数、高等学校教职工数、科技活动人员数和科技活动人员中本科及以上学历人员数。人才环境一级指标主要反映了一个地区人力资本的规模和水平。人才是创新创业活动的最根本、最重要的资源。人力资源越充足、水平越高，企业在从事创新创业活动中就越容易，个体创业者也越容易找到合作对象。因此，人才环境是创新创业发展环境中重要的因素之一。

普通高校在校生数。普通高校在校生数也就是一个地区大学在校生的数量，是创新创业发展环境的重要影响因素之一。一方面，大学生是创新创业中最活跃的群体之一，大学在校生越多，大学生创新创业生态圈就越容易活跃起来；另一方面，从企业角度来讲，大学在校生越多，企业在招募优秀新员工方面也就越方便。普通高校在校生数指标数据来源于河南省统计年鉴。

高等学校教职工数。普通高校教职工数是指一个地区大学中教职工的数量，同样是创新创业发展环境的重要影响因素之一。大学教授是科技创新活动当中最重要的群体之一，同样是知识水平和技术能力最高的群体之一，他们既能够自己从事创新创业活动，又能够为企业创新创业活动提供智力支持。普通高校教职工数指标数据来自于河南省统计年鉴。

科技活动人员数。科技活动人员数是指直接从事科技活动，以及专门从事科技活动管理和为科技活动提供直接服务的人员数量。显而易见，科技活动人员数量越多，一个地区从事创新创业活动的人员规模越大，创新创业生态圈的规模就越大，因此该指标是创新创业发展环境的重要因素。科技活动人员数指标数据来自于河南省统计年鉴。

科技活动人员中本科及以上学历人员数。科技活动人员数反映了一个地区从事创新创业活动的人员规模，相对而言，科技活动人员中本科及以上学历人员数反映了一个地区从事创新创业活动人员中知识水平较高的人员规模。两者结合在一起，反映了创新创业活动中的人力资本规模。科技活动人员中本科及以上学历人员数的指标数据来源于河南省统计年鉴。

4. 研发环境指标

研发环境一级指标包含了 8 个二级指标，分别是发明专利授权数、每万人专利拥有量、形成国家或行业标准数、每万人发表科技论文数、一般公共预算对于科学技术的支出、一般公共预算支出中科学技术支出的比例、全社会 R&D 投入占地区生产总值之比、研究与试验发展机构数。这 8 个二级指标分别从创新产出、拥有专利存量、创新投入和研发机构四个方面选取，体现了一个地区研发环境的水平。研发环境越好，那么该地区的创新创业发展环境就越好，而且研发环境是 6 个一级指标中与创新创业关联最直接的指标，因此该指标在创新创业发展环境评价中有着重要的影响。

发明专利授权数。发明专利授权数是统计当年内一个地区获得发明专利授权的数量，也反映了该地区创新的产出能力。发明专利不但是创新活动的产出，同样是利用知识产权进行创业的重要资源。因此，发明专利授权数在创新创业发展环境评价当中是重要的指标之一。发明专利授权数统计指标数据来源于河南省统计年鉴。

每万人专利拥有量。每万人专利拥有量是通过一个地区有效发明专利数除以常住人口数量得到的，反映了单位人口所拥有的仍处于有效状态的发明专利数量。一个地区每万人专利拥有量越多，说明该地区知识产权资源相对越丰富，那么该地区的创新创业发展环境就相对较好。有效发明专利数指标的数据来源于河南省统计年鉴。

形成国家或行业标准数。形成国家或行业标准数和发明专利授权数类似，都是反映了一个地区创新产出的能力。相对于专利授权而言，国家或行业标准的形成更能反映出该地区在一些产业或行业内的影响力和话语权，而且具有更强的普及性和应用性。因此，我们将形成国家或行业标准数纳入创新创业发展环境评价指标体系当中。形成国家或行业标准数指标的数据来源于河南省统计年鉴。

每万人发表科技论文数。每万人发表科技论文数由发表科技论文数除以地区常住人口得到，反映了一个地区创新产出的水平。科技论文相对于专利授权、国家或行业标准而言，直接应用于生产、生活的作用相对较低，但是对于创新创业更加具有借鉴和参考价值，也反映一个地区创新能力的高低。发表科技论文数指标数据来源于河南省统计年鉴。

一般公共预算对于科学技术的支出。该指标是指财政一般公共预算支出中应用于科学技术方面的资金量，是表明一个地区政府对于创新创业活动的资金支持。创新创业活动的开展离不开资金的支持，一般公共预算对于科学技术的支出越多，企业和科研院所开展创新创业活动就更加便利。一般公共预算对于科学技术的支出的指标数据来源于河南省统计年鉴。

一般公共预算支出中科学技术支出的比例。该指标通过一般公共预算对于科学技术的支出除以财政一般公共预算支出总量得到。相对于一般公共预算对于科学技术的支出，一般公共预算支出中科学技术支出的比例更能够反映一个地区对于科学技术领域支持的意愿。因此，一般公共预算中科学技术支出的比例指标是反映创新创业发展环境的重要指标之一。一般公共预算支出指标数据来源于河南省统计年鉴。

全社会 R&D 投入占地区生产总值之比。全社会 R&D 投入占地区生产总值之比是通过全社会 R&D 投入除以地区生产总值得到的。该指标也被称为研发经费投入强度，体现了全社会对于研发投入的支持程度，是国际上比较常用的反映科技实力和核心竞争力的指标之一，也是创新创业发展环境的重要指标之一。全社会 R&D 投入指标的数据来源于河南省统计年鉴。

研究与试验发展机构数。研究与试验发展机构数是指一个地区从事基础研究、应用研究、试验发展三类活动的机构数量。一个地区研究和试验发展机构数量越多，那么该地区的科技研发实力就越强，创新生态圈规模就越大，企业开展创新创业活动的过程中也更容易获取科研机构的技术支持。研究和试验发展机构数的指标数据来源于河南省统计年鉴。

5. 金融环境指标

金融环境一级指标包含了 3 个二级指标，分别是 A 股市场上市企业数量、金融业从业人员数、金融机构贷款余额。金融环境关系到企业在经营发展和创新创业的过程中获取资金的渠道是否便利，金融环境越好，企业开展创新创业活动就越容易获得资金支持。因此，金融环境在创新创业发展环境建设中有着重要作用。

A 股市场上市企业数量。A 股市场上市企业数量是一个地区企业通过我国 A 股市场进行融资的企业数量。企业上市需要达到一定的经营规模和利润规模，同时需要现代化、规范化的管理，所以，该指标反映了一个地区优秀企业的数量以及企业发展的现代化程度，是衡量一个地区金融市场发展的重要指标。A 股市场上市企业数量的指标数据来源于 Wind 数据库。

金融业从业人员数。金融业从业人员数是指一个地区在银行、证券、保险等金融行业就业的人员数量。该指标体现了一个地区金融业的发展规模。金融业从业人员数量越多，一个地区的金融业规模就越大，企业和居民个人获取金融服务就越便利。金融业从业人员数的统计数据来源于河南省统计年鉴。

金融机构贷款余额。金融机构贷款余额是指金融机构年底统计的发放贷款余额，该指标反映了一个地区金融机构对外发放贷款的规模，也反映了一个地区金融市场的规模。金融机构贷款余额指标的统计数据来源于河南省统计年鉴。

6. 中介市场环境指标

中介市场环境一级指标包含了 5 个二级指标，分别是租赁和商务服务业从业人员数量，技术合同成交额，创新创业关注度，规模以上信息传输、软件和信息技术服务业企业单位数，以及规模以上科学研究和技术服务业企业单位数。中介市场是创新创业生态圈的重要组成部分，是创新创业发展环境中的重要一环。一个地方的中介市场越发达，企业和个人从事创新创业活动的过程中更容易得到各项咨询和服务支持，创新创业活动就越容易开展。中介市场环境的 5 个二级指标分别选取了从业人员、技术市场规模、社会关注度和中介机构数量 4 个方面的指标，基本全面体现了中介环境的水平。

租赁和商务服务业从业人员数量。该指标是指一个地区从事租赁，以及企业管理服务、法律服务、咨询与调查、广告业、职业中介服务等商务服务行业的就业人员数量，反映了一个地区租赁和商务服务业的市场规模。租赁和商务服务业从业人员数量越多，意味着中介市场的规模越大。租赁和商务服务业从业人员数量的统计指标数据来源于河南省统计年鉴。

技术合同成交额。技术合同成交额是指登记认定的包括技术开发、技术转让、技术咨询、技术服务等技术合同交易成交的金额总和。技术合同成交额反映了一个地区技术市场的活跃程度。技术合同成交额越高，说明技术市场越活跃、规模越大，创新成果的交易、转让就越便利。技术合同成交额的统计数据来源于河南省统计年鉴。

创新创业关注度。创新创业关注度指标是通过在百度输入城市名称和“创新”“创业”词条后得到的搜索结果条数，该指标反映了在互联网上一个地区开展创新创业的新闻、活动等的数量。创新创业关注度反映了一个地区创新创业活动的活跃程度。

规模以上信息传输、软件和信息技术服务业企业单位数。该指标反映了一个地区信息传输、软件和信息技术服务业的市场规模。当前，“互联网+”和“大众创业万众创新”快速发展融合，信息传输、软件和信息技术服务业发展情况对于创新创业发展环境有着重要影响。规模以上信息传输、软件和信息技术服务业企业单位数的统计数据来源于河南省统计年鉴。

规模以上科学研究和技术服务业企业单位数。该指标反映了一个地区科学研究和技术服务业市场的规模。在创新创业的过程中，创新主体往往需要从外部寻求试验、检测、检验、技术和服务支持等。专业化的科学研究和技术服务业市场对于创新创业活动有着良好的促进作用。规模以上科学研究和技术服务业企业单位数的统计数据来源于河南省统计年鉴。

第七章　河南建设经济强省背景下创新创业发展环境评价

前面的章节对于创新创业发展环境进行了理论分析和探讨，并介绍了河南在建设经济强省背景下对于改善创新创业环境的探索与成效。在此基础上，第六章构建了河南建设经济强省背景下创新创业发展环境评价的指标体系，该指标体系包含了6个一级指标和32个二级指标，基本上全面系统地体现了河南创新创业发展环境评价的要求。本章将对河南省18个地市建设经济强省背景下的创新创业发展环境进行评价。

一、河南建设经济强省背景下创新创业发展环境评价方法

（一）评价方法

河南建设经济强省背景下创新创业发展环境评价的评价方法选择了加权综合评价法。加权综合评价法的总体思路是：首先，将所要分析的问题层次化，根据问题的性质和总目标，将问题分解成不同的组成因素，形成一个多层次评价指标体系；其次，通过专家评价打分，得到不同层级指标的权重，并逐级计算各级指标的总排序权重；再次，收集数据并对指标数据进行无量纲化处理；最后，将指标的评分和权重相乘求和，并逐层向上进行加总计算总排序的得分。选择加权综合评价法的主要原因有以下三个方面：

第一，通过逐层分解的方法构建多层次评价指标体系，能够使评价指标体系做到全面、科学和客观，对评价问题的分析也表现得更加直接和清晰。

第二，在确定权重的方法上选择了专家打分法。确定权重的其他常见方法包括层次分析法的比较矩阵、熵值法等。熵值法能够做到完全客观，但是确定权重时是“从数据到数据”，无法体现专家意见和政策导向；层次分析法的比较矩阵尽管能够体现专家意见，但这种方法相对不够直观和简便；专家打分法尽管具有一定的主观性，但更加直观、简洁，并且能够体现经济社会发展中的政策导向和发展趋势，给予不同统计指标不同的重要性，是国际上普遍被采用的方法之一。

第三，通过逐级向上加总的计算过程，也使得对于问题的结构有更加清晰的认识，有助于更加深入地进行评价和结果分析。

（二）计算模型和方法

河南省创新创业发展环境评价指标体系确定后，要对统计数据进行处理，以便于通过评价模型进行计算来得到排序得分。评价中主要会用到下面两个计算方法：

1. 数据无量纲化处理

由于评价指标体系中所选取的 32 个指标分别代表着不同意义和不同的计量单位，不能直接进行加总运算，例如，生产总值的单位是亿元、全社会 R&D 投入与地区生产总值之比的单位是百分点、高校教职工人数的单位是人，三者的数据不能直接相加。因此，必须对统计数据进行无量纲化处理。无量纲化处理的主要目的在于，消除不同指标值之间因为单位不同而不能进行汇总计算的问题。具体计算方法为：

对于正指标 A：$\frac{A_i - \min A}{\max A - \min A} \times 100$

对于逆指标 B：$\frac{\max B - B_i}{\max B - \min B} \times 100$

其中，maxA 和 minA 分别为指标 A 的最大值和最小值，i 是评价对象的序号。正指标是指数量越大则评价得分越高的指标，例如居民家庭人均可支配收入等，逆指标则与之相反，指标数据越大则评价得分越低，例如失业率等。为了便于阅读，本章通过处理，将单项统计指标的评分折算到 0 ~ 100 分。河南省创新创业发展环境评价指标体系当中，32 个二级指标均为正指标。

2. 线性加权法

要利用32个评价指标的统计数据计算创新创业发展环境评价得分，需要对处理过的统计数据进行赋权加总。例如对于评价对象X，在某一级指标 C_1 上的得分，可以通过对于下一级指标的加权相加得到。

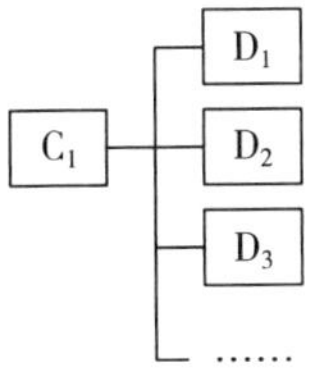

图7－1　指标层次体系示意图

那么，评价对象X在指标 C_1 上的评分 $P(C_1)$ 就是：

$$P(C_1) = \sum \alpha_i \times P(D_i)$$

其中，α_i 是指标 D_i 的权重，$P(D_i)$ 是评价对象X在指标 D_i 上的得分。通过上面公式计算得到 $P(C_1)$ 之后，可以根据指标体系和权重的层次结构，逐层向上进行加总计算，最终得到评价对象X的总排序得分。对于其他评价对象同样如此。

（三）数据来源

为了保证指标数据的客观性、可检验性和可靠性，本评价中用到的指标数据基本都来源于河南省统计年鉴，个别数据来源于其他渠道，相关具体描述在第六章的指标解析和说明中有所提及。

二、河南建设经济强省背景下创新创业发展环境评价的结果

创新是建设现代经济体系、实现高质量发展的关键。在体现新发展理念的基础上，结合国内外的相关研究，经过专家会议讨论，确定了河南创新创业发展环境评价指标体系。指标体系包含了经济环境、产业环境、人才环境、研发环境、金融环境和中介市场环境6个一级指标，以及32个二级指标。在此基础上，我

们以2017年河南统计年鉴数据为主，加上收集的一些其他数据，通过数学模型进行河南创新创业发展环境评价，下面对评价结果以及部分指标的情况进行介绍和分析。

（一）河南建设经济强省背景下创新创业发展环境评价总体评价和分析

河南创新创业发展环境评价结果见表7-1，排在第1位的是郑州市，往后依次是洛阳市、新乡市、南阳市、焦作市、许昌市、平顶山市、安阳市、济源市、开封市、濮阳市、三门峡市、商丘市、信阳市、驻马店市、漯河市、鹤壁市和周口市。

表7-1　河南创新创业发展环境评价排名

城市	排名	总得分	经济环境	产业环境	人才环境	研发环境	金融环境	中介市场环境
郑州市	1	89.79	79.77	90.42	100.00	91.22	100.00	69.71
洛阳市	2	41.76	54.41	45.89	23.81	62.34	26.64	22.29
新乡市	3	28.52	34.45	33.53	20.73	45.94	8.66	7.74
南阳市	4	28.12	40.96	30.61	12.97	26.28	16.79	47.90
焦作市	5	24.35	37.58	26.99	12.47	37.58	14.55	4.96
许昌市	6	20.63	30.81	23.41	9.31	30.81	11.14	10.15
平顶山市	7	19.70	31.99	25.85	9.41	23.55	11.83	6.67
安阳市	8	18.47	37.72	20.35	8.00	22.75	10.19	5.58
济源市	9	16.34	37.51	18.04	0.05	28.86	3.33	0.88
开封市	10	16.05	32.37	13.88	9.27	22.96	5.49	7.34
濮阳市	11	12.97	27.37	15.54	2.04	17.71	4.63	5.60
三门峡市	12	12.76	41.55	10.65	2.21	13.48	5.72	1.53
商丘市	13	12.76	29.62	14.67	8.97	4.96	9.86	8.72
信阳市	14	10.69	32.85	7.29	5.61	4.13	8.82	11.13
驻马店市	15	10.35	22.17	12.83	2.41	10.78	6.27	5.58
漯河市	16	9.67	26.10	7.40	3.67	12.25	4.51	2.71
鹤壁市	17	8.34	23.91	7.87	0.34	11.50	2.25	1.89
周口市	18	7.82	17.54	6.91	3.92	4.62	8.91	8.66

郑州市作为河南省省会、中原城市群的中心城市，正在建设国家中心城市。在河南创新创业发展环境评价的总排名中，郑州市排在第1位，而且总得分多于领先第2位的洛阳。郑州市在6项一级指标上都排在第1位，并在25项二级指标上排在第1位、3项指标排在第2位。可以看出，郑州的优势是全面的优势。

因此，在河南省推进创新创业发展，以及建设郑洛新国家自主创新示范区的过程中，需要充分发挥郑州的辐射带动作用。

洛阳市作为老牌工业城市，创新能力和创新环境在河南省仅次于郑州市，排在第2位，总得分方面与郑州有一定差距，而且与第3名的新乡市也有一定距离。洛阳市的经济环境、产业环境、人才环境、研发环境、金融环境5项一级指标都位居第2位，中介市场环境位居第3位，同样表现出了全面的优势。郑洛新国家自主创新示范区的获批，使得洛阳和郑州、新乡一起成为了河南创新创业的中心，未来要发挥自身的技术创新优势和辐射带动能力。

新乡市作为建设郑洛新国家自主创新示范区的城市之一，排在了第3位，但是与第4位的南阳市总得分比较接近。二者相比，新乡市在产业环境、人才环境和研发环境方面略有优势，南阳市则在经济环境、金融环境和中介市场环境方面略微领先。焦作市排在南阳市之后，居于第5位，在经济环境、产业环境、人才环境、研发环境和金融环境方面都处在前列，但是中介市场环境指标相对比较靠后。许昌与焦作类似，经济环境指标有些靠后，其他五项都处在前列。

平顶山和安阳分别处在第7位和第8位，以及第10位的开封，在创新创业发展环境评价中都表现出各项一级指标均处于中游的特点。第9位的济源则表现出各项一级指标分化的特点，经济环境、产业环境和研发环境处于中上游，其他三项排在全省最后，这与济源城市规模偏小有关。濮阳市在开封之后，排在河南创新创业发展环境评价的第11位，濮阳的经济环境、人才环境和金融环境指标相对靠后。三门峡市、商丘市和信阳市的总得分比较接近，分别排在12～14位。这些城市在部分一级指标上比较靠前，比如三门峡经济环境排在第3位，商丘市中介市场环境排在第6位，信阳市中介市场环境排在第4位，但是同时一些指标比较靠后，比如三门峡的中介市场环境排在第17位，商丘的研发环境排在第16位，信阳的产业环境排在第17位、研发环境排在第18位。随后的驻马店市、漯河市和鹤壁市特点类似，各项一级指标都排在中下游。第18位的周口市尽管在中介市场环境和金融环境指标上排在第7位和第9位，但是最关键的经济环境、产业环境和研发环境排在了第18位、第18位和第17位。

从河南创新创业发展环境评价总排名可以看出两个特点。第一，距离郑州比较近的城市排名相对较高。郑州是河南省会和中心城市，同样是创新创业的中心。排名靠前的洛阳市、新乡市、焦作市、许昌市、平顶山市都距离郑州市比较近，而郑州市东邻的开封市之后的第11位到第18位的城市，无一例外地都距离郑州市比较远。这从侧面反映了郑州市作为中心城市在创新创业方面同样有着较强的辐射能力。第二，传统工业城市比传统农区排名靠前。“黄淮四市”作为传统农区排名普遍偏后。商丘市、信阳市、周口市和驻马店市分别排在了第13位、第14位、第15位和第18位，原因可能在于传统农区工业和第三产业普遍相对薄弱，经济发展底子也不厚。因此，无论是在企业的技术积累方面，还是创新的资金投入方面，可能都会有所落后。与之相比的是，传统工业城市洛阳市、安阳市、平顶山市、濮阳市排名相对靠前。然而，无论是传统农区，还是安阳市、平顶山市、濮阳市这样的传统资源型工业城市在当前的宏观背景下，都需要加大创新创业发展力度，推动经济结构调整和产业转型升级，以实现经济的高质量发展。

（二）经济环境

经济环境子排名的情况列在表7-2当中，排名前5位的是郑州市、洛阳市、三门峡市、南阳市和安阳市，排名后5位的是濮阳市、漯河市、鹤壁市、驻马店市和周口市。经济环境的二级指标当中除了地区生产总值是规模指标，其他都是人均指标和比例指标，因此相对而言经济规模对于经济环境一级指标的影响不大。其中，三门峡市作为非传统经济强市，排名也比较靠前，原因在于三门峡市的固定资产投资与地区生产总值之比比较高，排在第1位，人均生产总值也排在第4位，这两个指标拉高了三门峡市的排名，而且三门峡市民间投资占固定资产投资总额的比例达到了固定资产投资的近70%。从中可以看出，三门峡市经济建设步伐在加快，而且民间投资活力较强。

表7-2　河南创新创业发展环境评价经济环境子排名

城市	经济环境	城市	经济环境
郑州市	1	开封市	10
洛阳市	2	平顶山市	11
三门峡市	3	许昌市	12
南阳市	4	商丘市	13
安阳市	5	濮阳市	14
焦作市	6	漯河市	15
济源市	7	鹤壁市	16
新乡市	8	驻马店市	17
信阳市	9	周口市	18

地区生产总值不但反映一个地区的经济发展规模和水平，也意味着一个地区能够调动资源的能力，是创新创业发展环境重要指标之一。地区生产总值排在前5位的是郑州市、洛阳市、南阳市、许昌市和周口市，排在后5位的是濮阳市、三门峡市、漯河市、鹤壁市和济源市（见表7－3）。

表7－3　2016年河南各地市地区生产总值

城市	排名	地区生产总值（亿元）	城市	排名	地区生产总值（亿元）
郑州市	1	8113.97	商丘市	10	1989.15
洛阳市	2	3820.11	驻马店市	11	1972.99
南阳市	3	3114.97	平顶山市	12	1825.14
许昌市	4	2377.71	开封市	13	1755.10
周口市	5	2263.86	濮阳市	14	1449.56
新乡市	6	2166.97	三门峡市	15	1325.86
焦作市	7	2095.08	漯河市	16	1081.93
信阳市	8	2037.80	鹤壁市	17	771.79
安阳市	9	2029.85	济源市	18	538.91

人均生产总值反映了一个地区的经济发展水平，是创新创业发展环境重要指标之一。人均生产总值排在前5位的是郑州市、济源市、焦作市、三门峡市和洛阳市，排在后5位的是信阳市、南阳市、驻马店市、商丘市和周口市（见表7－4）。

表7－4　2016年河南各地市人均生产总值

城市	排名	人均生产总值（元）	城市	排名	人均生产总值（元）
郑州市	1	84113.50	安阳市	10	39602.95
济源市	2	73722.41	开封市	11	38619.04
焦作市	3	59182.63	新乡市	12	37804.79
三门峡市	4	58893.73	平顶山市	13	36708.40
洛阳市	5	56410.33	信阳市	14	31732.55
许昌市	6	54522.20	南阳市	15	31010.20
鹤壁市	7	47940.21	驻马店市	16	28305.03
漯河市	8	41137.86	商丘市	17	27331.80
濮阳市	9	40059.02	周口市	18	25682.07

居民家庭人均可支配收入反映了一个地区的富裕程度。居民家庭人均可支配收入排在前5位的是郑州市、济源市、焦作市、洛阳市和鹤壁市，排在后5位的是濮阳市、信阳市、商丘市、驻马店市和周口市。人均生产总值的排名和居民家庭人均可支配收入的排名比较接近，但是也存在一些差异，例如三门峡市人均生产总值排在第4位、居民家庭人均可支配收入排在第11位，濮阳市人均生产总值排在第9位、居民家庭人均可支配收入排在第14位，这两个城市的固定资产投资与地区生产总值之比都比较高。尽管提升是我国当前经济结构调整的方向，然而对于产业转型中的城市和发展相对滞后的城市来说，投资仍是未来经济社会发展的基础（见表7－5）。

表7－5　2016年河南各地市居民家庭人均可支配收入

城市	排名	居民家庭人均可支配收入（元）	城市	排名	居民家庭人均可支配收入（元）
郑州市	1	28039	平顶山市	10	18462
济源市	2	22351	三门峡市	11	18343
焦作市	3	20942	南阳市	12	17421
洛阳市	4	20812	开封市	13	16607
鹤壁市	5	20288	濮阳市	14	16434
许昌市	6	19862	信阳市	15	15853
安阳市	7	19321	商丘市	16	15027
新乡市	8	19115	驻马店市	17	14857
漯河市	9	18887	周口市	18	13822

第三产业增加值占地区生产总值比重是反映产业结构的重要指标。一般来讲，第三产业增加值占地区生产总值比重越高，说明城镇化水平越高、产业结构越趋于服务化，对创新创业也就越有利。第三产业增加值占地区生产总值比重指标排在前5位的是郑州市、洛阳市、开封市、安阳市和平顶山市，排在后5位的是濮阳市、周口市、济源市、漯河市和鹤壁市。从数据中可以看到，河南省第三产业增加值占地区生产总值比重超过50%的只有郑州，漯河和鹤壁还不足30%，还需要继续推动经济结构调整（见表7－6）。

表7-6 2016年河南各地市第三产业增加值占地区生产总值比重

城市	排名	第三产业增加值占地区生产总值比重（%）	城市	排名	第三产业增加值占地区生产总值比重（%）
郑州市	1	51.3	信阳市	10	38.6
洛阳市	2	47.0	许昌市	11	34.3
开封市	3	43.0	焦作市	12	34.3
安阳市	4	41.7	三门峡市	13	34.2
平顶山市	5	41.3	濮阳市	14	34.1
新乡市	6	40.2	周口市	15	33.8
驻马店市	7	39.8	济源市	16	30.7
南阳市	8	39.7	漯河市	17	27.1
商丘市	9	39.2	鹤壁市	18	26.8

国际互联网用户数与常住人口之比反映了一个地区互联网的普及程度，以及人们获得互联网信息的难易程度。在“互联网+”时代，创新创业越来越离不开互联网基础设施的支撑。国际互联网用户数与常住人口之比排在前5位的是郑州市、济源市、安阳市、新乡市、洛阳市，排在后5位的是漯河市、南阳市、驻马店市、信阳市、周口市（见表7-7）。

表7-7 2016年河南各地市国际互联网用户数与常住人口之比

城市	排名	国际互联网用户数与常住人口之比	城市	排名	国际互联网用户数与常住人口之比
郑州市	1	1.48	商丘市	10	0.80
济源市	2	1.07	许昌市	11	0.79
安阳市	3	0.98	开封市	12	0.78
新乡市	4	0.97	平顶山市	13	0.76
洛阳市	5	0.91	漯河市	14	0.73
焦作市	6	0.91	南阳市	15	0.70
鹤壁市	7	0.89	驻马店市	16	0.68
三门峡市	8	0.86	信阳市	17	0.67
濮阳市	9	0.83	周口市	18	0.60

（三）产业环境

产业环境的排名情况列在表7－8当中，排名前5位的是郑州市、洛阳市、新乡市、南阳市和焦作市，排在后5位的是三门峡市、鹤壁市、漯河市、信阳市和周口市。产业环境一级指标中选取的二级评价指标主要是企业创新创业方面的指标，因此产业环境一级指标排名靠前，就意味着一个地区的企业在创新创业方面比较领先。同时，企业是创新创业发展中最重要的主体之一，因此产业环境指标的重要性不言而喻。从产业环境一级指标排名来看，传统工业城市排名普遍相对靠前，这一方面与指标选取有一定的关系，另一方面也反映了传统工业城市有着较好的企业研发能力和技术积累。

表7－8　河南创新创业发展环境评价产业环境子排名

城市	产业环境	城市	产业环境
郑州市	1	濮阳市	10
洛阳市	2	商丘市	11
新乡市	3	开封市	12
南阳市	4	驻马店市	13
焦作市	5	三门峡市	14
平顶山市	6	鹤壁市	15
许昌市	7	漯河市	16
安阳市	8	信阳市	17
济源市	9	周口市	18

企业作为创新创业发展中最重要的主体之一，其特点就是创新成果需要接受市场检验。因此，我们选取了规模以上工业企业新产品销售收入作为创新创业发展环境评价的重要指标之一。规模以上工业企业新产品销售收入越高，说明企业创新更能受到市场认可，创新也更能推动企业发展。规模以上工业企业新产品销售收入二级指标排在前5位的是郑州市、洛阳市、许昌市、南阳市和安阳市，排在后5位的是鹤壁市、周口市、三门峡市、信阳市和商丘市（见表7－9）。

表 7 – 9　2016 年河南各地市规模以上工业企业新产品销售收入

城市	排名	规模以上工业企业新产品销售收入（万元）	城市	排名	规模以上工业企业新产品销售收入（万元）
郑州市	1	33300671.5	驻马店市	10	1059517
洛阳市	2	4664783.1	漯河市	11	693510.7
许昌市	3	4644807.7	开封市	12	689279.1
南阳市	4	2823177.4	濮阳市	13	624562.4
安阳市	5	2580227.1	鹤壁市	14	585916.4
新乡市	6	2385791.9	周口市	15	466803.2
焦作市	7	2354791.4	三门峡市	16	343968.6
平顶山市	8	1733618.4	信阳市	17	340858.2
济源市	9	1527064.4	商丘市	18	334788.9

规模以上工业企业研发经费支出与利润总额之比反映了一个地区工业企业研发经费的投入强度和对创新创业的重视程度。规模以上工业企业研发经费支出与利润总额之比二级指标排在前 5 位的是洛阳市、南阳市、平顶山市、新乡市和济源市，排在后 5 位的是信阳市、驻马店市、鹤壁市、漯河市和周口市（见表 7 – 10）。

表 7 – 10　2016 年河南各地市规模以上工业企业研发经费支出与利润总额之比

城市	排名	规模以上工业企业研发经费支出与利润总额之比（%）	城市	排名	规模以上工业企业研发经费支出与利润总额之比（%）
洛阳市	1	16.7	濮阳市	10	7.5
南阳市	2	14.2	商丘市	11	6.4
平顶山市	3	14.0	开封市	12	6.1
新乡市	4	12.7	三门峡市	13	5.3
济源市	5	11.8	信阳市	14	3.9
郑州市	6	9.5	驻马店市	15	3.8
安阳市	7	9.4	鹤壁市	16	3.5
焦作市	8	8.4	漯河市	17	2.9
许昌市	9	7.8	周口市	18	1.7

（四）人才环境

人才环境子排名的情况列在表 7 – 11 当中，排在前 5 位的是郑州市、洛阳市、新乡市、南阳市和焦作市，排在后5位的是驻马店市、三门峡市、濮阳市、鹤壁市和济源市。人才是创新创业发展的第一资源，因此人才环境的优劣直接影响到一个地区的创新创业发展环境。人才规模越大、水平越高，创新创业活动就越可能实现高质量发展。从评价结果来看，城市规模对于人才环境指标的排名有着一定的影响，城市规模越大，吸引和承载的人才资源越多，因此人才环境子排名就相对靠前一些。

表7－11　河南创新创业发展环境评价人才环境子排名

城市	人才环境	城市	人才环境
郑州市	1	安阳市	10
洛阳市	2	信阳市	11
新乡市	3	周口市	12
南阳市	4	漯河市	13
焦作市	5	驻马店市	14
平顶山市	6	三门峡市	15
许昌市	7	濮阳市	16
开封市	8	鹤壁市	17
商丘市	9	济源市	18

高等学校教师群体是科技创新中的重要群体，尤其对于基础学科发展有着重要的作用。高等学校教职工人数二级指标排在前5位的是郑州市、新乡市、洛阳市、开封市和南阳市，排在后5位的是驻马店市、鹤壁市、三门峡市、濮阳市和济源市（见表7－12）。

表7－12　2016年河南各地市高等学校教职工人数

城市	排名	高等学校教职工人数（人）	城市	排名	高等学校教职工人数（人）
郑州市	1	60800	焦作市	7	6069
新乡市	2	11579	漯河市	8	5350
洛阳市	3	8158	信阳市	9	5108
开封市	4	7711	安阳市	10	4809
南阳市	5	6675	平顶山市	11	4635
商丘市	6	6475	周口市	12	3096

续表

城市	排名	高等学校教职工人数（人）	城市	排名	高等学校教职工人数（人）
许昌市	13	2861	三门峡市	16	977
驻马店市	14	1612	濮阳市	17	808
鹤壁市	15	1284	济源市	18	770

科技活动人员数是指直接从事科技活动，以及专门从事科技活动管理和为科技活动提供直接服务的人员数量。因此，科技活动人员数直接反映了一个地区科技创新的人力资源投入规模，是创新创业发展环境的重要指标。科技活动人员数二级指标排在前5位的是郑州市、洛阳市、新乡市、南阳市和焦作市，排在后5位的是信阳市、驻马店市、漯河市、济源市和鹤壁市（见表7－13）。

表7－13 2016年河南各地市科技活动人员数

城市	排名	科技活动人员数（人）	城市	排名	科技活动人员数（人）
郑州市	1	114570	开封市	10	12648
洛阳市	2	45203	三门峡市	11	8870
新乡市	3	31760	周口市	12	8264
南阳市	4	25456	濮阳市	13	7855
焦作市	5	24842	信阳市	14	7465
许昌市	6	19834	驻马店市	15	6966
平顶山市	7	18594	漯河市	16	6038
安阳市	8	13330	济源市	17	3305
商丘市	9	13286	鹤壁市	18	3083

（五）研发环境

研发环境一级指标排名列在表7－14当中，排在前5位的是郑州市、洛阳市、新乡市、焦作市和许昌市，排在后5位的是鹤壁市、驻马店市、商丘市、周口市和信阳市。从二级指标的选取来看，可以看出研发环境包含了创新产出、拥有专利存量、创新投入和研发机构四个方面的指标，是创新创业发展环境评价中最重要的一级指标。

表 7-14　河南创新创业发展环境评价研发环境子排名

城市	研发环境	城市	研发环境
郑州市	1	安阳市	10
洛阳市	2	濮阳市	11
新乡市	3	三门峡市	12
焦作市	4	漯河市	13
许昌市	5	鹤壁市	14
济源市	6	驻马店市	15
南阳市	7	商丘市	16
平顶山市	8	周口市	17
开封市	9	信阳市	18

每万人专利拥有量指标是单位人口所拥有的仍处于有效状态的发明专利数量，体现了一个地区知识产权资源的丰富程度，是体现创新创业发展环境的重要指标。每万人专利拥有量二级指标排名在前 5 位的是洛阳市、郑州市、焦作市、新乡市和许昌市，排在后 5 位的是安阳市、商丘市、周口市、信阳市和驻马店市（见表 7-15）。

表 7-15　2016 年河南各地市每万人专利拥有量

城市	排名	每万人专利拥有量（项）	城市	排名	每万人专利拥有量（项）
洛阳市	1	11.55	三门峡市	10	1.29
郑州市	2	7.76	南阳市	11	1.21
焦作市	3	4.08	开封市	12	1.18
新乡市	4	3.55	漯河市	13	1.06
许昌市	5	3.49	安阳市	14	0.84
济源市	6	2.21	商丘市	15	0.41
濮阳市	7	2.08	周口市	16	0.34
平顶山市	8	1.67	信阳市	17	0.30
鹤壁市	9	1.59	驻马店市	18	0.26

一般公共预算对于科学技术的支出反映了一个地区政府对于科技创新的资金支持力度。一般公共预算对于科学技术的支出二级指标排在前 5 位的是郑州市、

洛阳市、南阳市、新乡市和驻马店市，排在后5位的是三门峡市、商丘市、漯河市、鹤壁市和济源市（见表7-16）。

表7-16　2016年河南各地市一般公共预算对于科学技术的支出

城市	排名	一般公共预算对于科学技术的支出（亿元）	城市	排名	一般公共预算对于科学技术的支出（亿元）
郑州市	1	21.719	许昌市	10	2.8343
洛阳市	2	9.3307	周口市	11	2.5997
南阳市	3	7.0715	濮阳市	12	2.3007
新乡市	4	5.1131	信阳市	13	2.1221
驻马店市	5	4.2093	三门峡市	14	2.0768
安阳市	6	4.191	商丘市	15	1.9428
焦作市	7	3.1726	漯河市	16	1.3233
平顶山市	8	3.0405	鹤壁市	17	1.2709
开封市	9	3.025	济源市	18	0.8068

如果说，一般公共预算对于科学技术的支出反映了政府对于科学技术资金支持的规模，一般公共预算支出中科学技术支出的比例反映了政府对于科学技术资金支持的意愿。一般公共预算支出中科学技术支出比例二级指标排在前5位的是洛阳市、郑州市、新乡市、焦作市和安阳市，排在后5位的是驻马店市、漯河市、周口市、信阳市和商丘市。需要指出的是，即便是排在第1位的洛阳市，仍与全国3.5%左右的水平有较大的差距（见表7-17）。

表7-17　2016年河南各地市一般公共预算支出中科学技术支出的比例

城市	排名	一般公共预算支出中科学技术支出的比例（%）	城市	排名	一般公共预算支出中科学技术支出的比例（%）
洛阳市	1	1.81	南阳市	7	1.29
郑州市	2	1.64	三门峡市	8	1.11
新乡市	3	1.57	平顶山市	9	1.10
焦作市	4	1.46	鹤壁市	10	1.10
安阳市	5	1.44	许昌市	11	1.07
济源市	6	1.43	濮阳市	12	1.04

续表

城市	排名	一般公共预算支出中科学技术支出的比例（%）	城市	排名	一般公共预算支出中科学技术支出的比例（%）
开封市	13	1.02	周口市	16	0.55
驻马店市	14	1.02	信阳市	17	0.53
漯河市	15	0.75	商丘市	18	0.46

全社会R&D投入与地区生产总值之比，又称为研发经费投入强度，是衡量研发经费投入水平的常用指标。全社会R&D投入与地区生产总值之比二级指标排在前5位的是新乡市、济源市、许昌市、洛阳市和郑州市，排在后5位的是商丘市、鹤壁市、驻马店市、周口市和信阳市。2016年，全国研发经费投入强度是2.11%，在河南排第1位的新乡与全国相比仍有差距（见表7－18）。

表7－18　2016年河南各地市全社会R&D投入与地区生产总值之比

城市	排名	全社会R&D投入与地区生产总值之比（%）	城市	排名	全社会R&D投入与地区生产总值之比（%）
新乡市	1	2.00	濮阳市	10	0.95
济源市	2	1.90	安阳市	11	0.90
许昌市	3	1.81	漯河市	12	0.83
洛阳市	4	1.79	三门峡市	13	0.64
郑州市	5	1.78	商丘市	14	0.58
焦作市	6	1.49	鹤壁市	15	0.50
平顶山市	7	1.46	驻马店市	16	0.42
开封市	8	1.10	周口市	17	0.37
南阳市	9	0.96	信阳市	18	0.36

（六）金融环境

金融环境是创新创业发展环境中重要的组成部分，获得资金支持的便利程度关系到创新创业的发展程度。从发展实际来看，金融环境与经济发展的基础、规模是分不开的。在河南创新创业发展环境评价中，金融环境子排名的情况列在表7－19当中。排在前5位的城市是郑州市、洛阳市、南阳市、焦作市和平顶山市，排在后5位的城市是开封市、濮阳市、漯河市、济源市和鹤壁市。

表 7-19 河南创新创业发展环境评价金融环境子排名

城市	金融环境	城市	金融环境
郑州市	1	信阳市	10
洛阳市	2	新乡市	11
南阳市	3	驻马店市	12
焦作市	4	三门峡市	13
平顶山市	5	开封市	14
许昌市	6	濮阳市	15
安阳市	7	漯河市	16
商丘市	8	济源市	17
周口市	9	鹤壁市	18

A 股市场上市企业数量二级指标排在前 5 位的是郑州市、洛阳市、焦作市、许昌市和南阳市，排在后 5 位的是周口市、开封市、三门峡市、鹤壁市和驻马店市。通过数据发现，排名最后两位的鹤壁市和驻马店市在 2016 年还没有 A 股上市企业（见表 7-20）。

表 7-20 2016 年河南各地市 A 股市场上市企业数量

城市	排名	A 股市场上市企业数量（家）	城市	排名	A 股市场上市企业数量（家）
郑州市	1	27	新乡市	10	2
洛阳市	2	10	濮阳市	11	2
焦作市	3	7	漯河市	12	2
许昌市	4	5	信阳市	13	2
南阳市	5	5	周口市	14	2
平顶山市	6	3	开封市	15	1
安阳市	7	3	三门峡市	16	1
商丘市	8	3	鹤壁市	17	0
济源市	9	3	驻马店市	18	0

金融机构贷款余额二级指标排在前 5 位的是郑州市、洛阳市、南阳市、平顶山市和许昌市，排在后 5 位的是三门峡市、漯河市、濮阳市、鹤壁市和济源市（见表 7-21）。

表 7-21 2016 年河南各地市金融机构贷款余额

城市	排名	金融机构贷款余额（亿元）	城市	排名	金融机构贷款余额（亿元）
郑州市	1	15422	开封市	10	1189
洛阳市	2	3012	安阳市	11	1161
南阳市	3	1885	焦作市	12	1087
平顶山市	4	1589	周口市	13	976
许昌市	5	1464	三门峡市	14	701
信阳市	6	1443	漯河市	15	641
新乡市	7	1340	濮阳市	16	636
商丘市	8	1289	鹤壁市	17	537
驻马店市	9	1228	济源市	18	258

（七）中介市场环境

中介市场环境一级指标子排名情况列在表 7-22 当中，排在前 5 位的城市是郑州市、平顶山市、开封市、漯河市和新乡市，排在后 5 位的城市是安阳市、南阳市、驻马店市、信阳市和济源市。

表 7-22 河南创新创业发展环境评价中介市场环境子排名

城市	中介市场环境	城市	中介市场环境
郑州市	1	鹤壁市	10
平顶山市	2	周口市	11
开封市	3	许昌市	12
漯河市	4	商丘市	13
新乡市	5	安阳市	14
濮阳市	6	南阳市	15
三门峡市	7	驻马店市	16
洛阳市	8	信阳市	17
焦作市	9	济源市	18

租赁和商务服务业从业人员数量二级指标排在前 5 位的是郑州市、洛阳市、

信阳市、南阳市和开封市，排在后5位的是许昌市、漯河市、鹤壁市、三门峡市和济源市（见表7－23）。

表7－23 2016年河南各地市租赁和商务服务业从业人员数量

城市	排名	租赁和商务服务业从业人员数量（万人）	城市	排名	租赁和商务服务业从业人员数量（万人）
郑州市	1	22.57	商丘市	10	2.46
洛阳市	2	5.55	濮阳市	11	2.06
信阳市	3	4.36	平顶山市	12	1.91
南阳市	4	3.86	焦作市	13	1.72
开封市	5	3.13	许昌市	14	1.69
新乡市	6	3.03	漯河市	15	1.49
周口市	7	2.77	鹤壁市	16	1.25
驻马店市	8	2.65	三门峡市	17	0.87
安阳市	9	2.50	济源市	18	0.21

规模以上科学研究和技术服务业企业单位数排在前5位的是郑州市、信阳市、许昌市、周口市和南阳市，排在后5位的城市是三门峡市、新乡市、漯河市、鹤壁市和济源市（见表7－24）。

表7－24 2016年河南各地市规模以上科学研究和技术服务业企业单位数

城市	排名	规模以上科学研究和技术服务业企业单位数（个）	城市	排名	规模以上科学研究和技术服务业企业单位数（个）
郑州市	1	306	濮阳市	10	47
信阳市	2	123	开封市	11	45
许昌市	3	109	安阳市	12	27
周口市	4	101	焦作市	13	26
南阳市	5	80	三门峡市	14	15
洛阳市	6	73	新乡市	15	14
平顶山市	7	70	漯河市	16	9
驻马店市	8	57	鹤壁市	17	7
商丘市	9	50	济源市	18	6

三、分城市评价结果和分析

（一）郑州市

郑州市是河南省的省会，中原城市群的中心城市。2016 年 3 月，郑洛新国家自主创新示范区获批，年底，郑州获批建设国家中心城市，为郑州的创新创业环境建设带来了重大利好，同时也对郑州提出了更高的要求。在河南创新创业发展环境评价中，郑州市在总排名和 6 项一级指标方面都排在第一位，而且相对于第二名洛阳也有很大优势。在 32 项二级指标中，郑州在 25 项中都排在第 1 位，其余七项当中，每万人专利拥有量、一般预算支出中科学技术支出的比例、创新创业关注度排在第 2 位，全社会 R&D 投入与地区生产总值之比排在第 5 位，规模以上工业企业研发经费支出与利润总额之比排在第 6 位，社会消费品零售总额与地区生产总值之比排在第 8 位，固定资产投资与地区生产总值之比排在第 17 位。可以说，郑州不但是河南省和中原城市群的中心城市，还是其创新龙头。同时可以看到，郑州在一般预算支出中科学技术支出的比例、全社会 R&D 投入与地区生产总值之比方面仍有提升空间。

2016 年，郑州市常住人口 972 万，完成地区生产总值 8113 亿元、增长 8.4%，省会经济首位度 19.9%；地方财政一般公共预算收入突破千亿元大关。郑州市加快构建以先进制造业为支撑、以现代服务业为主导的现代产业体系，2016 年三次产业比例达到 2.0∶47.3∶50.7，第三产业占比过半。中国（郑州）跨境电子商务综合试验区、郑洛新国家自主创新示范区、中国（河南）自贸区、国家大数据综合试验区、国家通用航空产业综合示范区、国家综合交通枢纽示范城市等国家战略规划和平台相继落地，郑州的国家政策叠加优势在全国城市中屈指可数。在科技创新方面，2016 年，郑州市入选国家促进科技和金融结合试点城市，高新区被认定为国家首批科技服务业试点区域，获批国家知识产权示范园区，企业孵化能力跃升至全国第 2 位。政府主导的 20 个创新创业综合体建成 527.6 万平方米，全市孵化器、众创空间达到 151 家。中科院过程工程研究所郑州分所、郑州信大先进技术研究院等建设稳步推进。郑州积极出台“智汇郑州”

的全球人才招募计划，积极吸引领军人才、高端人才、青年人才到郑州工作，同时大力支持创新创业建设给予优惠的政策补贴。2016 年，郑州市科技进步对经济增长贡献率达 61%。在郑州建设国家中心城市的进程中，不断加快科技创新发展步伐，持续提升科技创新能力，实现经济高质量发展。

（二）洛阳市

洛阳市是中原城市群的副中心城市。在河南省创新创业发展环境评价中，洛阳市在总排名方面居第 2 位，而且评分遥遥领先居 3 位的新乡市，经济环境、产业环境、人才环境、研发环境、金融环境 5 项一级指标都居第 2 位，中介市场环境居第 3 位。二级指标方面，在规模以上工业企业研发经费支出与利润总额之比、每万人专利拥有量、一般公共预算支出中科学技术支出的比例三项上表现优秀，排在第 1 位，创新创业关注度方面表现不好，排在第 17 位，其余二级指标基本都排在前列。从排名可以看到，洛阳市在河南省创新创业环境方面表现出了副中心的地位，而且政府和企业对于科技创新投入的重视程度均在河南排在第 1 位，然而创新创业活动的舆论氛围亟待提高。

2016 年，洛阳市常住人口 680 万，实现地区生产总值 3820 亿元，同比增长 8.8%。洛阳市积极推进供给侧结构性改革，高技术产业增加值同比增长 16.8%，六大高成长性制造业增加值同比增长 13.3%，分别高于规模以上工业增速 7.9 个百分点和 4.4 个百分点；第三产业增加值占 GDP 的比重达 44.3%，对经济增长贡献率达 56.6%。以重大项目为支撑，促进动力转换、速度换挡、结构转型，全面推进科技创新。新增省级以上创新主体 322 家，其中高新技术企业 38 家、创新型试点企业 8 家。入选省创新型龙头企业、“互联网 +” 工业创新示范企业数量均居全省第一。新增市级以上研发平台 211 个，其中省重点实验室 4 个、工程技术研究中心 17 个。新增国家级科技企业孵化器 4 个、众创空间 2 个，省国际科技合作基地 3 个。荣获国家科技进步特等奖 2 项、技术发明奖 1 项，省重大科技专项 6 个。清华大学先进制造产业研发基地等一批新型研发机构落户洛阳。积极推动“河洛英才计划”，吸引国内外的创新团队和创新人才。中信重工成为国家首批企业“双创”示范基地、17 个国家专业化众创空间之一，荣膺中国工业大奖、中国质量奖提名奖。全市万人有效发明专利 7.6 件，同比增长 30%。在郑洛新国家自主创新示范区建设过程中，洛阳将和郑州、新乡形成协同效应，不断优化创新创业发展环境，提升创新创业的规模和水平。

（三）新乡市

新乡市紧邻郑州，是河南重要的工业城市，也是郑洛新国家自主创新示范区所涉及的城市。在河南省创新创业发展环境评价中，新乡市排在第3位，但同时可以看到，新乡市与郑州市、洛阳市还有着较为明显的差距。从分项指标来看，一级指标方面，新乡市在产业环境、人才环境、研发环境方面排在第3位，经济环境、中介市场环境方面排在第8位，在金融环境方面排在第11位。这反映出了新乡市的特点，在经济社会发展方面并不突出，处在河南省的中上游水平，但是创新和人才方面在河南处于相对领先的位置。二级指标方面，新乡在全社会R&D投入与地区生产总值之比上排在第一位，普通高校在校生人数、高校教职工人数、发明专利授权数、每万人发表科技论文数方面排在第2位，一般公共预算支出中科学技术支出的比例、规模以上工业企业办科技机构数、科技活动人员数、科技活动人员中本科及以上学历人员数、研究与试验发展机构数、技术合同成交额、创新创业关注度方面排在第3位。相对较靠后的是固定资产投资与地区生产总值之比、规模以上信息传输、软件和信息技术服务业企业单位数排在第14位，规模以上科学研究与技术服务企业单位数排在第15位。

2016年，新乡市常住人口574万，完成地区生产总值2167亿元，增长8.3%。新乡市积极推动供给侧结构性改革，规模以上工业增加值增长8.5%，工业用电量增速同比提高5.9个百分点，三次产业结构调整比例为10.5：49.0：40.5。2016年，新乡市取得国家科学技术奖励1项，省级科学技术进步奖26项；申请专利7526件，其中发明专利1437项；省级以上科技发展计划项目、重大科技项目共35项，市级重大科技创新专项7项，科技创新发展专项114项。全市拥有企业研发中心592个，省创新团队7项，市创新团队5项。新乡市大力推进“大众创业、万众创新”，电子商务、云计算、大数据等新业态、新模式不断涌现，软通动力华中地区产业互联网总部落户新乡市，新乡大数据产业园华为云计算数据中心开工建设。在郑洛新国家自主创新示范区的建设过程中，新乡市将能更好地和郑州、洛阳形成协同创新、联动发展，以创新提升高质量发展的动力，推动经济社会全面发展，并以经济社会发展推动创新创业迈上新台阶。

（四）南阳市

南阳市是河南省面积最大、人口最多的城市。在河南省创新创业发展环境评价中，南阳市排在第4位，和新乡市的评分基本接近。从分项指标来看，一级指标方面，南阳总体表现比较均衡，中介市场环境排在第2位，金融环境排在第3位，经济环境、产业环境和人才环境排在第4位，研发环境排在第7位。二级指标方面，南阳在社会消费品零售总额与地区生产总值之比和创新创业关注度方面排在第1位，规模以上工业企业研发经费支出与利润总额之比排在第2位，地区生产总值、固定资产投资与地区生产总值之比、规模以上工业企业研发人员数、一般公共预算对于科学技术的支出、金融业从业人员数、金融机构贷款余额排在第3位，每万人专利拥有量和每万人发表科技论文数排在第11位和第13位。相对比较靠后的指标是，人均生产总值、国际互联网用户数与常住人口之比排在第15位，新增企业单位数排在第18位。可以看出，南阳市从总量规模上来讲，是经济大市、人才大市，也是创新创业大市，但是人均水平处在中游偏下。

2016年，南阳市常住人口1007万，完成地区生产总值3115亿元，增长8.5%。南阳市着力推进产业转型升级，县区超百亿产业集群达到5个，高技术产业和高成长性产业分别增长16%和9.8%，服务业增长10.3%，成为拉动经济增长的重要因素，绿色、有机农产品基地建设成果显著，三次产业结构比例调整为15.1∶44.8∶40.1。全面落实“放管服”改革目标，取消、调整、下放各类审批事项81项，265项前置审批事项改为后置审批事项，跻身第二批创建国家信用体系建设示范市。创新创业发展势头良好，新增省级以上创新平台12个，中关村科技产业园、京宛科技合作等平台效应初步显现，南阳创业大街等一批众创空间建成运行，南阳三融众创空间等创新创业载体获得国家、省认定命名，成功举办全市首届创新创业大赛。新业态新模式迅猛发展，全市注册电商达到2576家，电子商务交易额增长68.8%。

（五）焦作市

焦作市是旅游城市，也是传统的资源型城市。在河南省创新创业发展环境评价中，焦作市排在第5位，并且得分和第4位的南阳，以及第6位的许昌都有一定差距。从分项指标来看，一级指标方面，焦作市在研发环境和金融环境方面排在第4位，在产业环境和人才环境方面排在第5位，在经济环境方面排在第6位，中介市场环境方面排在第14位。二级指标方面，焦作市在规模以上工业企业办科技机构数排在第2位，人均生产总值、居民家庭人均可支配收入、每万人专利拥有量、每万人发表科技论文数和A股市场上市企业数量排在第3位。排名靠后的第三产业增加值占地区生产总值比重和金融机构贷款余额排在第12位，租赁和商务服务业从业人员数量、规模以上科学研究和技术服务业企业单位数排在第13位，社会消费品零售总额与地区生产总值之比排在第15位。通过评价结果可以看出，焦作市作为传统资源型工业城市，经济发展水平、工业领域的技术研发都相对较好，但服务业发展相对滞后。

2016年，焦作市常住人口355万人，完成地区生产总值2095亿元，增长8.3%。焦作市积极实施经济结构调整，2016年高技术产业增加值增长17.9%，高于规模以上工业增加值增速10个百分点。服务业增加值增长10.1%，分别高于GDP、第二产业增加值增速1.8个百分点、2.4个百分点，对经济增长贡献率达到40.4%。推动风神轮胎与倍耐力成功整合，打造国内第一、世界领先的高端轮胎制造企业；佰利联成功收购龙蟒钛业，跃居亚洲第一、世界第四的钛白粉生产企业。科技创新步伐加快，新增省级企业技术中心1家、省级工程技术研究中心8家、高新技术企业20家，并获得国家科技进步奖1项、省级科技进步奖18项。多氟多、中内配、风神轮胎成为全省首批创新龙头企业。全面深化重点领域改革，启动国家级行政审批服务标准化试点市创建，成功创建全国创新驱动示范市、获批全省内贸流通体制改革试点市，在海绵城市建设、综合交通体系建设等方面申建一批试点城市和开放平台，争取国家资源枯竭城市转型资金3.78亿元。

（六）许昌市

许昌市位于河南中部，其民营经济发展活跃。在河南省创新创业发展环境评价中，许昌市排在第6位。从分项指标来看，一级指标方面，许昌在研发环境和中介市场方面排在第5位，金融环境排在第6位，产业环境和人才环境排在第7位，经济环境排在第12位。二级指标方面，许昌市在规模以上工业企业新产品销售收入、形成国家或行业标准数、全社会R&D投入与地区生产总值之比、规模以上科学研究和技术服务业企业单位数方面排在第3位，地区生产总值、科技活动人员中本科及以上学历人员数、A股市场上市企业数量、规模以上信息传输、软件和信息技术服务业企业单位数排在第4位，每万人专利拥有量、金融机构贷款余额排在第5位。排名相对靠后的是，高等学校教职工数、金融业从业人员数排在第13位，社会消费品零售总额与地区生产总值之比、租赁和商务服务业从业人员数量排在第14位，技术合同成交额排在第15位。

2016年，许昌市常住人口438万，完成地区生产总值2378亿元，增长

8.8%，三次产业比例为6.9∶58.4∶34.7。2016年，许昌市民营经济增加值约占经济总量的80%，民营企业达到5.1万家、从业人员156万，占全市就业总量90%以上。主营业务收入超百亿元民营企业5家，其中4家连续3年入围“中国民营企业500强”。许昌积极推进转型升级，大力支持战略性新兴产业、高新技术产业和“互联网+”发展，装备制造业集群规模达到1742亿元，对规模以上工业的贡献率超过50%，其中智能制造占比超过40%。许昌发挥创新引领作用，专利申请量和授权量分居全省第2位、第3位，省级工程技术研究中心总量居全省第3位，科技进步对经济增长的贡献率达到59%，连续6次荣获全国科技进步先进市称号。建成国家级科技企业孵化器、科技大市场等创新平台，国家级高新技术企业由2011年的22家增长至80家，规模以上高新技术产业增加值占规模以上工业增加值比重达40.6%，成为全省首批“双创”示范基地。

（七）平顶山市

平顶山市是传统能源基地，同样面临着资源型城市转型的问题。在河南省创新创业发展环境评价中，平顶山排在第7位。从分项指标来看，一级指标方面，金融环境排在第5位，产业环境、人才环境排在第6位，研发环境排在第8位，中介市场环境排在第10位，经济环境排在第11位，相对比较均衡。二级指标方面，平顶山表现较好的指标有，规模以上工业企业研发经费支出与利润总额之比排在第3位，金融业从业人员数、金融机构贷款余额排在第4位，第三产业增加值占地方生产总值比重排在第5位。排名相对靠后的指标是，新增企业单位数排在第14位，其他27项指标都排在第6~第13位的中游位置。总体来讲，平顶山各项指标表现比较平均，处于河南省中游位置的较多，未来需要激发创新创业活力，打造发展新动能，推动经济社会实现高质量发展。

2016年，平顶山市常住人口498万，实现地区生产总值1825亿元，增长7.7%，三次产业比例为9.7∶49∶41.3。平顶山积极通过创新推动转型发展，建立平煤神马集团上海研究院、平高集团清华大学研究院、生态循环农业上海交大工作站，高新区创建为省首批区域创新创业基地。2016年组织制定国家标准6项，新增国家高新技术企业11家、省级工程技术研究中心6家、省级工程实验室5家，企业与高校及科研院所合作开展科研项目134个。加强能源消耗总量和强度控制，成为全国首批工业资源综合利用示范基地，单位生产总值能耗下降4.8%。大力推进现代生态循环农业试验区建设，被确定为省生态循环畜牧业示范市、现代生态循环农业试验区和饲料粮基地建设试点市。改革实现新突破。全面取消和调整非行政许可审批事项，清理规范53项行政审批中介服务事项，编制完成市县两级政府权力、责任和效率清单。“营改增”全面展开，涉企资金基金化改革稳步推进。深化商事制度改革，新登记各类市场主体3.5万户、增长19.7%。

（八）安阳市

安阳市处在河南省最北部，是历史文化名城。在河南省创新创业发展环境评价中，安阳市排在第8位。从分项指标来看，一级指标方面，经济环境排在第5位，金融环境排在第7位，产业环境排在第8位，人才环境和研发环境排在第10位，中介市场环境排在第12位，相对比较均衡。二级指标方面，表现相对较好的指标有，国际互联网用户数与常住人口之比、新增企业单位数排在第3位，第三产业增加值占地区生产总值比重、创新创业关注度排在第4位，规模以上工业企业新产品销售收入、一般公共预算支出中科学技术支出的比例、技术合同成交额排在第5位。排名相对靠后的指标是，形成国家或行业标准数、研究与试验发展机构数排在第14位，规模以上工业企业办科技机构数、规模以上信息传输、软件和信息技术服务业企业单位数排在第15位。总体来看，安阳的各项指标表现比较平均，但是研究机构数量相对较少，未来有待于提升。

2016年，安阳市常住人口513万，实现地区生产总值2030亿元，增速8%，三次产业比例为10.5∶47.8∶41.7。安阳市深化供给侧结构性改革，积极培育创新动力，高新技术产业增加值增长17.4%，占规模以上工业增加值的28.1%。服务业增加值增长10.5%，服务业占生产总值比重42.2%，对经济增长的贡献率超过50%。加快发展新经济，“互联网+”39个专项行动稳步实施，大数据云计算中心建成，工业云、政务云、民生云全部上线运行，中部易商谷、豫北跨境电商产业园和全省首家“中国生产力众创空间”建成投用，1189个行政村开通电商服务站。加快推动“大众创业、万众创新”，开展百家院校科技成果走安阳等活动，全年完成重大科技专项4个，新增院士工作站1家、国家级高新技术企业15家、省级创新研发平台5家。国家质检中心暨安阳综合检测基地主体竣工。岷山公司炼铅新技术及产业化应用项目获得国家科技进步二等奖。

（九）济源市

济源市在河南省创新创业发展环境评价中排在第9位。从分项指标来看，一级指标方面，研发环境排在第6位，经济环境排在第7位，产业环境排在第9位，金融环境排在第17位，人才环境和中介市场环境排在第18位。指标之间的差距与济源市的市情有关。二级指标方面表现得尤为明显，济源市在人均生产总值、居民家庭人均可支配收入、国际互联网用户数与常住人口之比、全社会R&D投入与地区生产总值之比方面排在第2位，规模以上工业企业研发经费支出与利润总额之比排在第5位，每万人专利拥有量、A股市场上市企业数量、形成国家或行业标准数方面排在第6位，但是在15项指标中排在第16~18位，其中包括地区生产总值、普通高校在校生数、一般公共预算对科学技术的支出、研究与试验发展机构数、金融机构贷款余额等指标。由于济源市过去是由县升格为市的城市，人口和经济总量规模偏小，但是经济发展水平较高，人均指标排在全省前列，在创新创业发展环境评价中也表现出了这样的特点。

2016年，济源市常住人口73万，完成地区生产总值539亿元，三次产业比例为4.3∶64.9∶30.8。济源大力推进经济转型升级，高新技术产业增加值93.7亿元，高成长性产业增加值占规模以上工业比重达31.6%，服务业对经济增长贡献率达20.4%。农业现代化实现程度达77%，农业综合机械化水平稳定在91%以上，成为全国最大的十字花科蔬菜制种基地、全国第一批区域性良种繁育基地、省级出口蔬菜种子质量安全示范区。虎岭经济技术开发区成为省级经济技术开发区，玉川产业集聚区入选国家有色金属循环经济标准化试点，高新技术产业开发区被确定为全国煤矿用防爆电器知名品牌创建示范区。济源市坚持推进改革创新，先后承担全国中小城市综合改革、国家智慧城市、国家低碳城市、中原经济区农村金融改革等20项国家级和省级改革试点任务。

（十）开封市

开封市是河南的历史文化名城，新兴的副中心城市。在河南省创新创业发展环境评价中，开封市排在第10位。从分项指标来看，一级指标方面，开封市人才环境排在第8位，研发环境、中介市场环境排在第9位，经济环境排在第10位，产业环境排在第12位，金融环境排在第14位。二级指标方面，开封市排名靠前的有，第三产业增加值占地区生产总值比重排在第3位，社会消费品零售总额与地区生产总值之比、普通高校在校生人数、高等学校教职工人数、形成国家或行业标准数、技术合同成交额排在第4位，每万人发表科技论文数、租赁和商务服务业从业人员数量排在第5位。其排名相对比较靠后的是，A股市场上市企业数量排在第15位，固定资产投资与地区生产总值之比排在第16位。开封人才和科研优势明显，然而经济发展稍微滞后。未来，开封需要将人才和科研优势转化为经济发展的动力，推动经济社会全面发展。

2016年，开封市常住人口455万，地区生产总值1755亿元，三次产业比例为16.4∶40.2∶43.4，高成长性、高新技术企业增加值分别增长11.3%和13.9%，新登记市场主体增长16%，电子商务交易额增长30%以上。中国（河南）自由贸易试验区开封片区成功获批，并被纳入中国（郑州）跨境电子商务拓展城市。加快创新驱动。2016年，开封市成功申建2个省级高新区，培育众创空间、星创天地、科技企业孵化器18个，建成国家成套空分设备质量监督检验中心。实施“四个一”人才工程，深化与天津大学、中科院工程研究所、“千人计划”专家联谊会等高校及科研院所合作，挂牌成立“千人计划”工作站、启源先进光源产业研究院、开封文化产业研究院、天开研究院等创新创业平台，建成新型研发机构6家，新建院士工作站2个。新认定高新技术企业16家，科技型中小微企业达到403家。

（十一）濮阳市

濮阳市在河南省创新创业发展环境评价中排在第11位。从分项指标来看，一级指标方面，濮阳市在产业环境方面排在第10位，研发环境和中介市场环境排在第11位，经济环境排在第14位，金融环境排在第15位，人才环境排在第16位。二级指标方面，濮阳市排名相对靠前的是，固定资产投资与地区生产总值之比、规模以上信息传输、软件和信息技术服务业企业单位数排在第5位，每万人专利拥有量排在第7位，规模以上工业企业办科技机构数排在第8位，国际互联网用户数与常住人口之比、研究与试验发展机构数排在第9位。排名相对靠后的有，新增企业单位数、发明专利授权数、金融业从业人员数、金融机构贷款余额排在第16位，普通高校在校生人数、高等学校教职工人数、每万人发表科技论文数排在第17位。濮阳面临的同样是资源型城市通过创新实现转型的问题。

2016年，濮阳市常住人口363万，实现地区生产总值1450亿元，三次产业比例为11.2∶55.9∶32.9。濮阳市以创新发展、转型发展、赶超发展为引领，积极推进供给侧结构性改革，推出了降本增效“三十条”、支持民营经济发展“十五条”等多项政策措施，高新技术产业和战略性新兴产业增长 28.7%，高出全市工业增速 19.6 个百分点，以惠成电子、蔚林化工等为代表的化工新材料和专用化学品企业迅速成长。2016 年，濮阳新增高新技术企业 8 家、省“科技小巨人”企业 5 家、科技型中小企业 50 家，濮阳光电产业技术研究院等 3 家机构列入省新型研发机构。建成盛源能源院士工作站，其绿色烷基化技术打破国外技术垄断，达到国际先进水平，濮耐新型喷射浇注料填补了国内空白。诚农蔬菜公司星创天地被认定为国家级农业众创空间，濮阳电商园被认定为省级众创空间。电子商务发展势头良好，电商企业达到 169 家，交易额 240 亿元，增长 20%，范县、濮阳县分别被新确定为国家、省级电子商务进农村综合示范县。

（十二）三门峡市

三门峡市在河南省创新创业发展环境评价中排在第 12 位。从分项指标来看，一级指标方面，经济环境排在第 3 位，研发环境排在第 12 位，金融环境排在第 13 位，产业环境排在第 14 位，人才环境排在第 17 位，中介市场环境排在第 17 位。可以看出，除了经济环境，三门峡的其他指标排名都相对靠后。二级指标方面，三门峡的固定资产投资与地区生产总值之比排在第 1 位，人均生产总值排在第 4 位，国际互联网用户数与常住人口之比、一般公共预算支出中科学技术支出的比例排在第 8 位，其他指标排名都处在中下游。可以看出，三门峡的人均生产总值和固定资产投资与地区生产总值之比较高，提升了三门峡的排名，这两项指标也反映出三门峡的经济建设步伐正在加快。

2016 年，三门峡市常住人口 226 万，完成地区生产总值 1326 亿元，增长 7.7%，三次产业比例为 9.1∶57.4∶33.5。三门峡加快培育打造黄金产业链、铝及铝精深加工、旅游业、现代物流、电子商务等优势产业，速达纯电动汽车项目获得国家发改委核准，获得全国首批、全省首家新能源汽车牌照。特色农业持续壮大，“三品一标”农产品数量达 138 个，涉农电商突破 2100 家，农产品电商交易额突破 10 亿元。三门峡电商产业园、跨境电商产业园投入运营，全市电商主体达到 4522 家，交易额突破 42 亿元。2016 年，三门峡 12 家企业被认定为高新技术企业，8 家科技型中小企业通过省级备案，新增省创新型试点企业 1 家，1 家企业认定为省国际科技合作基地。高等教育实现历史突破，三门峡社会管理职业学院、三门峡技师学院获得省政府批准，将形成聚集 4 万人的高等职教园区。

同时，三门峡扎实推进“放管服”改革，为创新创业激发活力，行政审批事项精简幅度居河南省前列，“营改增”试点进展顺利，预算管理制度改革继续深化，“智慧工商”大数据经验在全省推广。

（十三）商丘市

商丘市在河南省创新创业发展环境评价中排在第13位。从分项指标来看，一级指标方面，中介市场环境排在第6位，金融环境排在第8位，人才环境排在第9位，产业环境排在第11位，经济环境排在第13位，研发环境排在第16位，主要是研发环境指标拉低了总排名。二级指标方面，排名比较靠前的有，规模以上信息传输、软件和信息技术服务业企业单位数排在第2位，普通高校在校生数排在第5位，社会消费品零售总额与地区生产总值之比、高等学校教职工数、A股市场上市企业数量排在第6位。排名相对比较靠后的指标有，居民家庭人均可支配收入排在第16位，人均生产总值、新增企业单位数、形成国家或行业标准数排在第17位，规模以上工业企业新产品销售收入、一般公共预算支出中科学技术支出的比例排在第18位。商丘市大学规模、上市企业数量都有一定的优势，但是经济发展水平和科技创新水平均相对不足。

2016年，商丘市常住人口728万，完成地区生产总值1989亿元，增长8.7%，三次产业比例为19.6∶41.2∶39.2。商丘市落实新发展理念，推动产业转型升级，建成纺织服装制鞋、食品、装备制造3个千亿级产业集群，以及中国制冷产业基地、制鞋产业基地、超硬材料基地等9个百亿级特色产业集群。坚持创新驱动发展，创建国家级高新技术产业化基地3家、国家级科技企业孵化器4家、国家级检测中心3家、“院士工作站”2个；发展高新技术企业54家、省级工程技术研究中心45家，省级高新区达到4家。信息支撑能力显著增强，建成云计算大数据中心和全国百万级“全光网城市”，被评为2016年度“宽带中国”示范城市。深入推进“放管服”及商事制度改革，取消、下放行政审批事项180项，市级保留100项，全市市场主体发展到28.5万户，居全省第4位。

（十四）信阳市

信阳市在河南省创新创业发展环境评价中排在第14位。从分项指标来看，一级指标方面，中介市场环境排在第4位，经济环境排在第9位，金融环境排在第10位，人才环境排在第11位，产业环境排在第17位，研发环境排在第18

位。可以看出无论是全社会还是企业，科技创新方面都比较落后。二级指标方面，排名靠前的指标有，固定资产投资与地区生产总值之比、规模以上科学研究和技术服务业企业单位数排在第2位，社会消费品零售总额与地区生产总值之比、租赁和商务服务业从业人员数量排在第3位，发明专利授权数、金融机构贷款余额排在第6位。排名相对靠后的有，规模以上工业企业研发人员数、形成国家或行业标准数排在第16位，国际互联网用户数与常住人口之比、规模以上工业企业新产品销售收入、每万人专利拥有量、一般公共预算支出中科学技术支出的比例排在第17位，全社会R&D投入与地区生产总值之比排在第18位。信阳市企业创新能力以及政府对创新的财政支持力度都有待提升。

2016年，信阳市常住人口644万，完成地区生产总值2038亿元，增长8.3%，三次产业比例为21.9∶39.6∶38.5。信阳市积极推进产业转型升级，优质水稻、弱筋小麦、茶叶、花木、中药材等特色农业产业发展迅猛；培育省级农业产业化集群17个、省级农业产业化重点龙头企业55家，信阳毛尖位居“中国十大茶叶区域公用品牌”第二位，品牌价值达59.9亿元。积极实施创新驱动战略，新增国家级高新技术产业化基地、可持续发展试验区、产业技术创新战略联盟和知识产权优势企业各1家，新增高新技术企业21家；全面实施8个省级重大科技专项，省科技进步一等奖实现零突破。新建各类电子商务创业孵化园区17个，电商物流企业达到311家；国家集中连片推进农产品流通试点市建设顺利完成，国家级农产品冷链流通标准化试点市成功获批。大力发展非公经济，增加值对GDP的贡献率在60%以上。

（十五）驻马店市

驻马店市在河南省创新创业发展环境评价中排在第15位。从分项指标来看，一级指标方面，金融环境排在第12位，产业环境和中介市场环境排在第13位，人才环境排在第14位，研发环境排在第15位，经济环境排在第17位。各项一级指标都处在中下游的位置。二级指标方面，排名相对靠前的有，新增企业单位数、一般公共预算对于科学技术的支出排在第5位，规模以上工业企业办科技机构数排在第6位，第三产业增加值占地区生产总值比重、研究与试验发展机构数排在第7位。排名相对靠后的有，人均生产总值、国际互联网用户数与常住人口之比、每万人发表科技论文数、全社会R&D投入与地区生产总值之比排在第16位，居民家庭人均可支配收入、A股市场上市企业数量排在第17位，每万人专利拥有量、形成国家或行业标准数排在第18位。可以看到，驻马店市研发机构数量和研发总支出排名还能处在中上游，但是经济发展的人均指标和创新成果方面排名则比较靠后，反映了驻马店经济社会发展相对滞后的现状。

2016年，驻马店市常住人口699万，完成地区生产总值1973亿元，增长8.5%，三次产业比例为32.1∶27.5∶40.4。驻马店以创新创业激发发展活力，2016年非公有制工业增加值增长9.9%，高技术产业增加值增长13.2%，高成长性制造业占规模以上工业增加值的比重为54.2%。华润风电、鑫光光伏发电、鹏辉锂电池、中云创光电、金龙沃诚和银泰新能源汽车、中集华骏智能渣土车等一批战略性新兴产业项目建成投产，高新技术企业达到38家。创新能力持续增强，2016年驻马店市有科学研究开发机构12个，省工程技术研究中心46个，获得省级科技进步奖1项，建立院士工作站5个、博士后科技工作站3个。电子商务产业快速发展，“阿里巴巴·驻马店产业带”年交易额达到24亿元，居全国产业带综合排名第17位；各类电商企业达到3200家，年实现交易额228.5亿元，其中7家企业获得河南省电子商务示范企业。

（十六）漯河市

漯河市在河南省创新创业发展环境评价中排在第16位。从分项指标来看，一级指标方面，人才环境、研发环境排在第13位，经济环境和中介市场环境排在第15位，产业环境和金融环境排在第16位。二级指标方面，漯河市表现相对较好的指标有，社会消费品零售总额与地区生产总值之比、形成国家或行业标准数、创新创业关注度排在第7位，人均生产总值、高等学校教职工数排在第8位，居民家庭人均可支配收入排在第9位。排名相对靠后的指标有，地区生产总值、科技活动人员数、科技活动人员中本科及以上学历人员数、一般公共预算对于科学技术的支出、规模以上科学研究和技术服务业企业单位数排在第16位，第三产业增加值占地区生产总值比重、规模以上工业企业研发经费支出与利润总额之比、金融业从业人员数、规模以上信息传输、软件和信息技术服务业企业单位数排在第17位。漯河市的人均经济指标、高校师生规模处于河南中游，创新创业关注度也比较高，企业和政府对于创新创业的支出需要提高。

2016年，漯河市常住人口264万，完成地区生产总值1082亿元，增长8.1%，三次产业比例为10.5∶62.1∶27.4。漯河市积极推进产业转型，2016年，高新技术产业增加值占规模以上工业增加值的26.1%，产业集聚区规模以上工业增加值占全市规模以上工业增加值的70.5%，千亿食品产业集群成为全省重点产业集群，经济技术产业集聚区保持全省“十强”地位。2016年，漯河市快递业务量增长近1倍，电子商务交易额增长87%。漯河市加快实施创新驱动，积极培育创新企业、创新平台，2016年末拥有省级工程技术研究中心30家，取得省级科技进步奖6项，新创中国驰名商标、河南省著名商标12件，专利申请量增长26.7%。深入推进“放管服”改革和商事制度改革，新登记企业5219户、增长31.5%。

（十七）鹤壁市

鹤壁市在河南省创新创业发展环境评价中排在第17位。从分项指标来看，一级指标方面，研发环境排在第14位，产业环境排在第15位，经济环境和中介市场环境排在第16位，人才环境排在17位，金融环境排在第18位，各项指标都比较靠后。二级指标方面，鹤壁市表现较好的指标有，新增企业单位数排在第4位，居民家庭人均可支配收入排在第5位，人均生产总值、固定资产投资与地区生产总值之比、国际互联网用户数与常住人口之比排在第7位，每万人专利拥有量、技术合同成交额排在第9位，与此同时，排在第15位以后的二级指标达到20个。鹤壁市是传统的资源型城市，经济和工业基础相对较好，但是在转型发展的过程中需要全面优化创新创业发展环境，实现经济社会发展的动力转换。

2016年，鹤壁市常住人口161万，完成地区生产总值772亿元，增长7.9%，三次产业比例为8.1∶65.4∶26.5。2016年，鹤壁市以供给侧结构性改革为主线，推进产业转型升级。清洁能源与新材料、绿色食品、汽车零部件与电子电器、镁精深加工、现代家居5个重点产业完成增加值432.9亿元、占规模以上工业增加值比重达到96.3%，其中高新技术产业增加值占比提高到31.8%。农业现代化综合指数保持全省第一，农业标准化、信息化和粮食高产创建水平继续保持全国领先。积极推进创新创业。2016年，新建省级以上创新平台9个，获批省级创业孵化示范基地3家、众创空间3家，新认定高新技术企业9家。超级悬浮床工业示范装置、世界最大单口径射电望远镜反射面板、高性能无源光电子材料与器件等关键核心技术跻身世界领先水平，仕佳光子公司荣获省科技进步一等奖，国立光电公司连续两年荣获国家创新创业大赛一等奖。科技进步贡献率达到55%，市场主体增长超过20%，成功创建全国创新驱动示范市、全国返乡农民工创业创新示范基地。

（十八）周口市

周口市在河南省创新创业发展环境评价中排在第18位。从分项指标来看，一级指标方面，中介市场环境排在第7位，金融环境排在第9位，人才环境排在第12位，研发环境排在第17位，经济和产业环境排在第18位。二级指标方面，社会消费品零售总额与地区生产总值之比排在第2位，规模以上科学研究和技术服务业企业单位数排在第4位，地区生产总值、金融业从业人员数排在第5位，规模以上信息传输、软件和信息技术服务业企业单位数排在第6位，租赁和商务服务业从业人员数量排在第7位，新增企业单位数、形成国家或行业标准数排在第8位。与此同时，周口市在一些关键指标方面排名比较靠后，每万人专利拥有量、一般公共预算支出中科学技术支出的比例排在第16位，全社会R&D投入与地区生产总值之比排在第17位，人均生产总值、居民家庭人均可支配收入、固定资产投资与地区生产总值之比、国际互联网用户数与常住人口之比、规模以上工业企业研发经费支出与利润总额之比、每万人发表科技论文数排在第18位。可以看到，周口市突出的问题是经济发展相对滞后，而且科技创新能力有所欠缺，经济结构调整的任务比较重。

2016年，周口市常住人口882万，完成地区生产总值2264亿元，增长8.5%，三次产业比例为20.3∶45.9∶33.8。近年来，周口市紧抓产业转型升级，太康锅炉、扶沟机械制造、西华无人机、沈丘聚酯网、淮阳塑料、项城和郸城医药等特色产业链条持续拉长，其中太康锅炉成为国家级区域品牌培育试点。建成省级以上企业技术中心28家、省级以上工程技术研究中心33家、市级以上工程技术中心127家、博士后科研工作站4家、院士工作站4家。建成省级农业产业化集群16个，实现销售收入750亿元。新增国家农业科技园1家、省级农业科技园3家。坚持深化“放管服”和商事制度改革，市场主体快速增长，达到26万户。

第八章　河南创新创业发展环境的案例分析

河南省目前拥有郑州航空港经济综合实验区、中信重工机械股份有限公司、许昌市城乡一体化示范区、鹿邑县4家国家级双创示范基地，拥有郑州市经济技术开发区、郑州大学、郑州宇通客车股份有限公司等57家河南省双创示范基地，省级以上双创孵化载体233家。61家双创基地获批以来，以深化改革创新为引领，以提升自主创新能力为目标，以体制机制创新为突破口，以完善服务体系和平台建设为支撑，着力优化政策供给、强化主体培育、激发主体活力、加强金融支持，营造了浓厚的双创环境氛围，发挥了在全省乃至全国的示范引领作用，为河南产业转型升级和新旧动能接续转换提供了重要支撑。在先试先行、主动创新的过程中取得了一些值得推广的典型经验。

一、郑州航空港经济综合实验区以“三级孵化”模式聚资源育主体

郑州航空港经济综合实验区自2016年5月被国务院确定为全国首批区域类双创示范基地以来，探索出“三级孵化”（源头孵化＋专业孵化＋增值孵化）模式，构建了开放式的创新孵化体系，提升创新创业能力，有力地推动了区域创新创业生态系统的形成。通过“三级孵化”模式引进的创客、创业团队总数2016年307家，2017年达到549家，增长率80.67%。

（一）具体做法

1. 源头孵化

实施网络（虚拟）孵化，通过网站、APP、微信公众号三种渠道拓宽初创项目来源，通过打造“一周一投”服务平台对处在苗圃阶段的可发展项目进行持续跟踪，对具有一定技术含量、未来发展潜力的项目实行资金跟投，并导入众创空间进行重点孵化；实施异地孵化，对处于创业萌芽期的项目团队，在高校聚集区打造1000平方米的“创客+”创客空间，进行创业资讯、培训、项目、资金的资源整合，为创业者搭建综合服务平台；实施委托孵化，与区外高校、科研院所、企业联盟等签订合作协议，委托专业机构开展苗圃孵化，管委会给予政策、资金支持，将优质科研团队和创业项目导入双创示范基地。

2. 专业孵化

通过在双创示范基地内建设专业孵化器、众创空间，为科技型初创企业提供孵化、辅导、扶持和培育，在其创业、成长阶段给予充分有效的服务和配套条件支撑。

3. 增值孵化

通过在产业园区内配套建设不少于总面积1/2的企业加速器，对经过专业孵化阶段、开始进入快速成长期的科技企业，提供生产经营场地，同时配套公共技术、投融资、人才引进等平台服务，集中实施政策支持和资源整合，通过2~3年的时间，推动企业增值，培育高成长性高新技术企业。

（二）典型示范意义

郑州航空港经济综合实验区针对全区没有研究型大学和大型科研院所、科技孵化体系尚在建设、科技型企业群体力量单薄、市场主体培育任务繁重等现实情况，结合自身创新创业的基础条件，设计并实施了“三级孵化”模式，对创新创业资源相对薄弱的区域加快创新创业资源聚集、推动创新创业孵化体系提升具有典型的示范意义。

（1）为“双创”资源相对薄弱区域加快资源集聚提供了有效途径。通过深入实施“源头孵化”工程，使实验区与域内外大学和科研机构等创新主体和创新资源密集区形成有效链接，推动孵化链条向前延伸，实现人才和技术集聚，为示范基地建设提供创新支撑。

（2）为欠发达地区“双创”提升孵化体系提供了新模式。“源头孵化”聚集有效创客、“专业孵化”培育初创企业、“增值孵化”助推企业增值。“三级孵化”模式围绕新兴产业源头培育和传统产业转型升级，实现了从注重载体建设向注重主体培育的转变、从注重企业集聚向注重产业培育转变，以技术创新和商业模式创新为驱动，为欠发达地区创新创业孵化体系提升、构建有利于创新创业的生态环境提供了有益借鉴。

二、郑州航空港经济综合实验区产创融合模式助力双创升级

郑州航空港区坚持产创融合发展理念，围绕产业链部署创新链，围绕创新链部署资金链，通过双创强链补链，不断提升产业集群发展能力，推动产业集群向创新集群跃升，提升主导产业创新发展能力，实现双创模式升级。

（一）具体做法

郑州航空港区不断探索产业发展与创新创业的内在联系，以产促创，以创强产，产创融合的模式逐渐成熟。

（1）坚持产创融合发展理念。重点培育电子信息、生物医药等主导产业，鼓励优质企业开展技术创新，实现以产促创、以创兴产。

（2）引导科技创新性企业向区内集聚。充分发挥国际智能终端（手机）生产基地、中国（郑州）跨境电子商务综合试验区、国家生物医药产业基地等平台优势，积极对接国内高校和科研院所，加快科技成果向区内转化。

（3）引导企业开展内部创业。发挥行业领军企业在双创中的作用，鼓励企业开展内部创业。

（4）构建优化双创综合载体。重点推进航空港科创中心、瞪羚企业园、嵩山创新园、思念骏域创投产业基地、临空生物医药园等产业培育平台建设，明确园区功能定位和空间布局，提供基金配置等专项政策支持。

（5）将创新转化为生产力。把发明或技术成果转化为市场需要的商品，最终形成规模产业，进而推动产业优化升级。

（6）依托主导产业部署双创工作。依托优势主导产业，发挥龙头企业技术、资源优势，开展创新创业。

（二）典型示范意义

郑州航空港经济综合实验区产创融合发展的模式实现了产业要素和双创要素的有机融合，体现了双创发展的新趋势、新特征，将有力地促进产业向中高端发展，对推动产业提档升级和现代经济体系建设意义重大。

（1）探索了产创要素融合促进产业转型升级的模式。通过产业要素与创新要素深度融合，聚焦高端创新资源集聚、产业服务功能拓展和专业服务能力提升，围绕产业链部署创新链，通过双创强链补链，构建产业双创融合新格局。探索实践“企业出题、政府立题、协同解题”的政产学研合作创新机制。每年安排不少于1亿元的科技经费，重点用于科技重大专项（计划）、技术创新与引导计划等，目前已累计支持科技计划项目超过200个，承担各类国家级计划课题11项。

（2）践行了以双创精神激发企业内部创业的做法。精益求精的工匠精神和永不止步的创客精神，是双创的灵魂，弥足珍贵。富士康郑州科技园依托自身技术和人才优势，积极推广企业创客文化，努力营造创新、创意、创业氛围，成立了“云之咖啡”（郑州）创客大本营，围绕“硬件、软创、文化”三大类创客项目，搭建服务平台。目前，创客大本营已有26个创客圈、6个小微企业、300余名创客入驻。

（3）积累了依托主导产业开展双创工作的新经验。依托优势主导产业，发挥龙头企业技术、资源优势，开展创新创业。依托新郑综合保税区电子口岸通关便利化，发挥中部电商产业园、跨境电子商务示范园的带动作用，搭建专业孵化平台（众创空间）开展创新创业。目前，两个平台已入驻电商企业86家。

三、许昌市城乡一体化示范区以城乡双创联动模式助力乡村振兴

2017年6月，国务院将许昌市城乡一体化示范区确定为全国第二批区域性双创示范基地。一年多来，许昌市城乡一体化示范区紧紧围绕城乡一体功能定位，

以产促城、以城带乡、城乡融合发展，加快城乡一体化进程。

（一）具体做法

示范基地积极有序推进基地工作方案制订、项目建设、舆论宣传、生态环境打造等工作。

1. 引领农民创新创业

在城乡协调发展的全局下，突出创新创业元素，结合乡村产业基础、发展潜力和自然人文资源，挖掘乡村产业发展特色，依托现代农业产业园等各类园区，创建一批具有区域特色、服务完善的“星创天地”、众创空间和创业社区。积极创建农村产业融合发展示范园，培育一批田园综合体、都市生态农业示范园和特色基地，打造双创特色小镇。积极培育农业龙头企业、专业大户等新型农业经营主体，以“旅游+”“互联网+”为契机，强化体验活动创意、乡土产品开发，突出发展农村农业电子商务，实现农民从只注重农业生产到向农业经营管理拓展的转变，加速一二三产业的融合，激发农村农民创新创业的积极性，提升收入水平，实现以创新创业“兴城”“兴域”。

2. 推动传统农业转型升级

大力推动新技术、新模式在农业领域的推广应用，围绕特色种植、规模养殖、休闲观光等乡村特色产业，引进、转化或开发先进适用技术成果，提升产业技术水平。通过推广新技术、新模式在农业领域的应用，大力发展都市农业、效益农业、生态农业和智慧农业，发展优质、生态、高效的现代农业体系。

3. 带动乡村基础设施环境建设

完善城乡基础设施体系、公共服务体系，加快建立覆盖城乡、有效衔接的基础设施和公共服务设施建设和管理体制，打造设施优良、环境优美的农村社区。大力推进绿色发展、循环发展、低碳发展，加强重点区域生态保护，发展循环经济和清洁生产，力促农村生态环境质量总体提升。

4. 营造乡村双创氛围

立足传承许昌汉魏（三国）文化、名人文化等历史文化资源，寻求传统思想与创新精神的对接点，通过媒体宣传、公益讲坛、创业大讲堂、创业大赛和产业辅导等形式多样的活动，集中展示创新创业成功案例和主要成果，提高双创公众知晓度和认知度，创新发展优秀乡土文化，树立文明乡风。

（二）典型示范意义

许昌市城乡一体化示范区双创示范基地坚持城乡一体化发展，开展了全域双创布局，打造成了城乡双创联动高地，对推动城乡一体化发展具有重要意义。

1. 探索了城乡同创助力城乡一体化建设的模式

许昌城乡一体化示范区作为城乡统筹发展的“试验田”，探索了城乡同创助力城乡一体化建设的模式，通过扶持建设双创孵化加速载体，高标准建设创业社区，打造双创特色小镇，激发农民创新创业的积极性，构建了农民创新创业的新模式，实现了以创新创业助力区域经济发展。

2. 建立了城乡同创助推乡村振兴的发展路径

城乡融合是带动乡村振兴的核心引擎。党的十九大报告提出了实施乡村振兴战略，为落实中央这一战略部署，许昌城乡一体化示范区在建设过程中加快推动传统农业转型升级，大力推动新技术、新模式在农业领域的推广应用。探索和注重城乡同创，持续深化落实乡村振兴战略，建立健全城乡融合发展的体制机制和政策体系，以助推乡村振兴战略的实现。

3. 积累了推动城乡发展双向互动的经验

许昌城乡一体化示范区通过优化区域发展功能布局，完善城乡基础设施、公共服务体系，加快建立了覆盖城乡、有效衔接的基础设施和公共服务设施建设和管理体制，推动双创资源要素向农村延伸覆盖，实现了城乡发展与产业支撑相促进，创业就业与人口集聚相统一、城镇化与新农村建设相协调。

四、鹿邑县着力打造产业转型促就业模式

鹿邑县位于豫皖两省交界处，是道教鼻祖老子的故里，2017 年 6 月，被国务院确定为全国第二批区域双创示范基地。鹿邑县发挥区域资源优势，依托科技创新驱动产业升级，聚焦人才培养，加速乡村融合发展，探索出了一条县域经济发展新模式。

（一）具体做法

鹿邑县坚持“以产兴城、以城促产、产城融合”的发展理念，着力打造产业转型促就业模式，实现了区域经济社会的转型发展。

1. 依托科技创新驱动传统产业升级

对接市场需求，围绕“水草皮毛”四大传统产业，依托行业骨干，建设国家化妆刷监测中心、河南尾毛检测中心等公共技术平台，助力企业技术改造、产品升级、企业转型，引导传统企业标准化、智能化、高端化、国际化发展。

2. 发挥资源优势拓展文化产业形态

以弘扬老子文化为核心，建设集文化创意、产品开发、休闲娱乐、教育培训、影视拍摄等多形态于一体的老子文化旅游创业产业孵化器和产业创业基地，拓展老子文化产业形态。

3. 借势乡村振兴加速农村产业融合

按照“小企业、大产业，小个体、大群体，小产品、大市场”的思路，培育农业新型经营主体，发展休闲农业、观光农业、智慧农业、品牌农业等新业态，依托互联网，推进“村淘创业”“微商创业”“电商创业”的互联网经营模式，加速农村一二三产业融合发展，提升产业价值链。

4. 聚焦人才引育激活产业融合动力

探索跨区域“返乡创业—招商引资”联动模式，以全方位、跨领域、多渠道的人才引育机制，打造双创人才高地。

5. 发挥政策效应引导产业转型升级

针对返乡创业就业人员、高层次双创人才团队以及双创载体、服务平台建设、扶持产业发展、双创资金投入等出台了“1 +5”的政策体系，为产业升级、吸纳就业提供政策支持。

（二）典型示范意义

鹿邑县以产业转型促就业模式是“创新、协调、绿色、开放、共享”新发展理念的生动体现，实现了发展经济、促进就业、弘扬文化、保育生态的协同发展，具有典型的示范意义。

1. 探索了传统产业转型发展的有效路径

改造提升传统产业是振兴实体经济、实施创新驱动发展战略的重要内容，但改造传统产业面临着诸多压力挑战。“水草皮毛”作为鹿邑县的传统支柱产业同样面临转型、产品升级的任务，为此，鹿邑县抢抓“国家双创示范基地”建设机遇，通过政策引领、创新引领、人才引领、特色引领、文化引领等举措，把招商引资与人才引育结合起来，把产业集聚与特色培育结合起来，把市场需求与产品供给结合起来，发挥技术与制度的双重作用，对接国内与国外两个市场，顺利实现了传统产业的升级转型。2017 年，该县新增企业 46 家，实现企业主营业务收入 200.12 亿元，增速 27.7%。

2. 形成了以产业升级促进就业的新模式

就业是最大的民生，产业是经济的基础，如何实现产业升级与就业扩大对我国经济社会发展具有重要的意义。鹿邑县通过壮大产业规模、优化产业结构，通过“输出打工者、引回创业者、带动就业者”的方式，围绕“中国化妆刷之乡”“河南羊毛衫基地”的“一乡一地”主导产业目标，形成“多乡连片一业”的产业发展新格局。2017 年，该县规模以上企业从业人员 3.28 万人，增速 18.42%。在尾毛产业升级转型的同时，辐射带动周边更多的群众在家门口实现就业创收，进而走上收入稳定的脱贫致富路。

3. 积累了人才双向自由流动的实践经验

长期以来，欠发达地区人才外流一直是制约区域经济协同发展的关键掣肘。鹿邑县创新思路，采用“请进来”的方式，依托当地优势特色产业，吸引鹿邑和河南籍在外企业家回乡创业，联动经济发达地区的产业转移，以“引凤带鸟”的模式促进当地的产业发展；采用“走出去”的方式与经济发达地区产业高地联动，创新外出务工人员实践委培途径，以“引凤筑巢”的模式，带动务工人员返乡创业。从而把人才洼地的制约转换为机遇和优势，为当地经济社会发展提供了人才支撑。

五、鹿邑县以“引凤还巢”工程打造返乡创业新模式

近年来，鹿邑县农民工返乡创业工作走在了全省前面，先后被评为“第三批结合新型城镇化开展支持农民工等人员返乡创业试点地区”“河南省农民工返乡

创业示范县”，该县以“引凤还巢”工程打造返乡农民工创业的模式取得显著成效。

（一）具体做法

自2017年被国务院确定为全国第二批区域类双创示范基地以来，鹿邑县多措并举，农民工返乡创业已经成为该基地的特色，主要形成了如下创新做法和典型经验。

1. 打造特色产业集聚区，吸引本土企业家返乡创业

鹿邑县是全国最大的化妆刷生产县，全省最大的羊毛衫生产基地，形成了化妆刷、羊毛衫、生物制药、白酒酿造、特色农业、老子文化等特色产业集聚区，良好的产业基础吸引了大量本土企业家返乡创业。其中，仅化妆刷产业园就吸引103家返乡创业企业入驻，带动就业2万多人，入驻的企业又补充和完善了现有产业链，因此，实现了“产业”与“创业”，“创业”与“就业”之间的良性循环。

2. 探索“异地打工者创业实践委培新模式”，“打工者”转型为“创业者”

鹿邑县除了实施常规的创业培训以外，还与上海、浙江等文化创业产业高地联动，探索出“异地打工者创业实践委培新模式”，即选送优秀的青年打工者到上海、浙江等地定向委培，委培期满，返回鹿邑投资共建文创企业，实现“打工者”向“创业者”的转变。这种“选秀”式培训挑选出了最优秀的“打工者”，让他们带着目的与任务到最发达的地区参加培训，其效果尤为显著。

（二）典型示范意义

支持农民工返乡创业对于河南省有着尤为特殊的意义，关乎脱贫攻坚战的大局，为农业现代化发展注入巨大活力，能够提供更多的就业岗位，有利于解决留守等社会问题。鹿邑县“请进来”和“走出去”的创新做法，为全省推动农民工返乡创业提供了可操作、可复制、可推广的经验。

（1）各地区应根据自身优势，发展特色产业，让“打工者”有条件转型为“创业者”。鹿邑县化妆刷等产业不仅在全省，而且在全国也已经形成了较大影响力，产品甚至还远销国外，为农民工返乡创业打造了良好的产业基础。

（2）应出台激励政策，鼓励返乡创业让“打工者”有意愿转型为“创业者”。鹿邑县通过加强基础设施建设、大力发展招商引资、加强对外宣传等，对

外出打工者返乡创业形成了激励作用。

（3）应进行“选秀”式培训，让优秀的“打工者”脱颖而出，有能力转型为“创业者”。创业意愿只是成功创业的前提，创业能力才是关键。鹿邑县探索了“异地打工者创业实践委培新模式”，让有意愿创业的打工者得到了珍贵的培训机会，能力得到了提升，极大地提高了返乡创业的成功概率。

六、郑州高新区多措并举激活双创引擎

郑州高新区坚持“发展高科技、实现产业化”的功能定位，不断深化体制机制改革、强化政策引导支持、探索全链条孵化模式，大力推进招才引智、科技与金融结合和知识产权保护等综合服务保障体系建设，双创建设取得了新进展、新成效。郑州高新区双创示范基地建设的经验表明，推进双创与“放管服”改革结合，双管齐下优化双创生态，强化知识产权和科技金融支撑，是推动双创基地高质量发展的关键举措。

（一）具体做法

郑州高新区 2016 年获批郑洛新国家自主创新示范区郑州片区核心区，2017 年获批“国家知识产权示范园区”，是河南省首批双创示范基地，在全国 156 个国家级高新区中最新综合排名第 12，科技创新能力排名第 7，可持续发展能力排名第 7，孵化培育能力排名第 2，新三板挂牌公司 67 家，占全市的 43%；上市、挂牌等资本市场企业总数突破 100 家，持续位居全市第一，保持全省领先地位。

（1）抢抓国家战略机遇，科学谋划自创区建设。在新形势下，郑州高新区抢抓国家战略机遇，准确把握国家自主创新示范区“作为国家高新区的 2.0 版，肩负体制机制创新和政策先行先试两个使命，承担培育新产业、引领新业态、打造新模式三项任务”的基本内涵，始终坚定“发展高科技、实现产业化”的功能定位，明确提出“建设郑洛新国家自主创新示范区的引领区、具有国际竞争力的创新创业中心”的奋斗目标。围绕郑洛新国家自主创新示范区郑州核心片区，郑州高新区聚焦了智慧产业、智慧社会的主攻方向，探索了“四链一城”（即“围绕产业链，布局科创链，完善金融链，强化政策链，着力发展更加宜创宜业

宜居的智慧新城”）的实践路径，形成了比较系统的国家自主创新示范区发展战略和推进策略。2017 年，郑州高新区产业发展和科技创新支出超过 14 亿元，用于支持创新驱动战略实施和产业结构优化升级等方面。

（2）深化体制机制改革，加快实施“四个一批”。郑州高新区深化提升行政审批制度改革，构建形成“一窗式”受理、“一站式”服务、“一条龙”审批的行政审批新模式；制定管理体制与人事薪酬制度改革的总体方案，探索“网络计划—系统会商——次交办—督查问效”的网络化推进机制；加快开展科技成果转化、知识产权保护、科技金融等先行先试的体制机制改革试点，积极培育一批创新引领型企业、人才、平台、机构（以下简称“四个一批”）。

（3）推进科技成果转化创业，探索全链条孵化模式。郑州高新区坚守“发展高科技、实现产业化”的功能定位，强化科技成果与现实生产力对接，大力推进科技成果转化创业，成立上市办、挂牌服务中心指导孵化企业进入资本市场。郑州高新区上市公司辉煌科技、汉威科技、新开普、新天科技、光力科技等，以及“新三板”挂牌企业威科姆、日立信等，其创业者都是来自高等院校或科研机构，在高新区经过 5 ~ 10 年的孵化，成为上市或挂牌企业。依托郑州大学、解放军信息工程大学、河南工业大学、郑州轻工业大学、郑州机械研究所、郑州三磨所等大学和科研院所广大教职工、师生创新创业，探索了高新区管委会出注册资本、出资租赁场地与高等院校和科研院所共建产业技术研究院的孵化模式，创新高校和科研院所科技成果产业化收益分配机制，极大地调动了高校和科研院所创新创业的积极性，促进了新兴产业关键共性技术研发及产业化。

（4）完善知识产权保护体系，搭建科技与金融融合链条。郑州高新区成立国家知识产权示范园区建设领导小组、河南省专利导航产业发展实验区建设领导小组、知识产权局，组建精干的知识产权工作人员队伍；为加快“121”主导产业发展和建成区域性科技金融创新中心，郑州高新区不断加深科技与金融结合。2016 年，郑州高新区设立母基金 2 亿元，通过参股设立产业投资基金的方式，发起设立不同类别的子基金（N），引导各类投资机构和社会资本投向主导产业和战略性新兴产业，形成（1 + N）基金体系。

（5）实施“人才强区”战略，打造创新创业政策高地。郑州高新区牢固树立“人才是第一资源”理念，实施“人才队伍引智工程”，将创新人才引进方式，与高端人才中介服务机构合作，在国内外经济发达地区建立“郑州高新区高层次人才工作站”。建立人才引进推荐奖励制度，对于为高新区培养和引进国家

“万人计划”“千人计划”入选者的单位、中介机构等，按培养和引进人数给予一定金额的奖励。创新人才培育方式，组织高层次人才赴国内一流高校开展培训，对高层次人才参与国内外学术会议，给予一定的补贴；重视实用型人才培养，实施校企合作，联合培养专业实用人才。建立人才激励制度，对创新人才携带或实施的重大项目予以资助，同时还设立高新区创新人才奖励资金，对做出突出贡献的科技人才给予重奖。设立人才专项经费，对于纳入国家“千人计划”、省“百人计划”人才创办的企业，提供150万~200万元的区级创业启动资金支持。

（二）典型示范意义

2017年，郑州高新区以郑洛新国家自主创新示范区和河南省双创基地为主阵地，着力构建以企业为主体、市场为导向、产学研深度融合的技术创新体系，集中优势在创新引领型平台、人才、企业、机构和项目上寻求突破，努力构建创新引领型高地。积累形成了一系列可复制、可推广的双创经验做法。

（1）深化体制机制改革是开展双创工作的根本保障。开展双创工作要与简政放权、放管结合、优化服务有机结合起来。郑州高新区深化行政管理体制改革，认真落实“一把手”抓“第一生产力”的工作机制，实施干部人事制度改革，探索建立与“快节奏、高效率”工作要求相适应的薪酬激励机制，明确领导班子成员和各个工作人员的职责与任务，建立横向到边、纵向到底，一级抓一级、层层抓落实的工作格局。深化体制机制改革，能够激发干部的干事创业激情，提升行政管理效能，从而增强双创基地建设的内生动力和活力。

（2）优化双创生态体系是建设双创基地的有效路径。郑州高新区一直致力于通过打造“硬配件+软环境”，提供全方位产业链条服务，注重优化双创生态，助推创客成功，从而走在全省创新创业工作的前列。而郑州高新区政府在这个过程中扮演着“引导+服务”的角色。正因为有主动服务企业的理念和意识，所以郑州高新区双创的土壤逐渐形成。在郑州高新区，初创企业可“拎包入驻”电子商务产业园、软件园、电子电器产业园等，也可享受房租补贴、人才培训等政策扶持。当企业发展壮大还可申请特批土地进行园区建设。同时，郑州高新区创业中心、人才办和经济发展局等部门帮助企业收集创新创业帮扶信息，为企业人员讲解营销管理知识、引进人才和股权激励等方面的最新政策，搭建中介服务平台、公共服务平台等综合性服务平台。郑州高新区的建设经验表明，只有坚持“小政府、大服务”的思路，优化双创生态体系，才能使企业专注于核心技术和竞争力提升，大大提高创新创业成功率。

（3）强化知识产权与金融支撑是建设区域双创基地的重要抓手。一方面，在创新驱动的时代背景下，知识产权作为创新的主要成果和载体，其地位和作用日益突出。科技创新始终是国家级高新区不变的主题，保护和利用创新成果的知识产权就显得尤为重要。实践表明，加强知识产权保护和利用，成为支撑郑州高新区双创基地产业做大做强的核心措施之一。另一方面，创业企业的发展、科技创新的加速，都离不开资本的大量投入。科技与金融有效结合，不仅是国家中长期科技发展规划纲要所确定的战略措施，也是解决我国科技成果转化和科技型中小企业资金瓶颈的现实选择。国家高新区是高新技术企业的集聚区和高新技术产业的孵化平台。高新科技企业和高新技术产业既有高技术含量、高成长性的显著优势，也有轻资产、大投入的鲜明特点。鉴于高新技术所具有的资本密集特征，发展科技金融对国家高新区尤为重要。郑州高新区正是以建设郑州国家促进科技和金融结合试点城市为契机，以建设区域性科技金融创新中心为目标，从金融机构、金融市场、金融产品、金融监管四个方面搭建科技金融服务体系。

七、郑州大学以资源共享平台建设助力全省创新创业

郑州大学是国家“211 工程”重点建设高校、一流大学建设高校和“部省合建”高校，2017 年 9 月进入国家世界一流大学和一流学科建设高校行列。郑州大学采取“集中建设、开放共享、专管共用，有偿使用”的模式，积极探索学校大型仪器装备开放共享管理的新模式，先期已建设、开放共享郑州大学现代分析与计算中心、医学科学院转化医学、超级计算中心三个平台，取得了良好的社会和经济效益，充分发挥了河南顶尖学府在双创中的带动辐射作用，优化了区域双创环境。

（一）具体做法

1. 现代分析与计算中心

该中心实行主管校长领导、学科与重点建设处监管、专家委员会指导下的主任负责制。根据学校实际情况，中心实行集中与分散相结合的统分管理体系。实

验室已逐步建成表界面分析室、结构分析室、成分分析室以及若干个分中心。分中心隶属相关院系，设备与人员归属不变。分中心受中心与院系的双重管理，中心只对分中心测试业务、仪器设备利用率等进行管理与统计。

（1）以共享为主导、资源统筹的设备配置模式。共享设备是指有较大共享度的仪器装备，由学科与重点建设处组织，现代分析与计算中心参与，会同学校相关部门，严格按照相关程序，对设备进行论证与购置。做好共享设备的安置、安装与调试等工作。

（2）“分散安置、集中管理”的设备运行与管理模式。所有共享设备均需纳入中心实验室网络系统，实行动态网络管理，包括对仪器的开机、使用人、运行时间、测试计算内容、测试收费等项目的管理。全校师生均可利用校园卡号登录平台进行预约测试。实验室网络管理系统统一由中心运行和维护。

（3）阶梯式的分类收费标准。仪器运行采用阶梯式收费：第一阶段：试运行期间（2～4 周），测试费全免；第二阶段：初期（4～8 周）仅收取耗材费；第三阶段：针对校内、校外人员采取分类标准，实行正常收费。

（4）高水平成果奖励机制。利用中心入网仪器设备测试的数据、正式出版的高水平论文，根据其测试记录及相关票据进行及时奖励。

2. 医学科学院转化医学平台

医学科学院是集学科建设、科学研究和高层次人才培养三位一体的科研与管理机构，主要致力于肿瘤防治领域的科学研究。自 2015 年成立以来着力打造基础研究、实验动物、转化医学三大关键科研平台。2017 年 8 月，转化医学平台正式投入使用。现已建成可用于公共服务的分子生物学实验室、符合 GMP 标准的病毒载体制备室和细胞基因治疗制剂制备室。一期建设采购了流式分选细胞仪、激光共聚焦显微镜、长时间动态活细胞观察成像系统和荧光定量 PCR 仪等设备，共计 3600 万元。平台实行“开放、流动、联合、竞争”的运行机制。

（1）设计先行，转化医学平台建设之初，将如何方便共享作为设计的理念核心要素之一。在设计阶段充分考虑物理空间布局及软硬件管理系统。

（2）建章立制，借鉴国际一流科研平台的先进经验，制定了切实可行的管理制度《郑州大学医学科学院医学科研平台运行管理办法》。

（3）分类管理，转化医学平台将设备共享分为三类：第一类是大型仪器设备（单台 40 万元以上）；第二类是非大型仪器设备但对操作技术要求较高，需要专业技术人员完成；第三类是通用设备。根据类别制定相应的使用管理办法及收费标准。

（4）灵活的用人体制，转化医学平台通过购买服务的方式，聘用了运行服务人员。将共享服务的部分收入用于技术人员的能力培训和绩效奖励。

（5）主动宣传，有针对性地宣传平台，特别是面向能和平台研究方向相契合的研究者，宣传平台服务的范围和能力。

3. 超级计算中心

郑州大学（郑州市）超级计算中心是郑州大学与郑州市人民政府本着共建共享的原则联合共建的用以支撑郑州市智慧城市建设、电子政务、郑州大学科学计算和产业技术创新的重大信息基础设施，2017 年底计算能力峰值为 1100 万亿次/秒。郑州大学负责基础环境建设，郑州市政府负责超算设备购置。郑大超算中心自 2017 年 2 月投入使用以来，在郑州大学一流学科建设、全省气象数值预报、郑州市智慧城市建设等方面提供了高性能计算服务，实现了平台的良性共享运行。

（二）典型示范意义

郑州大学作为河南省唯一的世界一流大学建设高校，是荣誉也是责任，学校集聚了河南省内的多种优质资源，在推动全省双创工作中郑州大学充分发挥自身特长，主动尝试、勇于创新，其在资源共享平台建设方面的尝试和做法有一定的借鉴和指导意义。

1. 实现了高校优质双创资源平台共享

高校资源平台主要是指直接支持学校教学和科研活动的各种科技资源，既包含基础教学实验室又包含研究性实验室和仿真模拟实验等科技资源平台。这里说的优质平台资源是指能够代表高校学科特点和先进水平的教学资源，各高校根据学科强弱和自身发展定位，所拥有的优质资源分布不均，且能力与需求不匹配。创新创业工作需要大量的实验和模拟训练，通过共享资源平台提高高校优质教学资源的利用率，将有力促进双创工作高质量开展。

2. 探索了校内重要资源整合共享的模式

校内部专业学科之间既有差异又有联系，通过对校内各学科资源平台进行有效整合可以极大地提升和优化资源配置，也可以避免重复建设和购买。郑州大学现代分析与计算中心就是按照集中建设、开放共享的思路来建的，通过共享减少了重复购置，提高了设备使用效率。该中心采用分散安置、集中管理的模式，对所有共享设备纳入中心实验室网络系统，实行动态网络管理。通过共享资源不但可以加强各学科的联系还有利于创新。通过共享在管理上可以形成合力，增强学校的综合竞争力，学校可以通过建立资源共享中心和共享协同机制来统筹各种资源。

3. 践行了区域重要资源互补共享的模式

区域资源整合重在互补，各高校、企业、政府职能机构所拥有的资源平台各有优势，能否发挥这些资源的更大作用，为创新创业及地方经济发展提供动力和保障，是衡量资源共享平台建设水平的重要标准。郑州大学（郑州市）超级计算中心作为河南省和郑州市区域科技创新体系的重要组成部分，为我们探索出了区域资源共享平台建设的成功经验，平台的有效运行实现了多方共赢，有力地促进了河南省双创工作的开展。资源共享平台可以由政府部门、行业协会或龙头单位牵头组建，通过成立区域资源共享中心或资源共享战略联盟来推动这项工作。推进过程中要注意建立完善的监督考核机制，探索创新运营模式，实现高校、企业、政府、社会多方共赢的局面。

八、黄河科技学院多措并举打造双创生态体系

黄河科技学院始创于 1984 年，是全国第一所民办普通本科高校，2016 年，获批“国家级科技企业孵化器”，获评“全国民办高校创新创业教育示范学校”，荣膺首批“全国创新创业五十强高校”；2017 年，获批“教育部首批深化创新创业教育改革示范高校”“河南省首批高校双创示范基地”，大学生创业园荣获“全国大学生创业示范园”。

（一）具体做法

为更好地服务于双创工作深入开展，黄河科技学院结合河南省创新驱动发展战略和产业发展需要，结合黄河科技学院双创示范基地建设需要，在优化双创生态环境、双创人才培养、双创人才流动、科技成果转化、大学生创业支持体系等方面创新思路、先试先行。

1. 优化双创生态环境

学校将创新创业教育作为一项长期战略性工作来抓，将创新创业教育纳入《黄河科技学院事业发展规划（2016~2020年）》，以创新引领大学生创业，以创业促进大学生就业，为大学生创新创业营造更好的“双创”环境。一是运用各种有效手段，多渠道、全方位地宣传创新创业工作，引导全校师生人人参与到创新创业中，营造浓郁的创新创业氛围。二是建立宽容失败的政策保障和激励机制，积极营造“鼓励创新、宽容失败”的良好氛围，逐步消除阻碍创业的体制性、机制性、观念性障碍，充分激发大学生的创新创业活力，消除大学生创业者的后顾之忧。

2. 加强双创人才培养

2015年，学校制定了《黄河科技学院关于进一步加强创新创业教育工作的实施意见》，作为黄河科技学院创新创业教育改革的纲领性文件，明确了创新创业工作的指导思想、发展目标、主要任务与保障措施。制定了《黄河科技学院关于提升学生创新创业能力培养的实施意见》，对优势特色专业集群建设、开设多形式创新创业实验班、健全创新创业教育课程体系、完善创新创业教育实践平台、加强创新创业教师队伍建设、完善创新创业教育管理体制和激励政策等做出了详细的规划和部署。学校还出台了《黄河科技学院关于修订本科专业人才培养方案的指导意见》，指导各专业从人才需求调查、教育思想观念变革、课程体系改革、课程建设、教学模式改革、教育评价体系改革等多个方面开展人才培养方案综合设计。

3. 完善创新创业人才流动机制建设

学校创新“教育+科技”集团化办学体制，建立“学校+企业”教师队伍新体系，实现了创新创业人才的双向流动。学校出台了《关于柔性人才引进的暂行管理规定》《关于专业教师到企业挂职锻炼的暂行管理规定》《学校体系人才队伍管理办法》《企业体系人才队伍管理办法》《企业人员到高校任教薪酬管理办法》等相关政策，逐渐形成包括人才引进、培养、激励、流动、退出、服务在内的比较完善的人才政策体系。

4. 加快科技成果转化

从2007年开始，学校实施科研与学术建设工程，并在《黄河科技学院2011~2020年中长期改革和发展规划纲要》中明确提出未来10年科研的发展目标和任务，重视科研引领作用，强化管理和积极激励相结合，学校在2009年制定并出台了《黄河科技学院科研成果奖励办法》，2012年出台了《黄河科技学院科研工作量计算办法》，对师生取得的项目、论文、著作、专利等科技成果都给予奖励，学校科研工作发展势头好，服务地方社会发展的能力不断提升。

5. 构建大学生创业支持体系

黄河科技学院作为教育部首批“深化创新创业教育改革示范校”、全国首批创新创业50强高校、全国民办高校创新创业教育示范学校，已经制定了《黄河科技学院鼓励和扶持大学生创业的促进措施（试行）》《黄河科技学院大学生创业项目评审管理办法》《黄河科技学院大学生创业导师聘任与管理办法》《黄河科技学院大学生创业项目资助管理办法》等政策，构建了从园区服务、项目遴选、导师指导、资金扶持等方面的大学生创业支持政策体系。

（二）典型示范意义

1. 培育了浓厚的创新创业文化氛围

黄河科技学院是在改革开放的大潮下诞生的，建校以来始终将创新创业作为引领学校发展的第一动力，其发展历史本身就是一部创新创业史，发展基因当中充满了创新创业的元素。凝练出“开拓、拼搏、实干、奉献”的黄科院精神，“敢为天下先”成为该校师生的品质特征，并深深内化于学生的行为习惯中。学校重视发挥创新创业文化在思想引领与精神锻造方面的核心作用，潜移默化地引导学生关注创业，积极创新，形成浓郁的创新创业校园文化。

2. 完善了创新创业生态体系

学校建成“创客工作室—众创空间—孵化器—加速器—产业园”全链条创新创业生态体系，获批国家级众创空间、国家级科技企业孵化器、河南省大学科技园、河南省科技企业孵化器、河南省创业孵化示范基地等高层次创新创业平台。建有河南省民办高校中第一个省级重点实验室——纳米复合材料与应用重点实验室，以及省院士工作站、省博士后研发基地、省高校工程技术中心、省非物质文化研究基地等省级科技创新平台6个，市级科研平台12个，校级科研平台20个。还建有中国（河南）创新发展研究院、河南新经济研究院等高端智库，郑州市高校专利产业化服务平台、郑州市医药创新科技服务平台等科技服务平台。

3. 丰富了创新创业资源

首先，通过双创工作开展学校汇聚了高层次创新创业专家学者、海外留学归国人员和创新创业人才，组建创新创业团队，指导师生创新创业。其次，学校所有实验室对校内外企业开放，仪器设备实现开放共享。最后，搭建高层次创新创业交流平台，学校建成的国家众创空间、大学科技园、黄河众创咖啡、创客工厂、“U 创港”等多次成功举办国内外高规格的创新创业活动。

4. 加快了高新技术成果转移转化

目前，学校大学科技园入驻企业（团队）130 余个，其中年产值千万元以上企业 15 家、高新技术企业 3 家。在生物医药、电子信息、文化创意等领域形成了产业集聚效应。学校 16 个研发中心全部孵化了企业。其中新药研发中心成功孵化了河南晟翔医药有限公司和美国 Sunnylife. PharmaInc. 公司。纳米功能材料研发中心承担了 10 项国家自然科学基金项目，成功孵化了河南奥孚森高分子材料科技有限公司和河南纳晶科技有限公司，已有 2 项科技成果转化，被认定为河南省高校工程技术研究中心。

九、昊华骏化构建企业双创常态化、项目化、机制化

昊华骏化以“技术创新在基层”的全员创新文化为源泉，以 10 个双创科研创新平台建设为支撑，采取高效的双创项目化管理模式，有机结合创新内在动力、有效运行、不断发展三个方面的双创机制，构成一种公司创新活动不断循环增值的系统，并贯穿于企业创新创业的整个过程。昊华骏化的实践表明，企业要积极推进双创常态化、项目化、机制化，带动产品创新、生产流程创新、服务创新、商务流程创新和商业模式创新等综合创新，加快企业转型升级，提升核心竞争力。

（一）具体做法

1. 依托自身研发平台不断创新运营模式

昊华骏化以省级煤化工工程技术研究中心为依托，建成 15 个基础实验室和专业实验室，设有博士后科研工作站、国家级企业技术中心。2017 年昊华骏化集团双创基地依托国家级企业技术中心和博士后科研工作站持续开展科研攻关，

充分利用资源优势，成立10个研究所作为创新平台，以股份公司和顺达公司为孵化载体，积极调动全员创业创新，科技创新与产业升级紧密结合，掌握了一批具有自主知识产权的核心技术，实现了产品创新、生产流程创新、服务创新、商务流程创新和商业模式创新。

2. 以“双创”挖掘制造业发展潜力

昊华骏化致力于产品创新，实现了产品品种多元化和化工产业链的延伸，以农用化学品、基础化学品、精细化学品向新能源、新材料、环境工程和环境科技的三个转变为引领。在新能源、新材料、环境工程和环境科技等新兴产业实施科研开发，多项技术已成功进行工业化生产。其中2017年10月完成移动床高温非熔渣纯氧连续气化技术和复合催化加氢醋酸制乙醇技术科技成果鉴定，两项科技成果经全国石化联合会组织的专家鉴定，均达到了国际先进水平。

3. 注重业务流程创新

昊华骏化生产流程创新方面，一直在行业内保持了领先地位。骏化利用移动床高温非熔渣纯氧连续汽化技术（T-G）等环保处理技术抢占国内亟待改造的煤制工业燃气及小化肥改造市场、城市氢能燃气及天然气储气站，将技术优势转化为经济效益，解决冬季城市天然气、工业燃气紧张，价格高等一系列问题。公司加快信息化与工业化深度融合，大力引进和推广应用智能科技装备和智能产品，推进重点领域制造过程智能化。以GS、OA、6S管控为中心的企业管控一体化运行监测大数据平台。

4. “双创”推动制造业向生产服务型转变

昊华骏化深入践行“以客户为中心，服务为根，以奋斗者为本”的核心价值观，实现了商务流程的创新。为客户搭建电子商务平台、物流信息平台，特别是以电子商城为中心，辅以CRM客户关系管理系统等形成的电商销售平台。

（二）典型示范意义

昊华骏化将项目化管理的观念渗透到企业的外部创新和内部创新的领域和流程，公司采取灵活高效的双创项目化管理模式，以目标为导向逐一地解决问题，最终确保双创项目总体目标的实现，保证企业战略的实现。

1. 探索了推进双创常态化

一个创新型的企业既需要创新的环境条件来提供保障，更需要具有创新本质的文化来支撑。创新文化对企业的创新工作和创新活动起着内在的、有力的推动作用，一个有利于创新的文化环境一定能够为创新发展提供强有力的支撑。从成功企业的发展轨迹来看，只有以创新的精神、创新的方式、创新的思路推进创新的发展，才能促进经济发展、企业的强大和财富的增长。若想建立创新型的企业文化，其观念的创新是核心。昊华骏化观念的创新，鼓励全员创新的文化为公司双创提供了创新的环境氛围。在昊华骏化，创新从来不只是少数科研人员的工作，形成了“技术创新在基层”的全员创新体系。“技术创新在基层”的创新组织体系颠覆了传统意义上的实体研究所，将创新机构虚拟设置在生产制造及研发一线，设置在基层，从生产及研发实际工作出发，根据生产工艺、设备、能耗、研发方案进行基层创新、全员创新，充分调动全体员工的积极性，激发员工的个人潜力，优化创新创业环境，调动创新主体的积极性，实现双创常态化。

2. 践行了推进双创项目化

项目化管理就是用管理项目的工具和方法来管理组织中的一次性任务，并建立一整套相应的制度规范且相对独立、完整的高效管理模式。创新项目化是企业为完成某一项特定技术项目的研究和开发，通过单独或合伙投入并合作组织研究的开发过程，共享研究与开发成果的一种创新模式。创新项目化是企业完全利用外部资源和完全利用内部资源的一种中间模式，这样便于进行一些重大的技术创新活动，整合资源，分享创新的阶段成果和最终成果，也便于开展一些对高级人才和设备要求高的尖端创新活动。昊华骏化将项目化管理的观念渗透到企业的外部创新和内部创新的领域和流程。

3. 实现了推进双创机制化

企业创新机制是指企业在生产经营管理活动中所形成的与企业创新精神、企业创新价值观等意识形态相适应的企业制度、规章、条例、组织结构等。企业创新机制体系是由企业创新的动力机制、运行机制和发展机制共同构成的，这是企业创新有效运作的基本要素。昊华骏化把这三种创新机制有机联系在一起，由内在动力、有效运行、不断发展三个方面的机制构成一种公司创新活动不断循环增值的新机制系统，并贯穿于公司创新的整个过程，这种创新机制具有强大的生命力。昊华骏化建立起了这种有效的创新机制，不断地将知识、信息、技术、物质转化为用户满意的产品，促进知识的生产、积累、创造、应用和扩散，加强信息的传播、交流、加工和扩充，提高技术的先进性、创造性、新颖性和实用性，持续刺激关键资源的成长，最终实现资产的增值，并获得强大的竞争优势。

十、汉威集团开辟龙头企业与政府紧密合作的双创创新模式

汉威科技集团股份有限公司成立于1998年，是一家立足传感器技术的信息服务企业，依托于汉威集团的河南省双创基地在自身建设过程中形成了“坚守技术方向，放开合作方式”的特色做法。

（一）具体做法

公司在物联网、大数据和人工智能的技术背景下，构建了技术品种齐全的完整产业链，具备提供“传感器+监测终端+数据采集+空间信息技术+云应用”系统解决方案的能力。

（1）定向精准孵化，构建“传感器+”产业生态圈。在双创基地的建设过程中，汉威对基地的技术方向始终保持清醒认识，坚持聚焦“传感器+”领域，站在优化传感器产业生态圈的角度进行项目孵化。汉威一方面激励内部员工众筹创业，对于有一技之长且有风险承担能力与意愿的员工给予宽松政策空间，允许其离职独立组建新的公司实体进行创业。另一方面为了提高优化产业生态圈的速度，汉威面向资本市场筛选能够形成产业互补的创新型公司，通过分阶段注资或控股等多种方式执行精准孵化，在提速的同时有效降低了投资风险。

（2）增强内部创新创业氛围，完善内部创新创业机制。汉威自2013年启动了淘青春梦之队的创业计划，在创新团队内部挖掘好的苗子培育创新创业团队。在合作方式方面，汉威只是以技术参股的股东，只享有股东权利，不参与直接经营，创新创业团队独立于汉威体制之外。创业团队大部分资金优先在汉威创新团队内部众筹完成，在经营决策上汉威不进行干涉，只充当“保姆”的角色。

（3）开放研发资源共享平台和产业化平台，实现合作双赢。开放汉威已有的国家级企业技术中心、省级工程研究中心、省级工程技术研究中心、院士工作站和博士后工作站等创新平台及汉威传感器智能制造产业化平台，为初创企业提供了研发、实验、中试等所需的设备硬件条件，满足入驻企业在技术研发、产品试验验证等方面的需求。汉威公司以微利的价格开放自身技术资源，一方面为双

创基地提供了必须的研发平台，另一方面也提升自身固有资源的利用效率，实现了合作双赢。

（4）围绕战略重点，量身布局产业中试推广平台。充分利用自身技术优势，积极介入智慧城市发展大势是汉威公司的重要战略部署。为了推动在智慧城市领域的布局发展，汉威以 PPP 模式控股郑州高新区供水公司、供热公司，以这些公司为载体进行全国领先的智慧水务及智慧热力平台的部署。通过这些建设，既提高了自身的竞争实力和盈利回报，也为智慧城市领域的入孵相关企业量身定制了高水平的中试和产业推广平台，极大地降低了基地被孵化企业的双创成本。

（5）针对双创需求，打造商学培训及投融资平台。双创活动不同于企业日常的经营活动，双创主体在进行双创活动时面临着大量的不确定性和风险，在投资规模、融资方式、渠道等方面都需要专业化的指导与服务。针对这一现实需求，汉威公司主动引入专业化的咨询公司及资本运作公司，对孵化企业进行专业化服务。譬如汉威与“和君咨询”合作，在汉威产业园内建立了和君商学院教学基地，为入驻企业提供专业的企业管理经营等方面的培训和指导，并利用投融资平台不断为入驻企业争取投融资机会。

（二）典型示范意义

（1）龙头企业是塑造行业双创生态的核心推手。与企业日常经营相比，双创行为面临特殊风险，但是一旦成功可以迅速被推广复制，所以其又具有很大的正向外部性，鉴于双创的这种特性，政府必须营造一种环境推动双创工作。但是政府自身的组织特性决定了由政府直接进行双创是不现实的，必须由企业来开展双创工作。任何时候企业都是双创的主体，也是政府推动双创的关键载体。龙头企业占据行业较大的市场份额，双创行为一旦成功，龙头企业将获取较大收益，所以龙头企业作为双创的关键推手能较好解决能力与激励相结合的问题。

（2）政府服务水准是营造双创生态环境的关键要素。双创工作具有天然的高风险性与不确定性，正如人处于婴幼儿时期，需要特别的外部环境保护，很多时候这些外部保护仅靠市场来提供是满足不了需求的，需要政府在关键节点提供支持。同一般业务相比，双创行为对可预期的营商环境有更高的要求，政府只有提高相关服务质量，才能有效降低企业进行双创工作所面临的非市场风险，才能真正激励企业开展双创。

（3）双创基地运营团队职业化程度是影响绩效的直接变量。如果说建基地搭平台属于投资，基地后期活动的开展就具有更多的运营性质。一个基地的运营团队是否具备相应的职业化水平对于基地持续健康运营至关重要，尤其对于综合性双创基地而言更是如此。运营团队要在项目筛选、商业模式选择、融资渠道服务等一系列方面为双创主体提供增值服务，才能助力提高双创绩效。

（4）政府是决定双创生态基础设施建设第一责任人。好的双创生态离不开勇于面对不确定性的市场主体，也离不开好的双创环境与土壤，而好的环境单靠企业是不行的。双创环境具有公共产品性质，具有显著的外部性，不管是工商服务、产业共性技术的提供，还是基础研究资金的筹措，甚至商业信用和执法效率等制度设施，都离不开政府的支持和参与。政府应该把这些具有公共品性质的基础设施建设好，才能引来高水平的参与者，避免劣币驱逐良币，开启双创生态良性循环。

（5）风险收益匹配与责权利对等是影响双创生态的核心机制。要实现不同主体之间的良性互动，仅有美好蓝图是不够的，还要有能够协调好不同利益主体之间风险收益关系的机制，风险收益匹配与责权利对等是实现合作可持续的基本原则。政府和企业之间、投资者与市场主体之间，很多有价值的事情落不了地，根本原因就在于没有细致地处理好这个问题。

十一、中信重工构建全流程集众智众创模式

中信重工利用企业员工的不同工作特点，坚持“企业主建，创客主战”，搭建起“四群共舞”全流程集众智众创模式，从而使公司深耕双创实践、深植双创文化。

（一）具体做法

中信重工作为重型装备制造企业，着力打造协同创新、合作创新的创新生态环境。

（1）工人创客群。以六名“大工匠”——顶尖高技能领军人才为带头人，让其在生产制造中发挥克难攻关、言传身教等重要作用；同时成立了以他们名字命名的“大工匠”工作室，带领相应的“工人创客群”开展产品加工技术攻关，

着力优化工艺技术，解决生产难题，规范工艺流程，固化创新成果。工人创客群围绕核心制造，实施制造难题攻关、工艺优化、提高效率、降低成本，强调工匠精神塑造，突出中国品牌、中国制造。

（2）技术创客群。突出专业性、引领性、前沿性，以首席技术专家为支撑，围绕行业技术发展，实施技术创新、工艺革新、新产品开发、标准制定等，着力破解矿物加工、节能环保、资源高效利用、智能控制及变频技术等开展技术创新、科技攻关及创客活动。

（3）国际创客群。该群体承担着与国内技术中心创客团队的协同创新，建立国际化设计、制造、服务、实验、技术标准及规范，同步推进研发创新工作和国际接轨的任务；国际创客群围绕国际化设计、制造、服务、实验及标准、规范等，与国内协同创新，突出利用国际资源，开展国际合作。

（4）社会创客群。依托平台资源优势，整合创客团队、高校科研院所、行业及企业开放创新、联合创新、协同创新。社会创客群围绕“产—学—研—用—供”协同创新，深化项目（课题）合作，实现合作共赢，强调协同、开放、共享、共赢。

（二）典型示范意义

（1）建设了多通道高技能人才成长体系，筑牢企业发展根基。据统计，“四群共舞”创客体系直接参与者超过800人，影响带动了1000名技术人员和4000名一线工人创新创效，涌现出一批“首席设计师”“科学带头人”“创新蓝领”和“金牌工人”，为企业发展注入了强劲的动力。

（2）加速了产、学、研、用、供协同创新和成果转化。“四群共舞”创客体系是基于离散型生产制造的特点，通过会聚企业内外部人才资源、打通企业内外部生产制造流程，实现资源内外衔接，以优势资源铸造中国装备高端品质。以项目（课题）为轴线，以打造中国品牌为目标，通过双创平台、“互联网+”等手段实现互联互通，这为协同创新与成果转化创造了非常有利的条件。

（3）激发体制活力与内生动力，促进国有企业经济体制改革。中信重工由此探索出了一整套与双创相适应的培养机制、评价机制、激励机制和成果转化与应用机制，将国有企业的传统优势、国际化企业的创新活力、民营企业的激励机制融合为自身创新优势，激发了体制活力和内生动能。

第九章　河南建设经济强省背景下优化创新创业发展环境的形势分析

新时代河南建设经济强省，需要以创新理念引领改革发展、创新驱动和全面开放，需要持续优化创新创业发展环境，深入推进供给侧改革，激发发展活力动力，推动质量变革、效率变革、动力变革，为经济高质量发展注入了强大的发展动能。从创新创业角度而言，加快发展方式的转变，振兴实体经济，必须优化双创发展环境，提高双创的人才支撑、资金保障、技术创新、物理空间等资源配置，提升政府管理服务水平，明确政府和市场的界限，加强政策供给和制度创新，激发创业创新活力、呵护创业创新热情，营造“融合”“协同”“共享”的生态环境。河南优化创新创业发展环境，推进经济强省建设，既面临着许多有利条件和战略机遇，又存在诸多不利因素和困难挑战。

一、河南优化创新创业发展环境的有利条件

1990 年，河南省第五次党代会正式提出“科技兴豫、教育为本”的发展战略，由此揭开了依靠科技进步推动经济发展的创新篇章。21 世纪，面对知识经济和自主创新能力不断提高的现实要求，河南省委、省政府先后颁布了《关于加强科技创新促进中原崛起的意见》《关于增强自主创新能力建设创新型河南的决定》《河南省中长期科学和技术发展规划纲要（2006 ~ 2020 年）》《河南省自主创新体系建设和发展规划（2009 ~ 2020 年）》《河南省科技人才发展中长期规划（2011 ~ 2020 年）》和《河南省科技创新“十三五”规划》等一系列有关“科技

兴豫”的政策法规。为破除阻碍科技创新的制度问题，2013 年 5 月，河南省委、河南省人民政府出台了《关于加快自主创新体系建设促进创新驱动发展的意见》，指出要破除束缚创新驱动发展的体制机制障碍，为自主创新营造良好的政策环境。2014 年 12 月，河南省人民政府颁布了《关于促进高新技术产业开发区发展的意见》《关于创新机制全方位加大科技创新投入的若干意见》，重点探索建设自主创新体系的制度供给问题。为了更好地发挥郑州、洛阳、新乡等高新技术产业集群的带动辐射作用，河南省委、省政府开始谋划郑洛新国家自主创新示范区建设融入国家战略问题。2016 年 5 月 26 日，在国务院《关于同意郑洛新国家高新区建设国家自主创新示范区的批复》后不久，河南省委、河南省人民政府正式印发《郑洛新国家自主创新示范区建设实施方案》。同年 12 月 3 日，又颁布了《关于加快推进郑洛新国家自主创新示范区建设的若干意见》，对于如何充分发挥示范区引领、辐射和带动全省创新发展的综合载体与核心增长极作用，制定了一系列激励科技创新的政策制度和机制。该意见最后部分特别指出，“除明确限定于示范区实施的外，其他政策适用于全省”。2017 年，河南国有企业、“放管服”、投融资、税收“营改增”等重点领域和关键环节改革取得显著成效，市场优化要素资源配置的活力不断迸发，以“一带一路”建设和“三区一群”为引领的对外开放新优势加快形成，科技创新和大众创业万众创新整体跃升，劳动力质量不断提高，这标志着河南全面进入建设创新型省份的新时期。

近年来，河南省委、省政府坚决贯彻落实党中央、国务院关于推动“大众创业、万众创新”有关决策部署，深入推进科技体制改革，不断优化创新创业环境，激发全社会“双创”活力，全省“大众创业、万众创新”工作取得明显进展。

（一）“双创”体制机制改革不断深入

营造“大众创业、万众创新”的制度环境，是“双创”顺利进行的重要保障。体制机制的改革可以进一步理顺政府和市场、政府和社会的关系，也使得政府管理“不越位、不缺位”，增强经济发展的内生动力。目前，河南“双创”的体制机制改革不断深入，取得了良好的成效，市场活力持续释放。

一是深入推进“放管服”改革。加快推进“互联网＋政务服务”，推进政务服务事项“应上尽上全程在线”，推动政务服务事项 100% 实现网上能办。持续优化网上服务流程，完成清单事项 100% 实现“一次办妥”，推进实体政务服务大厅业务办理系统与省网上政务服务平台对接融合、信息同步，实现线上线下服务“标准一致、无缝衔接、合一通办、全程监察”。在国内率先实现所有省直部门所有非涉密依申请类权力事项在线办理。推进投资体制改革，投资项目审批事项精简至59项，承诺时限压缩到法定时限2/3以内。2017年3月1日起，河南省对未开业企业和无债权债务企业实行简易注销改革，截至该年年底，8753户企业通过简易注销程序退出市场。二是深化商事制度改革。在全省范围实施“三十五证合一”改革，大幅度缩短企业从筹备开办到进入市场的时间，办结时限压缩至3个工作日。持续深化“先照后证”改革，开展“证照分离”改革试点，允许创办企业注册登记实行“一照多址”和“一址多照”。截至2018年5月底，全省实有市场主体530.6万户，同比增长17.9%，居全国第五位，稳居中部第一位。三是深化科研体制机制改革。建立以知识价值为导向的科研人员薪酬分配政策，出台国家科技奖励省级配套标准，开展科技计划项目网络评审，推行企业研发投入后补助，开展“科技贷”、知识产权质押融资、科创风险投资基金等科技金融业务，成立中国郑州（创意产业）快速维权中心，设立重点产业知识产权运营基金。全社会研发投入突破550亿元，同比增长13.6%，高于全国平均增速3个百分点。带动银行信贷支持本省中小企业662.81亿元。全省专利申请量和授权量达到119243件、55407件，万人有效发明专利拥有量达到3.02件，专利质押融资总额突破42亿元，培育省级知识产权强企129家。9个省辖市获批国家知识产权示范试点城市，数量居中部六省首位。

（二）“双创”平台载体加快建设

“双创”平台已成为带动企业提质增效，引领企业转型升级，促进就业增长，加快创新发展，紧密连接产学研用的重要纽带，成为推动新旧动能转换，提高全要素生产率，加速产业转型，促使经济保持中高速增长的强大引擎。近几年来，河南突出打造“双创”高地、建设“双创”基地和新型孵化器、搭建综合性服务平台等，不断完善支撑载体体系。

一是突出打造创新创业高地。印发实施《郑洛新国家自主创新示范区建设实施方案》《关于加快推进郑洛新国家自主创新示范区建设的若干意见》，在激发创新主体活力、推进开放式创新、集聚海内外人才资源、创新科技管理体制机制、优化创新创业环境五个方面，提出了30条政策，努力将郑洛新国家自主创新示范区打造成为具有国际竞争力的创新创业中心。

二是重点建设一批“双创”基地。加快郑州航空港经济综合实验区、中信重工首批国家“双创”示范基地建设，积极推动许昌市城乡一体化示范区、鹿邑县第二批国家“双创”示范基地建设。截至2017年6月底，郑州航空港区累计入驻双创项目、创客团队和服务平台70多个，引进院士3名、千人计划专家29名，高科技人才近600名；中信重工组建了18个技术创客团队，三大众创平台累计为150家用户开展实验500多项（次）。截至2017年9月，全省省级以上“双创”基地达到73家，实现全省18个省辖市全覆盖。洛阳获批入围第二批国家“小微企业创业创新基地城市示范”名单，获得中央财政6亿元资金支持。郑州、洛阳、南阳等国家级创新型城市试点加快建设，率先启动郑（州）开（封）创新创业走廊等产业带建设。

三是积极培育新型孵化载体。推动科技企业孵化器、众创空间、大学科技园等加快建设，新建先进矿山装备和传感器2家国家级专业化众创空间，洛阳大学科技园、洛阳高新技术创业服务中心入选国家级小型微型企业创业创新示范基地。建设制造业与互联网融合“双创”基地，目前已有郑州“水帘洞智谷”等一批基地投入使用。截至2018年11月，河南省共建设省级以上孵化载体326家，国家级专业化众创空间4家，省级专业化众创空间12家，科技企业孵化载体在孵企业和团队2.3万家，吸纳就业人数23.7万人，基本形成了较为完善、较全覆盖面的创新创业孵化体系。

四是大力搭建综合服务平台。积极融入“互联网+”，建设“河南省科技型中小企业综合服务平台”，有效整合全省创新创业资源，为创新创业群体提供企业孵化、融资、技术、人才和培训等在线对接服务，目前，平台上线企业10000余家，创新创业孵化载体200余家，创新创业导师百余名。加快科技成果转化网络平台建设，建成省科技成果在线登记系统、省高校科技服务云平台，初步形成国家、省、市三级联动、线上线下相结合的科技成果转化平台体系。

五是努力完善技术创新平台。推进国家重点实验室建设，积极争取优势创新团队参与国家实验室建设工作，目前河南省国家级重点实验室达到14家。围绕全省重点产业和领域需求，加速省级创新平台布局，新建省级创新平台296家，省级产业技术创新联盟21家、科技成果转移转化基地5家，截至2018年4月共有省级以上企业技术中心1136个，其中国家级84个；省级以上工程实验室（工程研究中心）616个，其中国家级46个；国家级工程技术研究中心10个，省级工程技术研究中心1287个；省级重点实验室184个。

（三）“双创”主体规模持续扩大

活跃的创新创业主体是“双创”工作的核心。为加速培育科技型中小企业、高新技术企业发展壮大，2015 年起，河南省启动实施“科技小巨人（培育）”计划，通过财税金融政策、种子资金、天使基金等投融资支持方式，对创新能力强、成长速度快、发展潜力大的科技型企业进行重点扶持，加快培育一批年营销额超亿元的“科技小巨人”，帮助科技型中小企业做大做强。截至 2018 年 5 月底，全省已有 3312 家企业获得国家科技型中小企业编号。加大为科技型中小企业服务的力度，建成了“互联网 + 河南省科技型中小企业综合服务平台”，与招商银行实施“千鹰展翼”计划，514 家科技型中小企业进入“千鹰展翼库”，获得银行授信额度近 70 亿元。举办了全省创新创业大赛，引入创业投资近 2 亿元。通过实施重大科技专项，引导和支持大企业围绕优势领域进行多样化创新，建设新型创新创业平台，中信重工、众品公司、宇通客车等大型企业搭建了“大工匠创客单元”和“众创平台”，发展形成了一批专业化众创空间。为激发科技人员创新创业活力，河南省与国家自然基金委共同出资 5 亿元，用于支持河南省的人才培育和自然科学研究。同时加大科研人员股权激励力度、建立健全科研人才双向流动机制。为降低广大创客的创业门槛，河南省采用“你创业、我补贴”的方式，通过全省孵化服务载体为创业者提供各类空间硬件服务和一揽子柔性创业服务。

在这些政策措施的支持下，全省市场主体迅猛增长，目前已培育创新型龙头企业 100 家、高新技术企业 2270 家、科技型中小企业 1956 家，新增“科技小巨人”企业 208 家，2017 年高新技术企业数量增幅更是创历史新高。2017 年，河南省新登记市场主体 110.95 万户，同比增长 11.9%，日均新登记市场主体 3040 户；新登记企业 29.87 万户，同比增长 24.4%，日均新登记企业 818 户。市场主体总量增速由 2016 年的全国第 25 位跃居全国第 3 位。2017 年高技术产业增加值增长 16.8%，战略性新兴产业增长 12.1%，分别高于全省规模以上工业增速 8.8 个百分点、4.1 个百分点；工业机器人产量 580 套，增长 19.1%，锂离子电池产量增长 229.4%，太阳能电池增长 84.3%，新能源汽车增长 17.1%。

（四）“双创”群体队伍日益壮大

随着“双创”政策的增多和改革的不断深入，河南“双创”群体队伍日益壮大，带动就业增长、经济稳定发展和城乡一体化水平的提高。2016 年以来，河南省投入 8700 万元建设高中等职业院校毕业生就业创业综合服务基地，建设 28 个河南省大学生创新创业实践示范基地和省级大学生就业创业综合服务基地，目前各高校创业基地或孵化场地超过 440 个。同时将国家级大学生创新创业训练计划项目扩展到所有本科高校，5310 个项目入选全国大学生创新创业训练计划。先后举办了河南省创新创业大赛、高校大学生创新创业大赛、青少年科技创新大赛、创新驱动助力工程、创业之星大赛、河南省大众创业万众创新榜样人物（团队）评选等一系列活动，来带动全省全民创业氛围。

实施高层次科技人才引进工程，目前河南省两院院士、国家创新人才、中原学者等高端人才突破百名，杰出人才和杰出青年达到近千名，创新型科技团队超过 600 个。2017 年新设立院士工作站 41 家，引进 43 位院士及科研团队 307 人进站工作，计划开展合作项目 112 项，项目总投资 10.28 亿元，推荐 6 人新入选国家“万人计划”。鼓励各类人才到农村创新创业，截至 2017 年底，国家级电子商务进农村综合示范县 34 个，省级综合示范县 42 个；截至 2016 年底，新增网店近 2 万家，从业人员达到 6.5 万人，交易额超过 275 亿元，网络零售额接近 126 亿元；休闲农业经营主体 1.5 万个，从业人数 31.63 万人，营业收入达到 111.7 亿元。鼓励农民工返乡创业，建立总规模 100 亿元的农民工返乡创业投资基金，新认定 28 个省级返乡创业示范园区、50 个示范项目，建立农民工返乡创业综合服务中心，为返乡创业者提供贴身式、保姆式、一站式服务。截至 2017 年 12 月，全省农民工返乡创业累计达 98.86 万人，带动就业累计达 590.61 万人，其中 2017 年新增返乡创业 22.65 万人，新增带动就业 251.08 万人。[①] 河南省推进返乡农民工创业的做法，被国务院办公厅通报表扬，成为全国二十二项典型经验做法之一。加强创业培训师资队伍建设，定期组织举办创业培训师资培训班，提高培训水平和能力评估建设，目前，全省形成了以 11 名国家级培训师为核心，700 多名优秀讲师为支撑的教师队伍，强化创业教育培训。

（五）“双创”模式不断创新

为贯彻创新驱动发展战略，自 2016 年 5 月以来，国务院发文分两批设立了全国双创示范基地共 120 个，河南省的郑州航空港经济综合实验区、中信重工机械股份有限公司、许昌市城乡一体化示范区、鹿邑县位列其中。2017 年初，河

① 河南省拟扶持 20 万外出务工者返乡创业，https：//www.henan.gov.cn/2017/12－18/225612.html。

南省政府发文设立了57个省级双创示范基地。这些双创示范基地结合各自的特色积极创新，整体呈现双创模式创新化的特点。一是创新孵化模式。郑州航空港经济综合实验区针对区内高等院校、科研院所不足的现状和双创资源相对短缺的局面采用异地孵化方式，构建开放式的创新孵化体系，探索“源头孵化、专业孵化、增值孵化”三级孵化模式，推动了区域创新创业生态系统的形成。二是创新激励模式。昊华骏化通过承包制、合伙人制、入股等奖惩机制，采取内化而非嵌入的奖惩办法，调动了广大员工的创业积极性和创新热情。许昌学院将双创与应用技术型大学建设有机结合，以教学创新为导向制定教学评价指标，以应用研究为导向制定科研评价指标，以技术服务为导向制定服务评价指标，探索出适应应用技术大学特点的教师教科创一体化评价机制。三是创新双创载体。中信重工打造重装众创线上资源共享、中信重工重装众创线下实验与验证和中信重工重装众创成果孵化三大众创平台。昊华骏化结合企业发展需求，改变传统企业内部实体化的研究载体形式，以技术创新骨干为牵头人，组成虚拟化的技术研究所，瞄准企业发展过程中的技术瓶颈，鼓励内部员工、社会公众申报项目及工艺改进项目。汉威科技充分发挥作为国内传感器行业龙头的优势，“传感器+”产业生态圈已现雏形。四是创新金融服务小微企业模式。推动建行推出一款全流程自助贷款产品“小微快贷”，全省已有10多个省辖市制定了小微企业贷款补偿机制。与6家银行签署科技金融战略合作协议，积极发展“科技贷”业务，6家银行向河南省科技型中小企业提供1720亿元的授信支持。开展“银税互动”活动，累计发放银税合作小微企业贷款79.1亿元。

（六）“双创”氛围日趋浓厚

河南简化审批、放宽准入、人才支持、容错机制等的出台，催生了大量市场主体，使“双创”氛围日趋浓厚，各行业人员均保持着持续高涨的创新创业热情，多元化社会群体构成创新创业的主要力量，为经济发展注入了新活力。2017年，河南新登记市场主体、市场主体总量增速、千人拥有市场主体数量大幅增加。截至2017年底，全省市场主体总量达到503.2万户，居全国第五位、中部六省第一位，跨越500万大关，实现历史性突破。据工商部门统计，2016年，河南省创业指数达到29.2，较2015年创业指数提升了5.6，是商事制度改革前的2.6倍，截至2016年底，全省创业企业数量居全国第五位、中部六省第一位，创业人数居全国第六位、中部六省第一位。2016年，河南省高校毕业生自主创业人数为 16653 人，比上年同期增加 900 余人。据《中国城市和产业创新力报告 2017》显示，在全国 338 个城市创业指数排名中，郑州位居第十。

2017 年，河南省企业活跃度指数达到 71.5，高于全国 70% 的平均水平。企业活跃度指数与区域内软硬环境密切相关，体现着市场真正的活力和发展潜力。企业活跃度指数的提升意味着河南省在推进商事制度改革、改善政务服务职能、提升营商环境等方面均取得了不俗成绩。初步统计，2017 年“互联网 +”产业同比增幅近 1 倍，文化娱乐、住宿餐饮、居民服务 3 个现代服务业较商事制度改革前分别增长 98.31%、46.77%、24.94%，为河南省经济转型升级注入了新的活力。①

二、河南优化创新创业发展环境的制约因素

在中央的关心和支持下，在河南省委省政府的正确领导下，河南全省自主创新能力显著增强，局部领域实现突破，取得了一批在全国具有重大影响的科技成果，突破了一批经济社会发展的核心关键技术，科技创新支撑经济社会发展的能力有所提升，中西部地区科技创新高地建设迈出坚实的步伐。但与东部甚至中部主要省份相比，河南的“双创”环境还存在一定的差距，科技创新的实力还需进一步提升。建设经济强省，增强自主创新体系建设，优化“双创”环境，必须正视面临的困难和问题，其突出表现为以下七个方面：

（一）科技创新实力较弱

科技创新是经济社会发展的内生动力，近几年来，河南的科技创新实力不断增强。2012～2016 年，共获得国家科技奖励 101 项，其中国家科技进步特等奖 3 项、一等奖 8 项、国家技术发明一等奖 1 项。2016 年专利申请量 94669 件、授权量 49145 件，分别是 2012 年的 2.2 倍、1.8 倍。与 2012 年相比，全国区域综合科技进步水平指数排名上升 5 位。但科技创新实力依然不强，根据《中国区域科技创新评价报告 2016～2017 年》测算，河南的综合科技创新水平指数为 48.21，

① 把创新摆在全省发展全局的核心位置，https://theory.dahe.cn/2018/07-03/336577.html。

远低于全国综合科技创新水平指数的67.57，在31个省（直辖市、自治区）中排名第21位，比上年下降1位，在中部六省中排名最后。河南科技创新实力的不足突出表现在创新企业偏少和创新平台不多。

虽然2017年河南省新增高新技术企业311家，增幅超20%以上，创历史新高，总数达到2270家，但占全国的总量依然不足2%，而江苏省高新技术企业的总数已经超过了11000家，广东省高新技术企业数量接近20000家。河南高新技术企业中营业收入10亿元以上的有110多家，百亿元以上的仅有4家，在科技部发布的164家独角兽名单中，河南未有一家入选。全省大中型企业建有省级以上研发机构的仅为2000多家，占比仅为14.42%，离河南省委省政府提出的全覆盖目标还有相当大的差距。

（二）科技研发投入不足

虽然河南科技投入连年增加，但资金投入总量偏低，规模投资较小的问题依然存在。2016年河南R&D（研究与发展）经费支出为494.2亿元，是2012年的1.6倍，在全国的排名上升到第10位，研发投入占GDP比重，由2012年的1.05%上升到2016年的1.22%，但距全国的2.08%还有较大差距。公共财政科技支出较少，仅为83.25亿元，湖北、安徽分别达到了157.36亿元和147.94亿元。企业R&D经费投入占主营业务收入比重是国家标准的1/4。2016年河南省R&D人员为61964人，数量居全国第9位，企业R&D人员占就业人员比重仅为2.6%，全省每万人从事科技活动人员34人，仅相当于全国平均水平的54%。河南省每名科研人员研发仪器与设备支出为3.71万元/年，远低于国家每人每年6万元标准，万人发明专利拥有量为1.87件，远低于国家5.5件/万人的标准。2017年，河南R&D经费支出占GDP比重为1.3%，远低于全国2.1%的平均水平，更落后于北京的5.96%、上海的3.82%。这与河南经济大省、工业大省的地位很不相称。

（三）高端人才严重缺乏

目前河南省两院院士、国家创新人才、中原学者等高端人才突破百名，杰出人才和杰出青年达到近千名，创新型科技团队超过600个。2017年新设立院士工作站41家，引进43位院士及科研团队307人进站工作，计划开展合作项目112项，项目总投资10.28亿元，推荐6人新入选国家“万人计划”。但总体来看高层次创新领军人才极其匮乏，研发型人才队伍大而不强，高层次人才储备不足，“双创”队伍和“双创”能力难以适应经济社会发展的新形势和新要求。2013 年以来，河南省新入选两院院士、国家杰出青年、国家青年千人计划、国家优秀青年等高层次人才仅 13 人，居全国第 22 位，与周围省份的差距巨大。全国 1500 多位两院院士中河南省仅有 27 人，尚不及邻省陕西、湖北的 1/2。另外，高水平技术工人缺乏，主要分布在传统机械加工制造类工种多，新型产业和高端现代制造业工种较少，40% 以上的技师、高级技师年龄超过 46 岁，年轻高技能人才严重短缺。

（四）创新能力水平较差

根据中国科技发展战略研究小组发布的《中国区域创新能力评价报告 2017》显示，河南省综合创新能力仅居全国第 15 位、中部第 4 位。根据中国科学技术发展战略研究院发布的《中国区域科技创新评价报告 2016 ~ 2017 年》显示，2017 年河南综合科技创新水平指数为 48. 21，低于全国平均分，居全国第 21 位、中部第 6 位（见表 9 - 1）。复旦大学产业发展研究中心（FIND）、复旦大学中国经济研究中心（智库）、第一财经研究院联合发布的《中国城市和产业创新力报告 2017》显示，河南的创新指数排名居全国第 15 位，中部第 4 位，创新指数明显低于安徽、湖北和湖南。2017 年，全国体现科技成果转化效果的技术合同交易 367586 项，成交金额 13424. 22 亿元。其中，河南省成交额仅 76. 93 亿元，排在中部六省末位，排在 31 个省（自治区、直辖市）的第 24 位，技术合同成交额仅相当于湖北的 7%、安徽的 31%、湖南的 38%。[①] 种种数据表明河南整体的创新能力较差，不仅明显低于东部发达地区，而且在中部六省中也处于中下游水平，与全省人均 GDP 所处的水平非常类似，呈现出“大而不强”的典型特征。另外，在河南省内，整个产业持续创新能力也不强，新的创新创业活动多集中在中小企业和民营企业，这些企业虽然创新数量多、基数大，但创新质量和效果不明显；大中型企业创新和大学生受到的政策扶持力度最大，但二者的创新创业活动多集中在第三产业，其影响力较弱。

---

① 科技部火炬中心. 关于公布 2017 年度全国技术合同交易数据的通知 [EB/OL]. http://www.chinatorch.gov.cn/kjb/tzgg/201802/8a7c28455b68460781cce1cb3e5a4112.shtml.

表 9-1 区域综合科技创新水平指数排序

地区	2017 年综合科技创新水平指数	排名	2016 年综合科技创新水平指数	排名
北京	85.36	1	83.43	2
上海	84.04	2	84.57	1
天津	80.55	3	81.43	3
广东	77.39	4	74.73	5
江苏	76.84	5	76.21	4
浙江	71.38	6	69.40	6
湖北	65.75	7	62.84	10
重庆	65.67	8	63.06	8
陕西	65.66	9	62.96	9
山东	64.83	10	63.09	7
四川	61.85	11	59.62	12
福建	60.17	12	57.98	13
辽宁	59.86	13	60.17	11
黑龙江	58.42	14	56.48	14
安徽	58.24	15	54.97	15
湖南	55.65	16	54.29	16
山西	51.80	17	52.20	17
甘肃	50.63	18	49.51	18
吉林	50.29	19	49.50	19
江西	50.05	20	44.92	22
河南	48.21	21	47.21	20
宁夏	46.24	22	45.61	21
内蒙古	46.08	23	44.89	23
河北	46.06	24	44.37	24
广西	43.76	25	42.09	25
海南	43.61	26	41.28	26
青海	42.25	27	41.14	27
云南	41.35	28	38.84	28
贵州	40.83	29	38.56	30
新疆	40.75	30	38.83	29
西藏	31.23	31	29.43	31

资料来源：《中国区域科技创新评价报告 2016~2017 年》。

（五）协同创新机制不完善

多年来，河南高校、科研院所和企业之间一直存在创新主体功能定位不清、活动交叉雷同、整体效率不高等问题，亟须建立一套完善的、科学高效的协同创新机制。这种协同创新的不完善一是体现在协同创新环节方面，科研机构和高校的研究停留在基础理论创新阶段上，企业的创新主要局限在企业内部的技术研发和技术的商业化应用，相互之间缺乏紧密联系和沟通，反映市场需求的新产品不能立即反馈到知识技术创新上，理论创新不能很好地为技术创新提供快捷优质服务，技术和产品、技术和产业之间不能有效衔接。二是体现在协同创新区域的差异上。2016 年，仅郑州、洛阳两地的科技活动人员数占全省科技活动人员总数的 43%，科技经费支出占全省总支出的 42%，有 R&D 活动的单位个数约占全省的 32%，R&D 人员约占全省的 42%，专利申请数和有效发明专利数占全省总数的一半还多。[①] 中原城市群拥有的科技人员、科技经费、科技项目等相关科技资源集中度远远超过豫西北、豫西南和黄淮四市，"科技鸿沟"十分突出。三是科技基础设施建设缺乏统一规划布局，低水平重复建设现象时常发生，使省内有限的科技资源不能充分发挥效能。由于省辖市本身经济发展水平存在较大的差异，使得科技创新关注的领域各不相同，造成许多科技项目重复立项、重复研究，科技创新效率低，投入与产出不成正比，在一定程度上造成了科技资源和创新资源的浪费。各"双创"基地单兵作战倾向化明显，产学研一体化、区域创新协同有待进一步加强。

（六）政策措施系统性不强

目前，河南仍存在自主创新体制不顺、机制不活等问题，已成为打造科技创新高地的重要制约因素。2016 年，河南明显加大了深化科技体制改革的步伐，出台了一系列扶持创新创业新的相关政策和措施，但落实到高校、科研院所和企业还有艰难的"最后一公里"。科研经费管理和使用、政府高新技术产品采购、创新创业融资以及科研技术转移转化等方面的政策，都还存在落实不到位的问题。有些政策实施的主体不明确，实施主体之间缺乏协调，而事后的政策执行评估机制也不健全，导致发现漏洞也不能及时地弥补和完善。鼓励自主创新的政策

① 资料来源：由河南科技统计年鉴 2016 数据计算得来。

措施在执行过程中，缺少相应的执行细则、配套措施，造成好的政策无法发挥应有的效益。目前，河南颁布的各项创新激励政策并不十分完善，没有为科技创新和技术研发活动提供强大持久的激励保障措施，一些已有的激励政策在现实中由于种种主观原因和客观原因也未能很好地落地。如《中共河南省委、河南省人民政府关于加快推进郑洛新国家自主创新示范区建设的若干意见》（以下简称《意见》）规定：对劳务费不设比例限制，允许在劳务费中开支“五险一金”，参与项目的研究生、博士后及聘用的研究人员、科研辅助人员、科研行政助理等均可按规定标准签字领取劳务费。这确实是激励科研人员的一项好政策，但具体到科研单位就规定为“专家咨询费和劳务费每次提取不能超过 800 元”，而且需要提供专家和劳务人员包括身份证号和银行卡号的个人详细信息，需要科研管理部门“三级审核”和分管领导签字，前后时间跨度 1 个多月。这与《意见》激励创新创业的设计初衷背道而驰。有近一半的科研人员对科技成果转化利益分配和科研经费管理使用现状不满，个人收益偏少，难以体现个人“智力创新”的成果收益。而实际上河南省 2017 年企业研究和开发费用加计扣除减免税额为 12.94 亿元，占比进一步下降，表明政府以及社会对创新活动支持激励作用不明显。另外，科技投入稳定增长的长效机制不完善。一些地市和企业科技创新的意识不强，R&D 投入数量少，投入强度低，创新原动力不足。全省科技服务平台建设滞后，市、县部分企业缺乏自己的研发机构，研发中心建设硬件水平低，产学研合作形式比较单一，保护合作各方利益的制度以及分配机制等还不完善。科技创新成果转化带来的技术成果使用权、价值评估、入股和收益分配等活动缺乏相应的规范。

（七）载体运行效率低下

推动“双创”的持续发展需要打造良好的支撑载体。该载体是高效组合资源的聚合器，是减小就业压力的缓冲器，是加快技术突破的助推器，可以推进服务链供应链高效整合，加快产业链上下游有效耦合，促进产业模式和技术突破性创新。目前河南省一半以上的孵化器、科技园是政府背景的事业单位，有一定的资源优势，在“双创”发展初期，发挥了重要的示范带头作用。但是这种投入模式和运作机制造成双创支撑载体的供给缺乏特色、市场化水平较低，缺乏资源连接聚合能力和专业服务能力，难以有效对接社会资本和市场需求，无法吸引一线城市众创空间进入河南，也很难获得外部先进的技术、人才、资本等生产要素。有些支撑载体在评估不到位、规划不科学的情况下跟风而上，这种短时间内的迅速扩张致使众创空间的管理团队水平、专业质量、盈利模式难以适应市场的需要，只能靠政府财政扶持，很难扩张壮大并形成规模效应，显然无法适应新形势下的创新创业工作要求。

三、河南优化创新创业发展环境面临的机遇

2017 年以来美国、日本和欧元区的经济保持在景气高位，新兴市场国家经济持续向好，全球金融市场运行较平稳。外部环境的持续改善给中国实施创新驱动发展战略创造了良好的外部条件。中国推动经济转型、促进新旧动能转换的一系列举措使新技术、新产业、新业态、新模式、新产品蓬勃发展，机器人、新能源汽车行业 2017 年都实现 50% 以上增长；网上商品零售、快递服务等新业态保持约 30% 增长；平台经济、共享经济、数字经济等已成为新的经济动能。同时，2017 年，国家出台了一系列促进创新创业的战略措施，特别是党的十九大和中央经济工作会议的胜利召开，为河南大力推进经济强省建设、优化创新创业发展环境提供了良好的战略机遇。

（一）全球新创新行动战略为河南“双创”带来新机遇

2008 年国际金融危机以来，受全球新一轮科技革命和产业变革交替推动，创新创业受到越来越多国家的重视，并上升到国家战略层面实施部署推进。以美国、欧盟、日本等为代表的发达国家和地区纷纷调整战略方向，出台创新创业战略与行动计划。如美国先后制定了《美国竞争力计划》《美国创新战略：确保经济增长与繁荣》《先进制造业国家战略计划》《美国国家创新战略》等，以确保美国经济复苏和全球领先的市场竞争力。德国为增强产业竞争力，出台了《德国高技术战略 2020》《2014 德国工业 4.0 版》，其他如英国的《以增长为目标的创新与研究战略》、日本的《创新 2025 计划》、印度提出并确立了“数字大国”“清洁大国”的“新印度”愿景等。在新一轮的全球化竞争中，实施创新驱动发展战略已居于我国发展全局的核心位置，国家相继出台了《深化改革加快实施创新驱动发展战略的若干意见》《关于大力推进大众创业万众创新若干政策措施的

意见》《中国制造 2025》《国务院关于积极推进“互联网+”行动的指导意见》《促进大数据发展行动纲要》《关于发展众创空间推进大众创新创业的指导意见》等指导文件与行动计划。当前全球创新创业进入高度密集活跃期，知识、技术、人才和资本等要素的流动速度和范围达到空前水平，新一代信息技术、生物技术、新能源技术、智能制造技术和新材料技术等呈现群体跃进态势，颠覆性技术不断涌现，科技与金融、技术与商业模式不断创新融合，社会生产和消费从工业化向自动化、智能化转变，正在催生新产业、新业态和新模式，需要河南把握世界科技创新方向，紧抓追赶跨越历史机遇，赢得发展主动权。

（二）新产业新模式新业态的蓬勃兴起为河南“双创”带来新动能

自实施创新驱动发展战略以来，河南的新产业、新模式、新业态不断涌现，其作为创新的产物，在发展过程中展示了旺盛的生命力，也将为河南的“双创”带来持续不断的动能。

一是全面推进国家大数据综合试验区建设。河南省委、省政府先后出台了《河南省推进国家大数据综合试验区建设实施方案》（以下简称《实施方案》）、《关于加快推进国家大数据综合试验区建设的若干意见》等一系列政策文件，形成较为完善的政策体系。布局建设郑东新区龙子湖智慧岛和 18 个大数据产业园区，“一核多园”布局基本形成。目前，华为、紫光等 40 余家大数据龙头企业集聚智慧岛，12 家高校与大数据企业联合建设的大数据双创基地加快推进，中移在线、奇虎 360 等一批大数据企业相继入驻大数据产业园区。二是加快推动跨境电子商务发展。推进中国（郑州）跨境电子商务综合试验区建设，加快跨境电商平台建设，国际贸易“单一窗口”标准版试点建设顺利，目前已实现货物申报、舱单申报等 6 项功能；河南保税物流中心“买卖全球网”和“贸易单一窗口服务平台”已同步上线运行。按照河南省政府在全省多区域、多元化、多模式发展跨境电子商务的部署，不断完善跨境通关服务平台系统功能，加快向地市复制推广，目前跨境通关服务平台已从郑州扩展到洛阳、焦作、许昌等地。《实施方案》中 66 项创新举措已有 55 项得到落实。郑州自贸片区创新跨境电子商务 B2B2C 监管模式，率先实现“网购保税+跨境新零售”，成功搭建物流供应链核心企业“政企金”合作平台。成功举办两届全球跨境电子商务大会，积极促成《全球跨境电子商务大会郑州共识》发布，推动 EWTO 核心功能集聚区挂牌运行。2017 年，全省跨境电商进出口（含快递包裹）1024.7 亿元，其中出口

762.5 亿元，B2B 出口占比 53.0%；快递包裹出口 6803.0 万件，货值 147.3 亿元。[①] 三是培育壮大新兴产业集群。印发实施《河南省“十三五”战略性新兴产业发展规划》《关于加快培育新兴产业集群发展的意见》《关于创新管理优化服务培育壮大经济发展新动能加快新旧动能接续转换的实施意见》等，分别设立规模皆为 1000 亿元的河南战略性新兴产业投资基金和现代服务业产业投资基金，大力培育发展 10 个新兴制造业产业集群和 8 个新兴服务业产业集群，推动新兴产业快速发展。郑州航空港经济综合实验区已初步建成全球重要的智能终端生产基地，新乡电池及电池材料产能居全国前列。2017 年战略性新兴产业和高技术产业增加值同比增长 12.1% 和 16.8%，分别高于规模以上工业 4.1 个百分点和 8.8 个百分点，高技术产业已成为支撑全省工业经济发展的重要力量。四是积极培育经济新模式新业态。推动“互联网 +”11 大行动和 43 个专项加快实施，实施智能制造示范工程，培育 50 家智能工厂和 100 个智能车间，建成 30 个农业物联网应用示范基地。推进 UU 跑腿、狸家近等分享经济企业快速发展，培育壮大世界工厂网、中钢网、鲜易控股等平台型企业规模，初步形成具有较强影响力的区域品牌。推出宇通客车智能制造、森源重工服务型制造、大信橱柜个性化定制、众品食业平台化转型等一批新业态新模式。

（三）技术和制度不断创新为河南“双创”带来新活力

技术创新在本轮“双创”浪潮里成为最大的驱动力。大数据、虚拟现实、云计算、工业物联网、3D 打印等新的技术和概念层出不穷，工业化和信息化加速融合，推动形成了大量的新发现、新创意、新产品、新项目。数字经济正成为世界经济变革和产业转型升级的强大驱动力。技术的不断创新为质量变革、效率革命和动能转换提供了前所未有的机遇和条件。而制度创新为“双创”发展提供了条件保障，近几年来，随着“放管服”的不断深入，市场开放、简政放权、商事改革等经济制度不断调整、创新，极大地激活了市场主体的创新活力。从中央到地方纷纷出台政府权力清单、责任清单、负面清单等，政府与市场的边界越加清晰，制约“双创”的体制机制不断减少。而基本公共服务等社会制度的创新则给了市场主体不断完善的社会保障，解决其后顾之忧。目前，河南正处于城镇化快速发展、工业化稳步提升、信息化深度融合的阶段，正是技术和制度的持

① 2017 年度全省商务运行情况分析，http://www.hncom.gov.cn/cs_xxc_tjsj/show/100930.aspx。

续创新，推动了“双创”的顺利开展，奠定了经济高质量发展的坚实基础。

（四）国家“一带一路”和促进中部崛起战略布局为河南“双创”带来新助力

当前，我国在世界舞台中的影响越来越大。2016 年，我国对外投资净额为 1830 亿美元，首次超过同期吸引外资水平，成为全球第二大对外投资国。同年 11 月 19 日，国家主席习近平在亚太经合组织工商领导人峰会上预计，未来 5 年我国对外投资总额将达到 7500 亿美元。目前我国已成为全球第二大经济体、世界第一大贸易国、世界第一大吸引外资国、世界第二大对外投资国。随着“一带一路”倡议、亚投行、金砖国家银行和构建全球能源互联网倡议等的实施，我国新一轮开放创新将拉动国内和“一带一路”周边地区的经济发展。郑州和洛阳是“一带一路”的节点城市，郑欧班列的运营和航空贸易促进了河南与沿线国家的经济科技文化交流互动，为河南走出国门，探索推动区域互动合作和产业发展，打造内陆开放型创新高地提供了良好契机。2018 年上半年，河南省对“一带一路”沿线国家承包工程新签合同额为 186014.5 万美元，同比增长 562.7%，占新签合同总额的 57.8%，且大项目占比较大，带动作用明显。《促进中部地区崛起“十三五”规划》提出的九大任务，其中每一项都与河南发展息息相关，特别提出要改革创新，大力推进中原城市群等重点区域战略性新兴产业发展，重点培育以郑州为核心的中原地区新兴产业集群。另外，国家推进“中国制造 2025”“大众创业、万众创新”和“互联网 +”等行动计划，都为河南“双创”提出了更高要求，也提供了难得的历史机遇。河南要积极主动融入“一带一路”倡议和中部崛起、建设中原经济区等区域发展战略，以更加开放的姿态充分对接国家创新发展战略，依靠创新汇聚生产要素，激发创新创业活力，推动经济社会发展更有效率、更有质量。

（五）郑洛新国家自主创新示范区建设为河南“双创”带来新契机

2016 年 4 月，郑洛新国家自主创新示范区获得国务院批复，这是我国第 12 个国家自主创新示范区，也是河南省唯一的国家自主创新示范区，目标是要打造具有国际竞争力的中原创新创业中心。郑洛新国家自主创新示范区将享受国家自主创新示范区的相关政策，并可结合地区特色在科技体制机制、科技金融、科技成果转化、人才培养与引进等方面进行探索试点。在示范区建设中，河南不断完善支持政策，持续深化体制改革，集聚创新创业资源，在争取示范区相关政策落地、各项创新政策试点、突破现有“双创”体制机制和运营方式的局限等方面进行了详细和具体的规定。特别是在吸引全国乃至全球更多高水平“双创”人才和“双创”成果落户河南方面，制定了许多超前的奖励和激励措施，获得了明显成效。2017 年郑洛新自创区高新技术产业增加值占全省 1/3，技术合同交易额占全省 90% 以上，国家级创新平台数量占全省 60% 以上。郑洛新三市高新技术产业增加值占规模以上工业增加值比重达 41.5%，高于全省的 5.4 个百分点。

（六）自贸区建设为河南“双创”带来新优势

自贸区是新时期我国进一步扩大开放的重要载体，拥有先行先试、制度创新等推动跨越发展的有利条件。2016 年 8 月，河南省正式获批建设国家第三批自贸试验区，2017 年 4 月 1 日，中国（河南）自由贸易试验区挂牌运行。设立河南自贸区，将开启探索内陆地区开放新模式，对拓宽开放广度，提升开放高度，拓展开放深度具有重要意义。“双创”工作的深入开展需要打破诸多现有体制机制的束缚，积极探索新的科技、经济、市场乃至政府运行机制。自由贸易试验区是进行体制机制改革的高地，是进行政策试点的理想地带。河南省可紧抓自由贸易试验区建设重大机遇，围绕“双创”工作开展一系列体制机制改革和政策试验试点工作，将自由贸易试验区发展成为河南“双创”改革高地和政策实验新阵地。自 2017 年 4 月 1 日挂牌至 12 月 31 日，河南自由贸易试验区新增入驻企业 23623 家，注册资本 3175.4 亿元，其中外资企业 139 家，合同外资 8.22 亿美元，实际到位 4.98 亿美元。[①] 目前全面推行“三十五证合一”和“一址多照”“一照多址”等新模式，积极推进政务服务“一次办妥”“一网通办”。160 项改革试点任务有 49 项基本落实到位，投资项目承诺制、多式联运“一票制”等 19 个试点经验基本成熟。自贸区的这些新模式、新政策、新经验、新探索必将给河南“双创”的全面展开提供有益的借鉴。

（七）“双一流”大学建设为河南“双创”带来新平台

“双创”与教育密不可分，河南省长期以来教育基础薄弱，优质高等教育资源匮乏，高水平科研院所较少且分布不均，高层次人才不足，严重制约了企业创

---

① 2017 年度全省商务运行情况分析，http：//www.hncom.gov.cn/newsopen/show/100929.aspx。

新的高度及发展后劲。党的十八大以来，为加快我国高等教育改革创新发展，国务院出台了《统筹推进世界一流大学和一流学科建设总体方案》，明确了双一流大学建设任务和改革任务，同时河南省也出台了《河南省优势特色学科建设工程实施方案》，指导河南省高水平大学和特色骨干大学建设。从国家建设双一流大学的思路来看，推进高校科技成果转化和高校企业产学研合作是建设双一流大学的重要手段之一，这与目前国务院推动倡导的“大众创业、万众创新”精神实质具有内在一致性。一流大学和一流学科是“双创”工作的坚实基础，为“双创”工作持久深入推进提供源源不断的动力支持。河南省是高等教育大省，但尚未成为高等教育强省，在国家教育部“211 工程”和“985 工程”建设中，河南省与高校强省差距进一步拉大，已对河南“双创”的开展形成严重的人才和技术制约。因此，河南省要抓住国家建设双一流大学的机遇，加快郑大、河大一流大学和一流学科的建设，在新一轮高等教育工程建设中实现跨越式发展，为河南省“双创”开展提供强大的本土化智力支撑和人才保障。

第十章　优化双创发展环境，加快河南经济强省建设的对策

目前，我国正处在经济增长由高速度转向高质量发展的新经济阶段，创新驱动成为推动经济发展的重要动力。李克强总理提出的“大众创业，万众创新”的发展理念，旨在加快我国产业升级、技术转型，形成创新发展的热潮。时至今日，创新创业的种子已在中原大地生根、发芽，营造河南良好的创新创业环境，也已经成为加快河南省经济强省建设的战略选择。虽然，河南双创环境已经初见成效，人才集聚初具规模，但是河南双创还存在着一些问题，诸如经费力度不足、政策法规不完善、双创金融支持力度不够等一系列问题，因此，河南应加大政策支持力度，优化服务水平，积极营造良好的创新创业发展环境，使创新创业的幼苗茁壮成长，并逐渐成为河南经济强省建设的内生动力，充分发挥经济引擎作用。

一、加大经费支持

创新创业活动的开展离不开经费的支撑与扶持，拥有一定的基础经费能够保障创新创业活动的顺利开展。经费的来源可以具有多元化的特点，这其中包括来自于政府、社会等多方面的支持。政府层面主要包括财政资助、创新基金等扶持项目，社会领域投融资资源则主要包括风险投资、个人借贷等。除此之外，还要积极拓展经费支持渠道，构建多元化的资金投入体系，为创新创业提供良好的基础环境。

（一）增加政府财政投入

1. 增加基础设施建设投入

基础设施是一切创新创业活动开展的基础，政府要在基础设施建设上加大投入力度，为创新创业主体的各项工作开展做好保障。以采取购买为主、租赁为辅，扩大创新创业基地，破解大学生、青少年等创新创业主体在开展工作时缺少空间的问题，留下省内创新创业主体，吸引外地创业人士，以多种资金引入模式维护道路、通信、电力等基础设施建设，为创新创业主体营造便捷、高效的工作环境。

2. 加大研发投入

2017 年，河南省为加大全省研发投入，建立健全研发投入保障机制，由省政府办公厅印发《河南省研发投入提升专项行动计划（2017 ~ 2021 年）》（以下简称《计划》），《计划》提出，到 2018 年，我省全社会研发投入达到 600 亿元左右，占生产总值比重达到 1.3% 以上。到 2021 年，我省全社会研发投入力争赶上全国平均水平。[①]《计划》的出台已经充分说明河南省在加强研究与试验发展经费上的努力和决心。

根据《2017 年河南省研发统计年报》显示，2016 年河南省持续推动创新驱动发展，科技研发工作明显加强，全社会研究与试验发展（R&D）经费投入快速增长，投入强度（R&D 经费与 GDP 之比）大幅提高。2016 年河南省 R&D 经费投入 582.1 亿元，同比增长 17.8%，比上年增速提高 4.2 个百分点，比全国增速提高 6.0 个百分点左右，高于河南省 GDP 现价增速 6.6 个百分点，R&D 经费投入实现快速增长。根据年报显示，目前河南省各地区的研发投入排行榜上，郑州、洛阳和许昌三个城市领跑研发投入排行榜，其他城市也努力追赶，不遑多让。[②]

与一线发达城市做比较，以 2016 年为例，在全国 GDP 超万亿的 12 个城市

---

① 参见河南省人民政府网站．河南出台研发投入提升计划明年全省投入达 600 亿［EB/OL］．https：//www.henan.gov.cn/2017/10－13/381047.html，访问时间：2018－07－15.

② 根据年报显示，郑州市 R&D 经费投入最多，为 158.7 亿元，占全省的 27.3%，其次为洛阳市，R&D 经费投入为 86.4 亿元，占全省的 14.8%；许昌市、新乡市、焦作市、南阳市、平顶山市 2017 年 R&D 经费投入都在 30 亿元以上，分别处全省第三位至第七位，上述 7 市研发投入占全省 76.3%，是我省研发重点地区。

中，北京和上海科技研发经费超1000亿元，研发投入占GDP比重最大的五个城市分别为北京、深圳、上海、杭州、武汉。具体来看，北京作为全国政治文化中心，雄踞榜首，科研投入占GDP比重的5.96%。其次是深圳，作为全国科技创新发展最为迅猛的年轻城市，科研投入占比4.20%，攀至第二。上海依托金融资本的强大实力，稳坐第三把交椅，科研投入占GDP比重的3.82%。杭州GDP排名第10，科研经费排名第8，但是科研投入占GDP比重的3.13%，排名第4，可见杭州作为互联网新兴重镇之一，对新兴技术的重视和投入。武汉凭借高校与科研院所的数量与质量优势，以及良好的工业基础，也挤进前五，科研投入占GDP比重的3.13%。而2016年河南研究与试验发展经费投入占比1.23%。相较于发达城市，河南仍然还有一定差距，还需要进一步加大研究与试验发展经费的部署。河南省要继续加大总量的投入，进一步提高创新研发经费总量的投入在整个财政投入中的比例，力争与同层次地区持平，努力追赶发达地区。

3. 加大人才引进投入力度

为吸引更多优秀人才，近两年来，河南省各地相继出台了相应的人才引进政策，各项政策旨在吸引更多的创新创业人才聚集河南。其中郑州市在2015年出台了《郑州市引进培育创新创业领军人才（团队）“智汇郑州·1125聚才计划”项目实施办法（暂行）》；洛阳市于2017年颁布了《关于深化人才发展体制机制改革打造中西部地区人才高地的实施方案》；开封市在同年推行了“汴梁英才计划”；新乡建立了河南首个人力资源服务产业园区；三门峡发布大力引进高层次创新创业人才（团队）公告。各地在人才引进方面的投入还需要进一步加大，需要通过多种激励形式吸引不同层次的创新创业主体到河南落户，支持农民工返乡创业，为“聚才、引才、留才”做好资金保障。

（二）引导社会资金投入，构建多元化资金投入体系

随着建设创新型国家战略的提出，解决自主创新资金投入不足问题也已成为焦点问题。实际上，解决自主创新投入不足的困境，关键是根据自主创新的特征以及自主创新不同阶段的资金需求特征，找到投资者不愿投资的根源，建立适合企业自主创新的资金支持模式，这就需要多渠道、多元化投资形式的参与。

在具体策略方面，针对河南省的创新创业环境，可以研究设立创业投资引导基金和创业券等多种方式支持创新创业。引导社会资本投入，通过股权投资的方式，推动科技成果转化和种子期、初创期小微企业发展。积极配合参加中国创新

创业大赛工作，为投资机构与创新创业者搭建对接平台。

二、健全政策法规

在知识经济背景下，知识经济时代的竞争可以归结为科技和创新能力的竞争。通过健全完善的政策法规可以构建起河南省创新创业保障制度，符合治理能力现代化的要求，是促进河南省创新创业发展的重要内容。完整、健全的法律环境对河南省创新创业发展具有重要的现实意义。因此，需要着重完善现有的政策法规、制定适应新需要的配套政策法规、加大政策法规落实力度，逐步形成较为完善的法规体系。

（一）完善现有政策法规

近年来，河南省委、省政府深入贯彻落实国家创新驱动发展战略、国家推进大众创业万众创新的意见和措施，适应引领经济发展新常态，推动河南省经济转型升级。3 年间，印发了《关于大力推进大众创业万众创新的实施意见》《关于支持大众创业万众创新基地建设的实施意见》《关于强化实施创新驱动发展战略进一步推进大众创业万众创新深入发展的实施意见》《河南省省级科技研发专项资金管理办法》《河南省大众创业扶持项目管理办法（试行）》《郑州市引进培育创新创业领军人才（团队）“智汇郑州·1125 聚才计划”项目实施办法（暂行）》等一系列政策文件，其中涵盖了总体政策、财政引导政策、税收优惠政策、金融扶持政策、人才激励政策以及知识产权保护政策等多个方面，构建了河南省创新创业工作的政策体系，对创新创业项目给予高度的支持，充分调动了创新创业主体的积极性，为创新创业工作的顺利开展提供了全方位保障，成为助推河南省创新创业工作持续发展的有效动力。

通过实地调研与分析，各项政策、法规在全省已有不同程度的落地，但是还需要进一步的完善。

1. 完善融资帮扶政策

进一步加大金融扶持政策的实施力度，加强各区域内金融机构的网络建设，使创新创业主体能够充分享受到金融扶持政策带来的切实效果，进一步完善政府、金融机构提供的贷款担保制度，努力拓宽创业者融资渠道。

2. 完善财政引导政策

财政引导政策作为政府制定的重要政策，对于创新创业项目的开展具有根本性的引导作用。应该进一步以国家专项资金、省级专项资金、自助创新产品、重点新产品、省高新技术产品、重大工程项目以及国际服务外包为导向，鼓励科技创新创业企业及个人了解、申报相关支持计划，攻关相关项目工程；加大财政政策的宣传力度，使得创业者能够全面清晰地获得财政支持政策的相关信息。

3. 完善人才引进政策

人才是创新创业工作开展的主体，人力保障部门应该进一步完善人才引进政策，加大奖励、补贴力度，尤其是紧缺型人才的引进以及奖励制度，吸引创新创业人才集聚河南，政府提供相应人才激励政策，作为创业企业引进人才的重要辅助。

4. 完善知识产权保护政策

作为现代产权制度的重要构成、创新驱动发展的基本保障，知识产权在国家经济社会发展中的地位和作用日益凸显。《河南省建设支撑型知识产权强省试点省实施方案》中指出，为了充分发挥知识产权在河南省经济社会发展中的支撑和引领作用，在未来的发展中应当立足河南省发展新态势，紧密围绕国家粮食生产核心区、中原经济区、郑州航空港经济综合实验区、郑洛新国家自主创新示范区、中国（河南）自由贸易试验区五大国家战略规划，致力于全面提升河南省创新驱动发展能力和产业核心竞争力，引领产业结构优化升级与经济发展方式转变，促进“大众创业、万众创新”蓬勃发展，为加快中原崛起河南振兴富民强省提供强大支撑。

2017 年河南省有研发活动的单位中，包括企业研究机构在内的全省各类研究机构 3327 个，占 80.9%，R&D 人员 11.5 万人，占 43.1%，R&D 经费投入 256.7 亿元，占 44.1%，主导了全省的研究开发工作①。《2017 年河南省国民经济和社会发展统计公报》显示：“2017 年共有省级以上企业技术中心 1136 个，其中国家级 84 个；省级以上工程实验室（工程研究中心）616 个，其中国家级 46 个。国家级工程技术研究中心 10 个，省级工程技术研究中心 1287 个；省级重点实验室 184 个。全年申请专利 119243 件，比上年增长 26.0%；授权专利 55407

① 参见《2017 年河南省研发统计年报》。

件，增长12.7%。2017年全省有效发明专利28615件，增长26.6%；每万人口拥有发明专利量3.0件，增长25.0%。实现专利权质押融资额15.5亿元，比上年翻了一番。签订技术合同5877份，技术合同成交金额76.93亿元，增长30.0%。"① 由2017年相关数据可见，在创新创业的浪潮中，科技研发活动占比越来越高，而对于科研活动成果的保护也越发重要。

在知识产权保护方面，河南省应该深入贯彻知识产权强省建设战略，坚持知识产权与产业发展相结合，有利于发挥知识产权的助力作用。

（1）构建知识产权链条化体系。构建知识产权"创造、运用、保护、管理、服务"链条化体系，从知识产权的创造开始，形成五位一体的知识产权体系，建立高效的知识产权综合管理体制，构建便民利民的知识产权公共服务体系，提升综合运用知识产权促进创新驱动发展的能力，保障和激励大众创业、万众创新，助推经济发展提质增效和产业结构转型升级。

（2）完善知识产权救济法律制度。知识产权救济法律制度同知识产权运用和快速协同保护体系相结合，旨在重点突破科技成果转移转化的制度障碍，保护知识产权，活跃技术交易，提升创业服务能力，优化激励机制，共享创新资源，加速科技成果向现实生产力转化。在完善知识产权法律救济的过程中，应该通过建立间接侵权制度、完善损害赔偿制度来进一步完善民事救济；通过加大侵权产品销毁力度来完善行政救济；采用刑事手段对冒充专利行为进行救济。

（二）制定适应新需要的配套政策法规

良好的政策法规环境是创新创业的必备条件，因此，在创新创业新形势下，政府需要结合现实需要，制定适应时代需要的配套政策法规，提供政策支持，保障创新创业工作的有效开展。

1. 制定有利于创新创业人才发展的政策体系

新形势下人才资源尤为重要，人才所带来的智力成果是推动创新创业活动开展的重要动力。为了顺应创新创业工作的新趋势，相关部门有必要制定有利于创新创业人才发展的新政策。首先，要制定新的人才评价指标体系，优化传统的论文、著作评定方式，以创新的质量和产出成果的实际贡献率为主要考核指标来进行岗位聘用和职称评定。其次，制定事业单位专业技术人员创新创业管理机制，

① 参见《2017年河南省国民经济和社会发展统计公报》。

2018 年人社部出台了《人力资源社会保障部关于支持和鼓励事业单位专业技术人员创新创业的指导意见》，为了强化科技同经济对接、创新成果同产业对接、创新项目同现实生产力对接，支持和鼓励事业单位选派专业技术人员到企业挂职或参与项目合作，支持和鼓励兼职创新或者在职创办企业，此项新政有助于实现企业、高校、科研院所协同创新，强化对企业技术创新的源头支持。各地各部门应根据实际情况，制定合理的管理制度，使事业单位专业技术人员能够安心地创新创业，并利用自己的技术能力为双创添加持续动力。

2. 制定适应群众的创新创业支持政策

2017 年河南省城镇化率已经达到 50. 16%，由此推测，仍有接近一半的群众没有在城镇就业，或以农耕为生或外出务工。河南是农业大省，拥有良好的农业基础，因此，政府可通过制定具体的支持政策来引导农民工创新创业。通过开展各类农民工职业技能培训，围绕休闲农业、农产品深加工、乡村旅游、农村电子商务等引导创业，对符合条件的项目给予信用贷款、担保贷款支持，并按规定享受贴息政策，带动农民增收致富，同时也为脱贫攻坚战助力。

（三）加强政策法规落实力度

“双创”战略自 2015 年提出以来，国家、省市出台了一系列政策，创业环境得到了明显改善，大部分创新创业主体肯定了地方政府对中央“双创”政策的落实，但通过走访调研结果来看，政策实施效果仍亟须提高，政策落实力度有待于进一步加强。

1. 提高政府执行效率

政府作为政策的发号施令者必须保证政府效率，树立良好的信誉度，要做到排除万难兑现承诺。特别是针对补助资金、各项优惠政策的落实等要确保落实到“最后一公里”，让创新创业主体切实享受到政策带来的红利，激发创新创业活力。

2. 加快服务型政府建设

按照一致、简洁和高效的原则，从根本上简化审核程序，重视公众服务理念，优化传统的“监管”观念，树立“服务”的新理念，积极打造出运作协调、行为科学、监管合理的服务型政府。

3. 注重政策的协调、连续

在落实政策的过程中，省级政府要整合地市各级政府、各个行政部门执行的鼓励创新创业的优惠政策，确保各地市的各类政策间的连续性和一致性。另外，注重各个机构间的协调，形成支持创新创业的政策体系，为政策落实做好基础保障。

三、加快基础设施建设

基础设施是创新创业必备的硬件，是创新创业活动持续开展的载体。加快基础设施建设有助于双创环境的优化，完善的基础设施能够有效地激发创新创业的内生动力，推动双创工作健康、持续地发展。

（一）完善基础设施体系

打造要素集聚、载体丰富、服务专业、资源开放的“全链条”创新创业基础设施体系，形成良好的创新创业生态环境，需要从以下两方面入手。

1. 加快基础设施建设

在基础设施建设的进程中，要全面贯彻科学发展观，根据功能提升、产业发展和人口集聚的客观需求，充分考虑资源环境的特点和承载能力，切实搞好基础设施建设，为加快人流、物流、资金流、信息流的汇聚和辐射创造良好的条件，为河南省创新创业发展创造良好的环境。

基础设施具有公共物品的性质，同时拥有经济的外部性特征，因此，对基础设施的建设仍然以政府公共投资作为主要力量，政府肩负基础设施建设的责任。一是加大通信、网络、交通等基础设施的投入，除财政投入外，还要通过多种形式，实施市场化运作，广泛引导社会资金投入基础设施建设，为创新创业的持续发展创造良好的外部硬件条件。二是从技术基础设施、居住环境、环境保护设施等多方面进行合理布局，系统规划，高水平建设，尽快形成与功能相适应的基础设施体系。规划时力求生产工作环境的生活化和多元化，发展高科技产业的同时，使与之相协调的第三产业作为一条辅线也同时得到发展，有助于为创新创业环境的建立注入活力。

2. 优化创新创业孵化载体建设

众创空间、科技企业孵化器等载体是创新创业孵化链条的重要组成部分，也是深入推进大众创业、万众创新的关键环节和载体支撑。截至 2017 年，河南省国家级孵化载体数量达到 80 家，省级以上的科技企业孵化器、大学科技园、众创空间等创新创业孵化载体数量达到 325 家，实现了全省 18 个省辖市、21 家省级高新区全覆盖。①

全省各类双创载体数量不断增长、模式不断丰富。在不断发展完善的过程中，可以从以下几方面入手，优化创新创业载体建设：

（1）打造精品化载体。鼓励各类型创新创业载体提升专业化服务能力，面向目前的新经济建设升级一批主题式、精品化的载体，同时，加强同类产业链上下游载体的协同。

（2）聚焦培育高成长企业。高成长企业是深入推进“双创”工作的动力源，进一步聚焦培育高成长“双创”企业，使新模式、新技术转化为新品牌、新动能，推动“双创”工作上一个新台阶。

（3）服务企业成长“链条化”。使卵化、孵化和羽化三个过程形成一个较为完整的链式模式。

（4）相应政府部门加大对全省孵化载体的支持力度，从多方位推动孵化载体进一步提升建设层次和专业化水平，为广大创新创业者提供更好的创新创业服务，推动全省大众创业、万众创新深入发展，为河南经济社会发展提供动力支撑。

（二）优化公共服务平台

1. 完善各类平台建设，形成有机统一整体

（1）完善政务平台建设。紧紧围绕国务院“简政放权、放管结合、优化服务”的工作要求，打通政务服务“最后一公里”，建立“一站式”政务服务平台。消除行政审批中部门互为前置的认可程序和条件，最大限度减少政府对创业创新环境的干预。推进商务中心区服务中心设立的双创基地专用服务区，依托商务中心区服务中心现有的设施条件，与创新创业综合服务平台一起形成双创基地“综合服务的双通道”。实现创新创业便利化，实现“一条龙”“保姆式”服务。

（2）加强专业公共服务平台建设。加快建立健全知识产权、技术创新、第三方检测认证、工业设计、质量检测、信息网络、电子商务、创业孵化、企业融

① 数据来源：河南省科技网，http：//www. hnkjt. gov. cn/2018/01/05/1515134878008. html。

资、人才培训等服务机构和服务网络，形成覆盖整个创新链的公共服务平台体系。

（3）促进“互联网 + 平台”建设。破除制约“互联网 + 平台”发展的体制机制障碍，推进“互联网 + 平台”制度创新，面向创业者需求，加强双创信息资源整合，实现政务部门间的数据共享，建立统一的网络平台管理运营系统和数据资源共享系统。把“互联网 + 平台”打造成以服务创业主题为目标、以创业主题的需求为导向、以资源整合为抓手的全新服务平台。

（4）增强服务平台综合性。融合各类平台，集成一体化综合服务平台。综合服务平台具有集中、综合的优势，能够为创新创业主体提供“一条龙”服务。集“一站式”政务平台、各类专业公共服务平台、“互联网 + 平台”为一体，实现全方位、多角度综合服务，有利于综合服务平台提供最便捷、最全面的整合型服务，减少烦琐的工作流程，减轻创新创业主体负担，激发创新创业活力，为双创工作的开展做好铺垫，提供有力保障。

2. 转变政府职能，创新服务机制

（1）优化审批程序，推进体制改革。在行政审批制度优化方面，进一步取消妨碍大众创业、万众创新的行政审批事项，在双创基地内部，全面推行行政审批标准化，逐步实现同一事项同等条件下无差别办理。建立并推进“一套材料、一表登记、一窗受理”的工作模式，全面推进“五证合一”，实现行政审批及服务事项便捷办理。探索“先照后证”和集群注册等试点改革，推动工商、税务、机构代码等事项网上审批备案、网上办理、网上自动赋码。重点推进“放、管、服”行政管理体制改革，简化工作流程，着力培育宽松的政务环境，按照“精简、统一、高效、优质”的原则，瞄准双创主体的切实需求，通过简政放权、放管结合、优化服务，进一步提升政府服务效能，用政府的职能改革和综合服务的整体提升换取双创主体创新创业活力的倍增。

（2）转变服务方式，营造全新市场环境。转变服务方式，多举措并行，营造开放公平的市场环境。扩大网上审批的范围与程度，升级电子监察系统，实现行政审批全程电子监控。拓展服务渠道，创新服务方式，推行全程电子化登记管理和线上线下一体化运行，让企业办事更方便、更快捷、更有效率。

3. 创新服务机制，优化服务水平

（1）优化创新服务，简化工作流程。设立双创企业办理窗口，实行提前介入和服务专员协办机制，建立联系工作机制，探索实现企业登记全程电子化，建立主动服务、后台保障的长效工作机制。规范服务监管，开发建设市场信用监管平台，制定信用评级标准。公开服务信息，建立双创政策集中发布网络体系，增强双创信息透明度，打通政策落地的“最后一公里”。

（2）提升人员水平，增强服务能力。围绕“五证合一、一照一码”登记制度改革涉及的法律法规、技术标准、业务流程、文书规范、信息传输等，系统加强业务培训，使办事窗口工作人员准确把握改革要求，熟练掌握业务流程和工作规范。运行考评体系，着力加强工作纪律、行为规范、规章守则、业务技能等方面的监督考核力度。严格规范工作服务，强化“首问负责、限时办结”制度，同时，激励工作人员积极主动地进行自我学习、自我完善，从而起到提高服务效率的最终目的。

四、推动科技创新

（一）加大技术创新引导，提升自主创新能力

1. 政府宏观方面

第一，在资金供给方面，应对自主创新和自主研发提供大力支持，从而进一步扩大国内外市场规模，提高市场占有率。同时，调整企业的运行机制与市场机制，使企业运行机制与市场机制实现协同发展。以法律法规为强制约束手段，促进市场公平，实现市场经济稳步健康发展。

第二，在政策保障方面，政府应加强政策扶持，保障优惠政策落地。各级政府应该保证各项优惠政策落到实处，避免出现政策落地难的情况，积极开展相应工作，保障企业创新发展战略能顺利实施。对于拥有自主研发机构的企业，政府要重点扶持，突出强调研发机构在自主创新发展中的重要作用，以企业研发机构为抓手，项目为载体，倾向承担国家项目、重点项目、政府采购项目任务的企业。

2. 企业微观方面

第一，企业家作为企业的领导者，需要解放思想，注重观念创新，在制定企业战略规划时要注意观念的更新，做到与时俱进。特别是高新技术产业领域，管

理者要把创新放在最重要的地位，增强全员创新意识，提升技术积累的速度。在新时代，创新是企业立身之本，因此企业要聚焦自身特点，走自主创新的道路，在企业内部形成崇尚创新、宽容失败的企业文化，促使每一位员工不断学习技术、提高能力，鼓励员工勇于突破，将意识形态上的创新落实到具体的行动中。

第二，企业要加大对自主创新的投入。其中包括人力、财力以及物力。高质量的创新人才是企业提升自主创新能力的最核心要素。为此，企业需要打造一支高层次人才队伍。其一，通过外部招聘来吸收社会中的优秀人才，为企业自主创新能力的提升注入新的活力；其二，企业可以通过内部培训激发企业员工的创新能力；其三，完善企业关于自主创新的激励机制。企业要灵活运用各项机制，制定实施科研人员股权和分红激励政策等，鼓励科技成果以股权或者出资比例形式给予科技人员个人奖励。同时，对于各项创新活动所需设备、物资等，企业要予以充分的支持。

（二）加快产学研协同，实现创新驱动

产学研协同创新是建设创新型国家的重要战略要求。加强产学研协同创新是实现创新驱动发展的关键。

1. 加强产学研协同创新体系的建设

建立以企业为主体、市场为导向的产学研协同创新体系是提高河南企业创新能力的关键，也是实现创新驱动的主要动力，同时更是促进河南省经济社会持续发展的有力推手。

引导企业在研发投入、科研活动管理、成果转化等方面发挥主体作用，努力将技术创新的产物实际应用到企业中，使河南省内企业真正成为产学研协同创新的主体，以提高企业创新能力。河南省产学研协同创新要以国家和市场需求为导向，紧密关注市场动态，将技术创新与河南省的经济发展紧密结合起来，避免出现科技与经济脱节的现象。

2. 完善协同创新信息交流平台

政府在产学研协同创新中扮演着管理者和协调者的角色，应该利用自身多方面的优势，对原有平台进行进一步完善，使协同创新信息交流平台更具影响力。

企业、高校和科研院所可以通过协同创新信息交流平台展示各自的优势资源、发布最新研究成果、技术需求，寻找相适应的合作伙伴，进一步降低成本，便捷地进行项目匹配，提高产学研协同创新的效率。

3. 组建联合研究机构

目前，广西壮族自治区来宾市政府与广西科技师范学院正在积极筹建两个联合研究院，一是广西纳米新材料联合研究院，二是来宾生物质能源与环保研究院。这两个研究机构均以政府为主导，引导高校与企业合力，以市场需求为导向，依托成熟的技术支持和产业化模式，助力地方产业优化升级，促进区域经济增长，同时也将促进高校相关学科专业建设。[①] 这种模式值得借鉴和学习。

打破传统校企合作模式，政府、企业、地方院校三方共同发力，组建联合研究机构，实现共同目标，共同承担责任，进行同步行动，构成共生共赢的利益共同体。政府发挥其行政权力，提供部分资金支持，协调厂房、供电等基础设施建设问题；高校提供技术人才支撑；企业提供资源和平台，构成三位一体的协同创新发展。

（三）加快科技成果转化，实现创新价值

1. 完善成果转化管理制度

管理制度是科技成果转化的关键所在。在推动科技成果转化的过程中，需要通过成果转化管理制度的优化与完善，为科技成果转化注入内生动力，有效地促进科技成果转化为现实生产力。

2. 健全奖励机制

人才是创新创业的最关键因素，奖励机制是推动科技成果转化的最直接手段。通过薪资、奖金等奖励手段，能够极大地推动科技活动的进行，切实促进科技成果转向实际生产力。通过股权和分红奖励等方式健全奖励机制，使科研创新者能够合理分享创新收益，保障科研创新人员的基本权益，激发科研创新人员的工作激情，加快科技成果转化。

3. 优化成果转化平台

培育市场化的科技成果中介机构，健全科技成果转化交流平台，完善技术市场体系，相关科技成果信息要及时发布。引导高校和社会机构对科技成果中介行业加大建设力度，规范行业准则，吸引更多的社会资本进入，促进科技成果中介机构发展。构建“创新”到“产业”的桥梁，提升成果转化率，推动河南经济

① 莫付欢．地方新建本科院校科技成果转化校院地一体化协同创新发展模式探索［J］．大众科技，2018，20（2）：85－87＋101.

的可持续发展。

五、构建特色双创教育体系

1912 年，美籍奥地利政治经济学家约瑟夫·熊彼特最先提出了“创新”及其在经济发展中的重要作用，即经济发展是创新的结果。创新，简单地说就是根据一定的目的和任务运用已有的知识和能力，开展积极能动的思维或实践活动，探索新规律，创立新学说，产生新创意，创造新方法。它是创造力的表现形式，也是一个内涵丰富、外延宽广、纵横复杂的行为系统。而创新教育是一个较为新颖、独创的术语，产生于 20 世纪末 21 世纪初，是伴随知识经济时代的来临，基于教育价值观、在教育学视野中重新对“创新”进行建构的名词。教育界对创新教育的定义有着不同的理解，综合教育界学者对创新教育的几种不同理解，笔者认为，创新教育是一种以培养学生创新意识、创新思维及创新能力为核心的教育，也就是说创新人才需要具备这三个方面的基本素养。创新意识即学生追求创新，推崇创新并且乐于创新；创新思维指的是以新颖独创的方法解决问题的思维过程，通过这种思维能突破常规思维的界限，以超常规甚至反常规的方法、视角去思考问题，提出与众不同的解决方案，从而产生新颖的、独到的、有社会意义的思维成果；而创新能力包括把创新意识和创新思维应用于实际生活中的一种能力，而这种能力最终体现为推动社会经济的发展等。

1989 年 12 月，联合国教科文组织在“面向 21 世纪教育国际研讨会”上首先提出“创业教育”。随后 1991 年，日本东京创业创新教育国际性会议把“创业创新教育”界定为培养具有“首创能力、冒险精神、创业能力、独立工作能力以及技术、社交和管理技能”的个人。而我国高校创业教育始于 1997 年，一般以当年清华大学计划大赛为里程碑。2014 年 9 月，国务院总理李克强在夏季达沃斯论坛上最先提出“大众创业、万众创新”的号召。2015 年 6 月 11 日，国务院印发《关于大力推进大众创业万众创新若干政策措施的意见》（国发〔2015〕32 号）。一时间，全国双创蓬勃发展，开展得如火如荼。虽然在“大众创业、万众创新”背景下，中国大学生创业实践成果突出，但仍存在一定的问题，诸如创业项目与创业者所学专业相关性不大，创业项目较为简单低级；高校创新创业教育中不同学科之间缺乏有机联系，特别是在基础课程与实践课程的结合上有待提高；创业课程的设计缺乏整体性和层次性；高校创新创业教育专业教师匮乏，缺乏相关的专业知识及创业实践经验；高校教育和基础创新创业教育脱节，基础教育缺乏创新意识的引导和创新素质的培养等。因此，在经济进入新常态下，如何培养具有创业意识、创新思维、创新精神和创业能力的社会人才；如何针对那些打算创业、已经创业、成功创业的创业群体，分阶段分层次地进行创新思维的培养和创业能力锻炼的教育等，关系到中国经济的转型发展，已成为全社会各界共同关注的重点课题。尤其是河南作为人口大省，如何优化改进双创教育模式，将其人口优势转化为人才优势更是当前刻不容缓需要解决的系统性工程。

（一）优化中小学创新教育，不断加强双创素质培养

从 1901～2015 年，诺贝尔奖（包含诺贝尔经济学奖）共计颁发了 573 次，共颁发 874 人次诺贝尔奖个人得主和 26 人次团体得主。这其中，由于包含少部分得奖者和团队曾多次获奖的情况，因此实际得到诺贝尔奖的个体人数为 870 人，实际得奖的团体为 23 个。根据获奖者出生地进行统计，截至 2015 年前，获奖者国家分别为：美国 257 人，英国 80 人，德国 61 人（除此之外，历史中的德国有 32 人）。从以上数据可以看出，美国是历届诺贝尔获奖人最多的国家，而且一直遥遥领先于其他国家，这也是美国经济繁荣与发展的原因之一。究其根源，即美国是世界上教育最发达的国家之一，也是最早实施大学生创新创业教育的国家之一。从 1947 年美国哈佛大学开设美国高校创新创业教育历史上的第一门课程，到 20 世纪 70 年代左右，比尔·盖茨掀起了美国高校创新创业的新浪潮。至今，美国的创新创业教育无论在理论研究方面还是在实践创新方面都位于世界前列，其中百森商学院著名的创业课程体系改革和斯坦福大学的产学研创新创业教育模式影响较大，其创新创业教育的显著成果应该是“硅谷”的诞生，值得我们学习和借鉴。

20 世纪 70 年代美国教育部的前身教育办公室在界定资优才能时，已将创新能力列为六种资优才能之一。到 20 世纪 80 年代提出的“2061 计划”突出强调改革美国的科学、数学、技术教育，以增强国民创新能力。近几年在之前的基础上 2013 年提出了全新的科学教育标准，称为《K－12 科学教育框架》，该框架强调教会学生运用所学的科学知识解决实际问题，从而提高学生的实践能力和创造

能力。美国除了一般的基础知识必修课，初中和高中还开设了很多选修课，选修课在初中和高中总课时中所占的比例达到 1/3 和 1/2。这些课程设置的主要目的就是培养学生的动手能力和实践能力。在此基础上，教师在上课时很注重师生之间的互动，给学生一个活跃自由的课堂氛围，同时课下注重提高学生的自主学习能力及思考能力。另外，美国没有专门检测创新教育效果的方式，而是将其融入平常的教学检测中。美国没有和中国一样的高考，学生需要参加的是学术能力评估测试，即 SAT 测试，通过的学生可以获得文凭。一部分学生考完 SAT 就工作了，另一部分想进入高校继续深造的学生就要靠 SAT 成绩以及平时积累的经历性评价等来申请高校。平常学校的考试内容主要测试学生的逻辑思考能力、分析推理能力等，与学生所学的教材无直接关系。由此可以看出，美国的创新创业教育主要具备以下特点：第一，从中小学教育就意识到创新教育对于未来创业人才的培养非常重要。因此，强调学生从中小学教育到大学教育的过程中，要全面发展，而且努力确保创新教育在各个教育阶段的系统衔接。中小学课程会加入一些激发学生创造力和想象力的课程，培养学生的观察能力、决策能力、领导能力、沟通能力等各项创新创业的基础素质，为将来的创业奠定基础。第二，国家出台相关创新创业法律法规，如 1953 年美国国会通过的《小企业法案》、1986 年出台的《税制改革法案》等。第三，创业流程方便高效，成本低廉。世界银行发布的《2014 年全球营商环境报告》调研显示，美国的营商环境便利度在全球 189 个经济体中排名第四。一个有限责任公司在美国从注册到运营仅需 6 个环节，仅需 5 天便可全部办完。第四，融资方式灵活、融资渠道多元化、可获得性高。第五，美国高校制定诸多支持学生创业的制度和措施，保证学生既能创业，又不耽误学业。如美国高校普遍允许学生既可全日制上课，也可半日制上课；允许学生休学创业后回校复课学习等，弹性化的制度有利于学生创业的开展。第六，系统性、科学性的创业课程设置和多元化的社会实践。美国教育市场比较开放，没有统一的、由政府规定的创业教育课程设置，每所学校根据各自区域的认证机构的标准开设课程，因而创业教育的课程名称各不相同。美国课程内容的设置主要针对学生对现代经济、政治、社会、科技发展等相关知识的掌握和理解，注重选择有利于学生思考能力、创新能力及实践能力形成的内容。实践课程中以理论知识为基础，通过撰写商业计划书、参与创业计划大赛等活动，体验整个创业过程。高校与企业深度合作，为学生提供实践的机会，同时也鼓励大学教授参与企业实践。相较于美国的创新创业教育，我国的“大众创业，万众创新”应该从中小学教育中的某些特性进行改变和变革，创新素质教育应该贯穿于整个教育体系，这样才能有效保证创业教育目标的实现及创新教育理念的落实。因为创新和创业是相辅相成、无法割裂的关系。创新是创业的手段和基础，而创业是创新的载体。创业者只有通过创新，才能使开拓的事业生存、发展并保持持久的生命力。

（二）加快构建高等教育双创课程体系，提高双创人才培养质量

2015 年 5 月 13 日，国务院发布了《关于深化高等学校创新创业教育改革的实施意见》，指出深化高等学校创新创业教育改革，是国家实施创新驱动发展战略、促进经济提质增效升级的迫切需要，也是推进高等教育综合改革、促进高校毕业生更高质量创业就业的重要举措，并且明确提出要完善人才培养质量标准、创新人才培养机制及健全创新创业教育课程体系等一系列的目标和任务。课程体系作为双创教育的重要环节，设置的合理与否直接关系到人才培养的质量及双创教育的效果。就目前河南双创高校教育来看，研究生教育已经开设创业管理、创业与创新管理、某某（行业）创新等硕士学位，本科教育层次中还没有创新创业方面的专业建设，考取硕士研究生多是管理学或经济学学科专业学生，研究生招生中相对应双创的本科专业缺少。高校创新创业课程性质主要是公共必修课或选修课，如《大学生创业基础》《商业模式创新》《创业融资》等课程。门数与其他专业相比，没有形成集群的课程群和基础专业课程，是其他专业教育的补充。因此，建议河南高等双创教育课程体系可采取下列措施：一是激励高校申请新增创新创业相关本科专业。以社会和市场经济发展为需求，开展创新创业与专业结合、实践与理论结合、硕士与学士学位结合的创新创业专业教育。二是政策引导新专业建设。教育部出台相关政策，鼓励各省高校积极申请区域特色专业、新兴行业专业，创新创业相关专业。三是鼓励创新创业课程体系建设。鼓励高校教师进行创新创业相关领域研究，建设特色创新创业课程，对教师进行职称评审、课题申报、岗位晋升等方面的政策倾斜。

1. 通识教育与双创教育结合阶段

因受教育体制的限制，很多大学生在中小学阶段并未接触到创新教育。因此，要在通识教育中加强双创教育的融入，包括在思想政治教育、基础课程中融入双创教育。中高等教育阶段在知识教育的深度和广度方面加大投入，提供能够满足多种个性需求的具有广泛适应性的教学模式，提倡哲学思维，培养行

动能力，践行因材施教、学以致用的教学理念。如开设创新概念、创新思维、创新方法、创新模式、创新政策等相关课程，为学生后期的创业创新活动提供基本的经验和理论支持。在大二、大三期间，基于学生专业、品德素质和创业能力等方面的差异，规定让学生至少选修一至三门不同类别的双创通识课程，如生产运作管理、管理学、财务管理、会计学基础、市场营销、创业心理、情绪管理、时间管理等通识课程，同时课程的设置首先要有合理的规划，注重受教者受益，避免流于形式；其次要提供最好的教师资源，提升学生的学习兴趣和效率。

2. 专业教育与双创教育结合阶段

双创教育的关键是各个专业结合，形成专业教育与双创教育的有机融合。目前河南高校双创教育与专业教育的融合有待于进一步的深入，双创教育中的创新教育有待于进一步加强。其一，专业教育和创新创业教育理念融合得不够，专业教育重于系统，长于理论，专业教育与创新创业教育呈现出“两张皮”的情况，限制了高校人才培养质量和水平的提升。其二，专业教育与创新创业教育课程体系割裂，交叉程度不足，表现为专业课程与创新创业课程独立设置为不同的模块，专业教育课程体系中的创新创业训练不足，缺乏创新创业教育的教学元素。同时，在创新创业教育的课程中，创新教育的课程少之又少的情况极为突出。其三，专业教育与创新创业教育融合的教学资源不足，表现在优质的师资队伍、教材、实践平台等。因此要改善目前的状况，一是转变教育教学理念，理念是发展的根基，只有实现理念的更新才能实现真正的融合。二是需要设计新的人才培养方案，重构学生四年的学习内容、学习环境、学习方式，要重点解决课程内容、教学方法、评价方法的关联。课程一定要融入最新、最前沿的内容，而不能只是陈旧的知识；教学不能只是讲解知识，而是要基于项目，在项目推进的过程中建构知识；评估方式要重视教学过程中，以学生为中心，以团队学习为主体，教师作为辅导引导的媒介，引导学生的自主学习能力、创新创造能力。三是进行课程改革，构建“专业+通识创新创业”的课程体系，充分挖掘专业课程内容，不断充实创新创业教育内容及元素。

3. 实践教育与双创教育融合阶段

创新创业教育最注重的就是实践教育，所有的创新创业都需要最终落地转化为生产力，如果学生没有相关实践，双创教育将会成为无源之水，无本之木。在教育的过程中，教师是最重要的因素，完善双创师资队伍建设是双创课程体系发挥实效的关键，对于“双创”人才培养的成效至关重要。具体需要注意以下环节：一是高职院校要从战略角度上重视师资队伍建设，优化师资结构，在绩效分配、职称考聘等方面对双创专业教师给予倾斜，调动其教育、教学、课程研究的主动性和积极性。二是“双创”的教育目标不仅要求双创教师具备完备的双创学科知识储备、敏锐的双创意识，更是要将“双创”理念融入教学中，不断地改革教育教学方法。以“双师”培养为抓手，为双创教师搭建企业锻炼的平台，同时加大“双创”教育培训力度，不断更新教师的“双创”知识结构，提升其实践能力。三是积极整合社会资源，构建高校、企业、政府三位一体的结构化的师资队伍。以社团或是讲座的形式邀请国内外学者、官员、知名校友、成功企业家等围绕创新、创业定期或不定期地与学生进行沟通，搭建“双创思维碰撞平台”，增进双创主体之间的交流；以校企合作形式为学生搭建专创融合的实践教学平台等，营造深层次的创业文化氛围。学生除了参加创业论坛、创业讲座和创业竞赛等实践活动，也可利用学校提供的实践平台，如孵化园、众创空间、创业实训室、小微企业创业基地等，由学生独立运营企业或工作室。四是加强外部支持。政府应从政策上予以引导和鼓励，在具体施政中注意降低双创成本，并强化市场管理部门自身的创新能力。

4. 双创教育与社会经济发展及产业转型升级结合阶段

河南省高校人才培养和社会需求存在着严重脱节现象，人才培养机制与社会需求有某种程度脱节，特色不明、培养不深。人才培养和社会需求方面缺位，政府、高校、用人单位之间没有信息共享互通的沟通机制。虽然高校一直在进行人才培养模式和教学改革，但始终滞后于社会需求，教师不知道教什么，学生也不知道学什么，所学知识和能力与社会需求不一致，造成教学资源和学生精力的极大浪费。同时，用人单位需要具备特定的专业知识和素养的人才与高校提供的毕业生不匹配，加上企业对学生缺乏了解，高校毕业生必须进行重新培训才能上岗，增加了用人成本。高校人才培养与社会需求脱节还制约着地方经济转型升级和实现高质量发展，因此需通过以下手段解决人才供需不匹配问题：一是地方政府应结合国家和区域发展战略，协调社会企业，建立人才需求库和人才供需信息平台，定期与高校、企业进行对接，及时发布人才供需情况，引导高校人才培养与社会需求有效对接，提升人才培养的针对性。二是高校人才培养应该与时俱进，专业设置应科学合理，人才培养主动与市场需求接轨，注重产学研相结合、理论学习和社会实践相结合，创新创业教育与专业教育有机融合，让两者共同服务于学生成才和社会发展人才需求。三是促进创新创业教育目标与专业教育目标的整合和优化，确立复合型人才培养目标。只有培养目标明确，才能将创新创业教育的理念、内容有机地融入专业教育，形成创新创业教育与专业教育一体化的人才培养机制。四是培养学生自主学习能力、实践能力和创新能力，与时俱进地为企业和市场输送高端人才。五是高校应加强与企业的联系，主动邀请用人单位参与人才培养全过程，深化合作模式，创新人才培养方法。

5. 双创教育生态系统有机融合阶段

德鲁克认为，任何组织发展到高级阶段都是生态组织。创新创业教育生态系统是指在相互作用的各种创新机构、创新服务机构和创新环境的各个要素之间形成的统一整体，是创新创业教育的高级阶段。双创教育生态包括教的生态、学的生态、训的生态、研的生态、赛的生态、投的生态。院校教的生态要改变，变成项目式教学，而教师变成引导师。学习变成翻转式学习、团队式学习、探究式学习。科研要和教学相结合，因为科研会形成学生创意的高质量的源头。第二课堂、竞赛等也要和创新创业紧密结合。双创教育体系要连接产业的资金、资源，也要连接产业管理者的智慧。

综上所述，河南省政府深化中小学、高等学校创新创业教育改革是国家实施创新驱动发展战略、促进经济提质转型升级的迫切需要，是推进高等教育综合改革、促进高校毕业生更高质量创业就业的重要举措，是河南省从“人口大省”转化为“人才大省”的重要抓手。国家的创新驱动发展战略必须要有人才战略支撑，尤其是大量创新创业人才。教育体系如何培养好创新创业型人才支撑国家战略，如何更好地实现人才供给侧改革，助力“大众创业、万众创新”，是全国高校共同面临的挑战与机遇。河南省如果不重视创新创业教育，没有很好地推动高等学校综合改革，没有为社会与产业培养更高质量的优秀人才，就会错失发展的历史良机。因此，政府应根据河南省资源禀赋及战略发展定位，制定相关双创教育政策，学校根据本校特色切实执行，企业及时反馈用人需求，形成政校企信息共享平台，用创新的方式改变产教融合的育人问题，用科研的力量，以创新创业的手段，帮助产业实现转型升级，找到产业人才，形成良性互动，促进河南省产业转型升级发展。

六、加快双创与金融融合发展

“大众创业、万众创新”自2015年首次被写入政府工作报告后，作为新常态下经济增长的新引擎和转型升级的新动能被寄予厚望。那么，金融与“双创”如何更好地融合，提供对应的配套金融支持，为加快建设创新型国家注入新动力。

“我国拥有世界上规模最大的人力人才资源，这是创新发展的最大富矿”。2018年3月5日，李克强总理在主持政府工作报告时指出，“要支持优质创新型企业上市融资，将创业投资、天使投资税收优惠政策试点范围扩大到全国，形成大中小企业融合的创新创业格局，打造双创升级版”。[①] 对于双创活动而言，要开发好人力人才这座富矿，都离不开金融的配套支持。如果创新创业是躯体，资金就是“血脉”，没有资金的注入，创新创业活动就无法迸发出生机活力，也最终难逃厄运。显然，金融作为支持经济发展的核心，在双创活动中起到举足轻重的作用。

当然，金融支持“双创”的工作史无前例、千头万绪，没有任何经验可借鉴，不少金融机构或许理不清头绪，既不知道支持“双创”重点应放在哪里，也不知道支持“双创”该从哪些地方切入，陷入迷茫状态。对此，笔者认为金融机构若想在“双创”中发挥中坚作用，应从以下几个环节出发。

（一）转变金融服务意识，为“双创”注入金融服务“新活力”

中小企业作为市场的主体，尤其是创业型中小科技企业，往往存在公司相关机制和政策不完善、财务信息不健全等现状，同时缺乏资本金、无担保抵押物、风险比较高等特点。在传统的风控体系下，他们很难获得银行的贷款和支持。作为金融机构，应革新风控和信用评价机制，服务于中小微企业。此外，创新信贷指导意识，改变单一金融支持功能，实现金融服务由信贷服务向市场信息提供、风险防范等综合经营服务方向转变，使金融业成为服务“双创”金融的“百货

① 李克强．政府工作报告［R］．第十三届全国人民代表大会第一次会议，2018－03－05.

公司”，为创业企业提供结算、融资、理财、咨询等一站式系统化金融服务。

（二）借力现代信息技术，为“双创”营造宽松金融环境

“双创”是一项系统工程，需要各个部门的通力合作。一方面，政府相关部门应加大经费投入，制订并落实资金扶持计划，设立创新创业发展专项资金，为创新创业人才和企业进行创业创新奠定坚实基础；或以经费资助、财政补贴等形式，加大对创新创业激励力度。另一方面，金融机构自身也需要及时跟进，借助现代信息技术，创新风险管理模式、降低交易成本，提高经营效率，实现普惠金融的商业可持续发展，以便为“双创”企业提供更好的支持。

1. 创新传统金融机构支持方式

积极鼓励银行等金融机构在企业创新创业特点及资金需求的基础上，积极改变与调整金融支持方式与服务模式，开展如小额贷款、债务融资等新的金融业务；在一些创新创业较为集中的区域，鼓励银行设立专门从事创新金融服务的专营机构，同时通过设立绿色通道等方式简化办理流程，提升科技贷款的速度与效率；鼓励银行等金融机构利用互联网、大数据等信息技术，搭建公共云服务平台，为创新创业企业提供融资理财、信息咨询、贷款等一站式的系统化、便捷化的金融服务。

2. 引导新型金融机构规范发展

近年来，政府相关部门为了支持中小企业融资，培育和发展中小金融机构体系，对互联网金融公司、投资理财平台、村镇银行、小额贷款公司、农村资金互助社等新型金融机构采取了相对宽松的监管措施，使得该类机构犹如雨后春笋般迅猛发展。与此同时，个别双创企业无抵押物，也无法从具有严格风险管理的传统金融机构获得足够的资金，因此，在信息不对称和缺少政府监管的情况下，个别双创企业通过类金融中介机构进行对接和包装，使金融风险叠加，诸如互联网金融平台出现问题、双创企业恶性逃债等事件，造成了市场混乱，扰乱了正常的经济发展。因此，为了维护经济平稳发展和社会和谐稳定，政府相关部门应采取有效措施。其一，出台了新型金融机构的监管制度，从法律层面规范新型金融机构的准入门槛，完善第三方资金托管，建立市场主导、制度法规约束新型金融市场。其二，借助现代信息技术监控互联网金融，加强账户监测，由央行牵头做好顶层设计，统一各类金融平台的数据流和出口。

3. 建立多元化投融资支撑体系

充分利用社会资源，促进各类金融协同支持双创，形成多层次的创业投融资体系。一是充分发挥国家新兴产业创业投资引导基金、省“互联网+”产业基金、省战略性新兴产业投资基金、省现代服务业产业投资基金等各类政府投资基金作用，引导社会资本投向新兴经济领域。二是设立政府双创支持资金，以股权投资方式对种子期、初创期科技型企业技术创新项目进行资金支持，根据项目质量、后续投资及贡献绩效，按其实际发生的贷款利息额给予贴息补助；探索在金融机构设立企业搭桥专项资金，全力支持各类经济主体的贷款还贷资金周转。三是促进政策性银行与创投机构紧密合作，发放政策性贷款，大力扶持中小企业特别是科技型中小企业成长；进一步完善“拨改投”机制，改变政府科技项目资金补贴政策，部分改为股权投资，充分促进政府与债券、基金、保险等资金协调配合，撬动社会资本。四是加大多层次资本市场对新兴经济企业股权、债权融资的支持力度，鼓励新兴经济企业纳入省上市挂牌企业后备资源库和创业板行动计划。建立健全知识产权质押融资政策体系，开展专利权质押融资，实现资本与项目、资本与产业的无缝衔接。五是深化科技金融产品和服务创新，扩大“科技贷”规模，设立创新创业发展基金，发挥科技成果转化引导基金和重点产业知识产权运营基金作用，重点支持重大科技成果转化、新型研发机构和科技型企业创新发展，协同推进科技、制度、业态和工艺创新，促进科技与金融、军工与民用、“地方”与“国家”融合。六是充分利用主板、中小板、创业板、新三板和区域性股权市场等多层次的资本市场优势，积极鼓励、支持、引导符合条件的企业发行上市；发挥新三板作为支撑创新创业的重要融资平台作用，鼓励更多的创业型、创新型、成长型中小微企业在新三板市场挂牌上市；积极运用多种信贷政策及货币政策，加强对创业企业的金融支持力度；积极运用网上金融平台搭建资金众筹平台，为企业信贷提供贷款渠道、信息与服务等，拓宽融资途径。

4. 创新融资担保服务形式

优化政府对创业融资领域的支持方式，逐步减少税收优惠、财政补贴等直接扶持方式，采取跟进投资、风险补偿、阶段参股等运作方式，将政府主导与市场化运作有机结合起来，引导社会资金流向各级政府重点支持的创业投资领域，发挥财政资金“四两拨千斤”的杠杆作用。创立一批以财政出资为主，服务“三农”和小微企业的政策担保机构，支持具备条件的地方法人金融机构发行专项金融债，扩大信贷投放力度，为“三农”、小微企业以及广大创业者提供更便捷、更低成本、更全面的融资担保服务。

5. 优化支持双创的社会信用体系建设

第一，强化征信基础设施建设，破除壁垒，建立覆盖全域的统一征信平台，形成“学征信、懂征信、用征信”的浓厚氛围，为“大众创业、万众创新”营造良好的社会信用环境。第二，完善信息披露制度，加大对失信主体的曝光程度和惩罚力度，达到最终建立“诚信社会、契约社会和信用社会”的目标。

6. 配套金融服务支持双创载体建设

在控制风险的前提下，依托好市场机制，利用政策和财政支持，通过金融智力和金融资本双管齐下的方式支持双创平台和载体的发展。

总之，金融机构应积极响应政府的政策，利用自身优势，创新业务模式，以市场机制和工具为支撑，探索风险和收益的有效平衡点，积极融入双创，培育经济增长新动能。

七、培育双创文化氛围

一个地区双创活动的开展情况不仅与本地的双创硬环境建设有关系，而且与本地双创文化氛围的软环境建设息息相关，能否形成良好的双创氛围是打造双创环境优势的首要条件，而良好的双创氛围的营造需要双创文化的渗透和传播，加强双创文化宣传，推动双创理念和意识深植人心，需要政府和双创主体的通力协作。

（一）培育创新容错的双创文化

要培育双创文化，首先要营造鼓励创新、宽容失败的社会氛围。对于创新创业者来讲，创业路上会有风险和失败，面临的机遇和挑战并存，任何时候都绝无“轻松”二字。因此，通过举办各种活动如公益讲坛、创业论坛、创业培训等，打造创新文化，努力建立鼓励创新宽容失败的容错机制，营造良好的双创文化氛围。要从文化层面上提升社会对双创者的认可和尊重，使每一个人都奋发向上、努力进取、跃跃欲试、大胆尝试，营造一种人人谈创新、时时想创新、无处不创新的文化氛围。既要努力形成革故鼎新的全民共识，破除崇拜权威的传统思想，摒弃成王败寇、急功近利的观念，更要着力营造“开放性包容性”的创新创业文化氛围，制定相关的双创政策不仅覆盖高级人才，而且要包含低级人才，让“大众创业，万众创新”的实惠真正落实到各类创业主体，如各地通过设立创业失败者社会救助基金、子女就学和家属低保救济等，营造崇尚创新创业、宽容失败的文化环境。例如针对创业活动超过 1 年的，如果创业项目失败，创业者及其团队可得到一定的风险援助，这在某些程度上可以解除创业者的顾虑，培育敢为人先，宽容失败的创业文化，引导创客树立正确的双创价值观。

（二）树立典型，加大媒体宣传

为了让现有的双创主体增强信心、用好政策，让潜在的双创主体有榜样学习、有经验借鉴，培育其创新创业精神，各地区、各部门可以充分利用电视台、平面媒体、微信公众号等各类媒体渠道加强双创推介。充分利用各类媒体对双创政策和信息的解读和传递，打造双创政策和信息服务一站通。利用政府的组织能力举办中国创新创业大赛、青年创新创业大赛、“互联网 +”大学生创新创业大赛等丰富多彩的双创活动，打造一批具有影响力的双创活动品牌。广泛宣传双创政策、报道典型人物、典型企业及先进事迹，积极倡导敢为人先的创新文化，发挥舆论引导作用，树立崇尚创新、创业致富的价值导向。

（三）广泛开展创业技能培训

贯彻实施“大众创业，万众创新”策略，需要提高对创业的认知度和积极性，进行创业教育，培养创业创新思维，对不同的创业主体在不同的阶段进行专项辅导和培训，实行“不同主体、不同方案”的特殊技能培训，营造宽容失败、敢于开拓的氛围，形成全社会竞相支持创新创业的生动局面与环境。

（四）优化知识产权服务

提升创新企业知识产权意识，搭建知识产权运营服务平台，建立集知识产权信息、知识产权保护及商用化为一体的综合服务平台，提升公众对知识产权的认识，扩大知识产权信息的传播力度。积极培育和扩大与知识产权相关的服务业务，鼓励相关服务机构提升对知识产权方面的服务业态及服务水平，如分析评议、运营实施、评估交易等。加强对知识产权的保护意识，完善知识产权保护相关法规及规则制度，提升保护知识产权的执法能力，完善知识产权纠纷解决途径等，加快形成行政执法、调解仲裁、司法审判等多渠道知识产权保护模式。

总之，创新创业文化氛围的形成是一个循序渐进的系统性工程，而双创文化氛围的形成要在政府政策支持下，依托全社会的力量，依靠教育体制、市场机制和创新战略的驱动，共同打造双创生态文明环境，为“大众创业、万众创新”注入新动力。

八、优化双创人才生态环境

2017 年以来，全国二、三线城市先后掀起波澜壮阔的“人才争夺战”。成都、杭州、武汉、西安、天津、南京、郑州等地，纷纷发布一系列富有诚意的人才新政，内容涵盖宽松落户、就业创业激励、租房住房优惠、现金补助等方面。诸如 2017 年 2 月，以武汉提出“力争 5 年内将 100 万大学生留在武汉”的号召为起点，全国多个城市从解决户口、发放住房补贴等不同政策红利着手，试图构建起自己的人才高地。2018 年 5 月 16 日，天津宣布“海河英才”行动计划，放宽对学历型人才、资格型人才、技能型人才、创业型人才和急需型人才的落户条件，本科一般不超过 40 周岁，硕士一般不超过 45 周岁，博士不受年龄限制，可直接落户。在一系列的重磅人才新政之下，各主要城市人才落户数量急速飙升，显示了人才新政的强大感召力和生命力。同时，这场被舆论称为新一轮的“人才/人口争夺战”也因此备受社会关注和争议。

2018 年“两会”期间，习近平总书记指出，发展是第一要务，人才是第一资源，创新是第一动力。人才引领创新，创新驱动发展，实施人才战略是新常态下中国经济实现转型发展的重要战略举措。人才工作是一项巨大的系统工程，需要政府、市场、社会多方面参与，才能形成健康、绿色、可持续的人才发展生态圈，而人才的成长和发展与其所处的人才生态系统息息相关，构建与区域、城市发展目标和实际相适应的人才生态环境是人才产生和集聚的前提。良好的人才生态环境能促使人力资源更多地转化为人才资源，并使现有的人才资源能够更好地发挥其自身创造创新能力，进而提升个体生产率和系统总体效益。河南作为农业大省和人口大省，人才成长和发展的条件先天不足。因此，如何改善人才生态环境，激活现有人才的潜能，吸引高端人才的集聚，充分释放全社会创新创业潜能，推进新常态下河南经济增速换挡与转型升级协调发展已势在必行，具有非常重要的现实意义和战略意义。

正如自然生态系统的循环以能量的收集和流动为主线，人才生态系统的建立和发展以价值的创造和传递为依托，优化人才生态环境需要以提升价值的创造和传递效率为目标，而人才作为价值创造的主要驱动力，需要我们从自然环境、基础设施、人文环境、经济结构、政府效率、政策配套等多方面着手，丰富人才生态各类组成元素，拉长不同层次人才的生态链，提供支持，打破壁垒，促进人才价值创造和流通，进而形成人才和人才生态的良性互动。

（一）完善和优化双创政策环境

完善扶持政策体系，释放政策红利，着力破解政策“天花板”效应，构建管用、好用的双创扶持政策体系，营造良好的政策大环境，切实解决创业者面临的办公场所、公共服务、资金需求、市场信息、政策扶持、技术支撑、创业培训等难题。因此，良好的政策环境在培养、引进、使用与留住人才的过程中发挥着重要作用。目前，全国在争夺高端人才方面，最直接有效的做法就是实施各种优惠的人才政策，哪里的人才政策好，人才自然就流向哪里。主要如下：

第一，把创业工作纳入各级政府目标管理范畴，建立奖惩制度，落实政府抓就业创业工作的第一责任，把创业扶持资金的投入作为重点进行考核。要建立创业工作联席会议制度，特别要强化各职能部门的责任，避免部门各自为政现象的发生，努力形成上下沟通、左右联动的大众创业工作长效机制。

第二，科学引才，灵活采用多种引才政策和形式，不求所有，但求所用。政府在制定人才引入政策时，不仅要考虑到城市的发展需求及城市的服务质量，而且要考虑到现有人才的存量，要秉承“合理适用”的原则，从人才需求的科学分析、目标人才的有效评估、人才引进的市场化操作和人才服务的个性化供给入手，以效率和环境为卖点，以市场手段为依托，以合理成本发现和引入人才并发挥其应有作用。

第三，建立科学合理的人才引入绩效考核体系。“引来”的人才要“留得住”，还要对人才合理使用，达到“人尽其才，才尽其用”。因此，政府需要建立人才资金效用评价机制，确立人才动态考核机制，完善突出创新创业要素的激励机制。对于双创人才的使用，重点突出“产学研”一体化，即推进大学、研究机构和企业之间的联系与合作，共同开发项目，政府给予专项经费支持。同时，政府组织科技、财政、审计等部门共同加强双创人才专项资金的管理，定期根据人才创业创新成果、资金使用情况及人才的产业贡献，考核人才工作和资金使用效用的情况，建立和完善“能上能下、充满活力、促进双创人才脱颖而出”的机制，为双创人才创业发展提供公开、平等、竞争、择优的市场法制环境。另外，在评价双创人才工作的过程中，应考虑到个别双创人才的工作是以新技术为对象，工作时间和效益具有不确定性和风险性，绩效考核过程要注意长期和短期、弹性和刚性的结合；绩效考核结果的应用要体现科技创新、知识等生产要素的分配，制定形式多样、自主灵活的激励方式，如根据双创人才的业绩和贡献实行按生产要素分配和按劳分配相结合，除了采取偏重于工资、奖金、住房、交通等物质方面的激励政策，还要结合使用合伙人制、年薪制、科技成果转让、许可、作价入股、股票期权、知识等生产要素参与分配的激励方式。

第四，完善创新人才流动机制。畅通人才引进绿色通道，促进人才的流动。鼓励事业单位人才到企业兼职从事科技成果转化与技术攻关。制定具体的管理办法，鼓励省级双创基地的高校和科研院所科研人员经所在单位批准，带着科研项目和成果、保留基本待遇到企业创新创业。改进科研人员薪酬和岗位管理，破除人才流动的体制机制障碍，促进科研人员在事业单位与企业间合理流动。加快社会保障制度改革，完善科研人员在事业单位与企业间流动社保关系转移接续政策。建设海外人才离岸创新创业基地，集聚海外高端创新创业人才。

第五，坚持“外引”和“内育”双轨并进，通过产业政策和企业平台，着力引进外部科技领军人员和团队，通过项目培养、团队带动，促进本土人才的快速成长。加快推进教育体制改革，从幼儿教育到大学教育在教育思想、教学方法、培养方式等方面与国际接轨，加强创新型思维的引导和培育。河南要充分利用人口优势，依托高校、科研机构、企事业单位用人特点，从人才生态链的各个环节，加强对从低端劳动力到高层领军团队的培训，逐步建立培训主体多元化，培训内容多层次，培训模式多样化，培训形式灵活化，有效覆盖双创全过程的培训机制。作为农业人口大省，加强返乡农民工创业创新知识的培训，加大创业引导与政策扶持，构建农民工返乡创业长效机制，有利于提高河南省人口素质和人均可支配收入。

（二）着力营造以人为本的人文环境

人文环境在人才生态环境优化的过程中发挥着独特的作用，人文环境的营造建功缓慢，影响深远，“桃李不言下自成蹊”，从先进地区的成功案例来看，独特优越的人文环境已经逐步成为影响人才流动的参考因素。

人文环境的营造应从教育、分配和制度保障三方面入手。进一步通过教育和制度提高居民人文素养，加大对公共文化设施的投入，努力营造“尊重劳动、尊重知识、尊重人才、尊重创造”的人文氛围，在社会分配领域向劳动和智力贡献倾斜，在制度建设和政府改革方面加大简政放权，提供优质高效服务力度，由此而生的浓郁的人文环境对人才必将产生激励作用。

（三）着力营造自然宜居的生活环境

人才、信息、资金、技术等生产要素在竞争机制的作用下，其流向除了受成本、效益、安全、便利性因素影响外，自然生态和社会人文环境影响力也在显著加大。实践证明，生活环境的好坏对人才的流向选择有重要影响。优质的生活环境，不仅能吸引和培养高水平的人才，还能增强人才的归属感，进而对该地区经济发展产生积极的影响，如完善公共服务设施建设，在创新创业人才集中区域，建立完善的住房、教育、医疗等设施。建设高端人才服务中心，以特惠条件重点解决经认定的高端人才的安居需求；以优惠条件解决一般双创人才的安居需要。对入选高端双创人才引进计划的，可享受初创扶持、创业场所、人才公寓、跟进投资、安家保障等支持措施。制定精细化服务手册，建立人才服务数据库，为高端人才提供全面的精细化服务等。

（四）创造宽松的双创环境

一是全面推进“互联网＋政务服务”平台建设，着力为双创人才打造科研成果交易、创业融资服务、技术服务和人才服务等一站式平台，加快信息系统整合与政务数据共享，打造“一次办妥”政务服务品牌，实现“平台之外无审批”。深化投资体制改革，优化再造审批流程，精简审批事项，探索“区域评价”和“容缺办理”机制，实行“多规合一”“多评合一”“多图联审”联合审批机制和开展企业投资项目承诺制、政府投资项目联审制试点等创新举措，进一步提升审批效率。

二是促进产学研平台共享资源。针对双创基地建设过程中缺乏明确的经验交流渠道和机制、各双创基地间相互交流不足的问题，构建双创基地间经验交流机制和渠道，促进建设经验相互借鉴、合作渠道不断拓宽，放大双创示范基地的示范带动效应，激发整个社会的双创热情。加快推进重大科研基础设施和大型科研仪器向社会开放，建设省科研设施与仪器共享服务平台，完善共享服务政策体系和评价制度，探索建立仪器设备开放共享双向补贴制度、所有权经营权分离机制。建立科技成果转化信息共享与发布体系，促进科技成果信息对接。鼓励高等院校、科研院所制定科技成果转移转化奖励和收益分配办法，建立专业化科技成果转移转化机构。支持企业与高等院校、科研院所开展联合创新，设立新型研发机构，建设一批产、学、研、用紧密结合的市场化技术创新平台，引导科技成果对接特色产业需求转移转化，鼓励高等院校将科研成果用于大学生创业项目。

三是提升孵化载体建设水平。引导众创空间向专业化、精细化方向升级，建设一批资源共享程度高、产业整合能力强、孵化服务质量好的专业化众创空间。强化内涵建设促进孵化平台提质增效。对省级以上专业化众创空间等孵化载体，根据其提供服务数量、效果以及孵化成效等考核结果，对考核优秀的孵化载体给予一定的运行经费补助。探索将创投孵化器纳入科技企业孵化器管理服务体系，并给予相应政策扶持。支持高等院校建立大学生创新创业实践平台。

（五）维护稳中有进的经济环境

经济环境对人才，尤其是对高科技人才聚集效应的影响是双创生态环境诸要素中最强的，具有基础性作用。人才工作要与当时当地的产业发展、重大项目、资本投入、资源禀赋密切衔接，才能显示其强大生命力和旺盛战斗力。近年来，河南省经济稳中向好，要紧紧围绕创新驱动发展和新旧动能转换，要充分利用国家战略叠加之势带来的政策红利、创新红利及载体红利，坚持聚焦产业引才策略，重点引进新经济、商贸商务、金融服务、文化创意等领域的高端产业人才，奋力推进人才与产业深度融合，将人才的智慧优势和创新优势转化为高质量发展优势，推进产业转型升级，为人才的交流与合作提供条件和平台。

总之，人才工作是一个系统工程，留住人才的关键在于营造健康、绿色、可持续的人才发展生态环境。让人性化的制度凝聚人，让宜居宜业的城市功能留住人，让精细配置的医疗教育等公共服务感染人，就能奋力开创近悦远来、人尽其才的生动局面。

参考文献

［1］向清华、赵建吉：《区域创新环境研究综述》，《科技管理研究》2010年第13期。

［2］荣燕：《创业与创业环境》，吉林大学，2010。

［3］王郁蓉、师萍：《创新环境研究综述》，《科学管理研究》2014年第8期。

［4］吉祥华：《国内外创业环境研究综述》，《中国集体经济》2013年第22期。

［5］邓瑶：《我国区域创新环境评价指标体系构建及测度研究》，江西农业大学，2016。

［6］富雅卉：《区域创新创业环境的综合评价——基于十一个省的实证分析》，《当代经济》2017年第31期。

［7］夏维力、丁珮琪：《中国省域创新创业环境评价指标体系的构建研究——对全国31个省级单位的测评》，《统计与信息论坛》2017年第4期。

［8］清华大学启迪创新研究院：《中国城市创新创业环境评价研究报告（2015）》，清华大学出版社，2016。

［9］许欢、孟庆国：《政策和管理叠加创新研究：以“双创”为例》，《中国行政管理》2016年第6期。

［10］官典、邹源甦、翟玮炜、王玥：《高校与地方政府资源整合视域下的大众创业万众创新路径研究》，《经贸实践》2017年第12期。

［11］王永：《让政策的阳光普照创业追梦人——“双创”政策综述》，《中国人力资源社会保障》2016年第11期。

［12］陈玉荣：《创新融资渠道服务高新企业——访中国高新技术产业经济

研究院李文辉院长》,《中国高新科技》2017 年第 1 期。

[13] 王海杰:《以高端要素集聚增强河南创新创业能力》,《河南日报》, 2017 年 6 月 9 日第 9 版。

[14] 李涛:《金融去杠杆背景下的实体企业融资策略》,《现代经济信息》2018 年第 20 期。

[15] 李盾:《优化人才创新创业金融环境》,《中国组织人事报》, 2017 年 2 月 20 日第 3 版。

[16] 邓延嵘:《搭建和完善创新创业产业循环链》,《中国科技产业》2018 年第 1 期。

[17] 王博雅、蔡翼飞:《创新产业支持政策体系研究》,《宏观经济研究》2018 年第 10 期。

[18] 刘俊苹:《以人才强省战略助推"四个强省"建设》,《人才资源开发》2018 年第 6 期。

[19] 陈辉:《用信息化驱动"四个强省"建设》,《河南日报》, 2017 年 3 月 23 日第 6 版。

[20] 张迪、李铜山:《现代农业强省评价指标体系设计原则及分类》,《现代农业科技》2018 年第 7 期。

[21] 杨宏志:《加快建设现代服务业强省》,《河南日报》, 2018 年 4 月 11 日第 8 版。

[22] 河南省工业和信息化委员会:《创新引领智能转型河南加快建设先进制造业强省》,《中国电子报》, 2017 年 10 月 17 日第 18 版。

[23] 齐爽:《网络经济引领"三大"强省建设融合发展》,《区域经济评论》2017 年第 5 期。

[24] 盛朝迅:《如何推动"双创"与产业升级融合发展》,《经济日报》2017 年 11 月 17 日第 14 版。

[25] 董小菡:《广揽天下英才推进创新创业》,《许昌日报》, 2016 年 7 月 12 日第 2 版。

[26] 冯玺玲:《返乡创业,河南民生工作一道靓丽风景线》,《人才资源开发》2018 年第 11 期。

[27] 赵翔宇:《中原逐鹿高新驰骋——郑州高新区打造创新发展新引擎》,《中国高新区》2016 年第 3 期。

［28］胡涛、赵燕、祁秀香：《“双一流”背景下高校教师教学发展与评价体系的探索与实践——以郑州大学为例》，《高教论坛》2018 年第 3 期。

［29］杨保成：《黄河科技学院：深化创新创业教育改革全面提升人才培养质量》，《河南教育（高教）》2017 年第 1 期。

［30］喻新安、胡大白、杨雪梅：《河南创新创业发展报告（2018）》，社会科学文献出版社，2018。

［31］喻新安、杨雪梅：《河南创新创业发展报告（2017）》，社会科学文献出版社，2017。

［32］河南省政府发展研究中心：《坚持创新驱动推动河南经济高质量发展》，《河南日报》2018 年 4 月 4 日第 8 版。

［33］中国科学技术发展战略研究院、科技部创新发展司：《中国区域创新能力监测报告 2016 - 2017》，科学技术文献出版社，2017。

［34］河南省发展和改革委员会、中国（河南）创新发展研究院调研组：《倾力打造河南双创升级版》，《河南日报》2018 年 7 月 12 日，第 4、第 5 版。

［35］徐芳、张换兆：《开放创新的新趋势、新特点及我国的策略》，《全球科技经济瞭望》2016 年第 11 期。

［36］袁金星：《河南加快推进大众创业万众创新的思考及建议》，《创新科技》2016 年第 10 期。

［37］蒋华勤、焦燕灵：《区域创新创业生态体系建设研究与探索——以郑州市为例》，《黄河科技大学学报》2017 年第 3 期。

［38］河南大学黄河文明与可持续发展研究中心暨黄河文明与现代转型协同创新中心：《河南创新发展：短板在哪路径何在》，《河南日报》2016 年 6 月 3 日第 19 版。

［39］曾宪奎：《当前阶段我国自主技术创新能力问题研究》，《经济研究参考》2018 年第 7 期。

［40］刘丹丹：《进一步完善哈尔滨市创新创业环境的对策研究》，《中国集体经济》2017 年第 31 期。

［41］熊项斌：《优化创新创业生态环境的实现路径——以郑州市为例》，《中州大学学报》2017 年第 4 期。

［42］民建中央：《培育多元创业生态营造良好创新环境》，《人民政协报》2016 年 5 月 30 日。

［43］黄润斌：《经济新常态下国家高新区创新创业生态系统构建——以南宁高新区为例》，《改革与战略》2016 年第 2 期。

［44］邹丽：《众创背景下创业环境完善机制分析》，《中国商论》2015 年第 32 期。

［45］林聪伶、王青迪：《高职院校双创教育课程体系建设的研究与探索》，《新课程研究》2017 年第 11 期。

［46］莫开伟：《金融业在“双创”中应充分激活四种功能》，《证券时报》2015 年 7 月 29 日。

［47］杜冰：《激发“双创”活力需政府推动与金融创新“双管齐下”》，《金融时报》2016 年 7 月 22 日。

［48］朱伟：《论“双创”背景下大学生创业教育的反思与探索》，《改革与开放》2017 年第 12 期。

［49］周芳：《促进新型类金融机构规范发展》，《农民日报》2016 年 7 月 30 日。

［50］邝允新：《专业教育与双创教育有机融合的人才培养模式研究》，《现代职业教育》2017 年第 11 期。

［51］温彬：《金融强监管下商业银行经营转型》，《银行家》2018 年第 2 期。

［52］于菲菲：《淄博市以金融支持“双创”相关问题研究》，《新西部》2017 年第 8 期。

［53］周海涛、董志霞：《美国大学生创业支持政策及其启示》，《高等教育研究》2014 年第 6 期。

［54］顾然、商华：《基于生态系统理论的人才生态环境评价指标体系构建》，《中国人口资源与环境》2017 年第 5 期。

［55］唐青青、陆桂军：《广西科技人才创新创业生态环境研究——基于调查问卷的分析》，《内蒙古科技与经济》2017 年第 11 期。

［56］商华、王苏懿：《价值链视角下企业人才生态系统评价研究》，《科研管理》2017 年第 1 期。

［57］河南省人民政府：《关于强化实施创新驱动发展战略进一步推进大众创业万众创新深入发展的实施意见》，《豫政（2018）8 号》2018 年 2 月 22 日。

后 记

创新是引领发展的第一动力，就业是最大的民生。为了实现高质量发展和高质量就业，我国各地从 2015 年开始掀起了“大众创业、万众创新”的浪潮。创新创业活动在各行各业如火如荼地展开，极大地增强了我国经济发展的活力和韧劲，提高了社会发展的质量。目前河南经济发展正站在“高质量发展”新的历史起点上，创新创业工作也面临“升级”，在新形势、新任务面前，河南双创环境还需进一步优化和改善。

本书以当今国家深化供给侧结构性改革、推进高质量发展为时代背景，以构建打造河南双创升级版为研究视角和理论基础，按照“强基础、聚资源，建机制、促合作，补短板、优环境”的总体思路，构建了河南创新创业发展环境评价指标体系，并凭借调研和现有的资料数据深入实证剖析了河南 18 地市创新创业发展环境，借助标杆地区的先进做法评析河南“双创”基地建设现存的问题和困境；最后提出利用双创“政产学研金介”合作建设运作模式，着力增强人才、技术、资金等关键要素对“双创”的支撑，建立“官产学研金介”联动发展机制，全面优化创新创业环境，推动“大众创业、万众创新”向纵深发展。

本书由黄河科技学院校长杨雪梅担任主编，中国（河南）创新发展研究院副教授郭军峰、张志娟、于善甫、于广超担任副主编。杨雪梅提出了本书的基本框架和基本思路，主持讨论确定全书的写作提纲，组织协调撰写工作。郭军峰、张志娟协助主编组织撰写和统稿审稿工作。参与本书撰稿的同志有（以章节为序）：第一章：田文富（河南省委党校）；第二章：张志娟（黄河科技学院）；第三章：高昕（黄河科技学院）；第四章：刘晓慧（黄河科技学院）；第五、第八章：于善甫、谢宁（中国河南创新发展研究院、河南地矿职业学院）；第六、第七章：武文超（河南省社会科学院）；第九章：郭军峰（中国河南创新发展研究院）；第十章：董艳蕊、蒋睿（黄河科技学院）。另外，周建光、杜文娟等协助做了大量具体工作。

我们在调研和写作过程中，得到了河南省发改委、郑州航空港经济综合实验区、许昌市城乡一体化示范区、鹿邑县、郑州高新区等河南双创示范基地的大力支持与帮助，同时还参考借鉴了国内同类研究的一些成果和资料。对所有支持和帮助我们的领导、专家和朋友，在此一并致谢！由于水平所限，书中难免有疏漏和不妥之处，敬请读者批评指正。

作者

2019 年 10 月 28 日